KB060404

With Constitutional Law

위드헌법

권순현 저

박영사

머리말

법학도로서 헌법교재를 처음 본 것은 1980년대이다. 헌법을 전공하면서 처음으로 저자로서 헌법교재를 낸 것은 2000년이다. 공통점은 헌법교재가 두껍다는 것이었다.

헌법은 법치주의의 근간이 되는 학문이다. 헌법은 내용이 방대하고 깊이가 심원하다. 이러한 내용을 전달하다보니 무려 1,600쪽에 달하는 헌법교재를 본 적도 있다. 대학에서 헌법 수업은 두꺼운 교재를 갖고 시작하나 대부분은 앞부분을 공부하다가 수업이 끝나는 경우가 많았다.

또한 시험을 대비하여 헌법교재를 보아도 너무 많은 양 때문에 반복적으로 공부하기에는 턱 없이 시간이 부족했다. 효과적인 시험공부를 위해서도 지나치게 두꺼운 교재는 그 내용을 기억하기에 어려움이 많았다. 오히려 적절한 분량으로 반복하는 것이 더 효과가 있을 것이다.

본 헌법 책은 이러한 경험에 따라 처음으로 시도하여 출판하는 교재이다.

첫째, 대학에서 강의용 교재로 쓰는 경우, 특히 교양과목으로 비전공 학생들에게 한 학기에 헌법의 기본적인 내용을 전달하는 것이 필요했다.

둘째, 시험용으로 헌법을 처음 공부하는 사람에게 입문서로서의 역할을 수행할 수 있는 교재가 필요했다. 물론 시중에 입문서로 나온 교재도 있으나 벌써 600쪽 이상의 내용으로 구성되는 경우가 많아 입문서로서도 기능하기는 어려울 것으로 보여 졌다. 이러한 생각에서 300쪽을 넘지 않는 교재를 생각하게 되었다.

본 책의 이름은 'With(위드) 헌법'으로 정했다. 헌법을 딱딱하고 어려운 과목이라는 이미지에서 벗어나게 하고 싶었다. 또한 시민(혹은 국민)으로서 헌법을 이해하고 일상생활에서 늘 함께할 수 있다는 관념을 연상시키고 싶은 의도로 정하여 보았다.

  본 교재의 순서는 일반적인 순서에 따라, 헌법총론, 기본권론, 국가조직작용론
(=통치구조론)으로 서술하였다. 본 교재의 취지에 따라, 기본적 개념과 의의를 서술
하고, 중요한 내용, 기본적 판례를 소개하는 방법으로 구성하였다.

  본 교재의 주된 독자층은 일반 시민을 대상으로 한 것은 아니고, 대학에서 공
부하는 학생들이나 시험을 대상으로 공부하는 사람의 입문서로 역할을 담당하는
것을 목표로 하였다.

  이러한 의도로 처음 출판하는 책이어서 부족한 점도 있으리라고 본다. 그러나
여러 의견을 모아서 앞으로 더욱 좋은 교재로 거듭날 수 있도록 노력하고자 한다.

  본 교재를 선뜻 출판하기로 결정해 주신 박영사와 편집부 직원 여러분께 감사
의 마음을 전한다.

2017. 8. 9.
문필봉 아래에서
권 순 현

차 례

PART 01 헌법총론

PART 02 기본권론

CHAPTER 01 기본권 총론 ··· 74

CHAPTER 02 인간의 존엄과 평등 ··· 90

CHAPTER 03 자유권적 기본권 ··· 99

CHAPTER 04 사회적·경제적 자유 ··· 115

CHAPTER 05 정신적 자유 ··· 130

CHAPTER 06 정치적 기본권(참정권) ··· 151

CHAPTER 07 청구권적 기본권 ··· 156

PART 03 통치구조론

참고문헌

계희열, 헌법학 상·중, 박영사

권순현, 헌법강의, 삼조사

_____·김주환, 헌법판례선, 삼조사

권영성, 헌법학원론, 법문사

김철수, 헌법학개론, 박영사

김학성, 헌법개론, 피앤씨미디어

성낙인, 헌법학, 법문사

양 건, 헌법연구, 법문사

장영수, 헌법학 Ⅰ·Ⅱ, 홍문사

정재황, 헌법재판개론, 박영사

정종섭, 헌법소송법, 박영사

_____, 헌법학원론, 박영사

허 영, 한국헌법론, 박영사

_____, 헌법이론과 헌법, 박영사

홍성방, 헌법 Ⅰ·Ⅱ, 현암사

헌법총론

PART 01

01 헌법의 의의

제1절 헌법 일반이론

1. 헌법의 의의

헌법은 국가적 공동체의 존재형태와 기본적 가치질서에 대한 국민적 합의를 법규범적인 논리체계로 정립한 국가의 기본법으로 이해할 수 있다.

2. 역사적 발전과정에서 본 헌법개념

(1) 고유한 의미의 헌법

국가의 조직과 작용에 관한 기본법이다. '국가가 있으면 헌법이 있다'고 할 때 헌법은 고유한 의미의 헌법이다. 고유한 의미의 헌법은 모든 국가에 존재한다. 기본권 규정과는 무관하다. 즉, 기본권 규정은 근대 입헌주의에서 출현했는데, 헌법에 기본권 규정이 없어도 고유한 의미의 헌법은 가능하다.

(2) 절대주의와 근대입헌주의헌법, 현대사회국가헌법의 비교

구 분	절대주의	근대입헌주의헌법	현대사회국가헌법
시 기	15~18세기 초	18~19세기	20세기
최초의 헌법	–	1776년 Virginia 권리장전	1919년 Weimar 헌법
인간상	–	추상적 인간상	구체적 인간상
주권론	군주주권	형식적 국민주권	실질적 국민주권
국가관	절대주의국가	소극국가, 자유방임국가, 야경국가	적극 · 행정 · 사회 · 조세국가
국가의 사회영역개입	당연히 여김	원칙적 금지, 최소한 개입	제한적 허용
경제체제	중상주의	자유시장경제질서	사회적 시장경제질서
법치주의	인치(人治)주의	형식적 법치주의	실질적 법치주의 → 위헌법률심판

권력분립	권력집중	국가기관 중심의 엄격한 권력분립	권력통합, 기능 중심의 권력통제
기본권의 본질	반사적 이익	前 국가적, 자연법적·천부적 권리	자연법설, 가치권설
기본권의 효력	대국가적 효력 부인	대국가적 효력	대국가적 효력, 대사인적 효력
주된 기본권	−	자유권 중심	사회적 기본권 강조, 생존권과 자유권의 조화
재산권	−	불가침의 권리	상대적 권리
특 징	−	① 기본권 보장 ② 국민주권 ③ 권력분립 ④ 성문헌법 ⑤ 경성헌법	① 국제평화주의 ② 정당제도의 법적 수용 ③ 헌법재판제도의 강화

3. 실질적 의미의 헌법과 형식적 의미의 헌법

(1) 실질적 의미의 헌법

법형식에 구애받지 아니하고 국가의 조직·작용(통치구조) 및 국가와 국민과의 관계(기본권관계), 이를 헌법사항이라고 하는데, 이를 정하고 있는 법규범의 전체를 의미하며 국적법, 정당법, 정부조직법 등이 이에 속한다.

(2) 형식적 의미의 헌법

헌법의 내용과는 관계없이 헌법의 존재형식에 따라 정의된 헌법개념을 의미하며(=헌법전), '영국에는 헌법이 없다'고 할 때의 헌법을 의미한다(=형식적 의미의 헌법).

(3) 양자의 관계

일반적으로 그 내용이 일치한다고 보나, 완전히 같은 것은 아니다. <u>헌법의 국가구성 내지 창설적 기능은 형식적 의미의 헌법과 실질적 의미의 헌법을 모두 포함한다.</u>

> ▣ 실질적 의미의 헌법은 아니지만, 형식적 헌법의 예
>
> Ⅰ. 미연방헌법의 금주조항

Ⅱ. 스위스헌법의 도살조항

Ⅲ. 바이마르헌법의 풍치조항

Ⅳ. 벨기에헌법의 先혼인 後거례조항 등

▣ 형식적 의미의 헌법은 아니지만, 실질적 의미의 헌법의 예

Ⅰ. 정부조직법   Ⅱ. 국회법

Ⅲ. 법원조직법   Ⅳ. 헌법재판소법

Ⅴ. 공직선거법   Ⅵ. 정당법

제2절 헌법의 분류

1. 고전적 · 전통적 분류

(1) 제정의 주체에 따라

군주 1인의 의사에 의해 제정한 헌법을 **흠정헌법**이라 하고, 국민주권을 기초로 국민이 제정한 헌법을 민정헌법이라 하며, 군주와 국민의 타협에 의해 제정한 헌법을 **협약헌법**이라 하고, 국가 간의 합의에 의해 제정한 헌법을 **국약헌법**이라 한다. 우리나라 헌법은 민정헌법이다.

(2) 존재의 형식에 따라

헌법이 단일한 통일의 헌법전으로 존재하는 경우를 **성문헌법**이라 한다. 헌법이 헌법전이 아닌, 일반 법률이나 관습률의 형태로 존재하는 경우를 **불문헌법**이라고 하며 대표적인 나라는 영국을 들 수 있다.

▶ 성문헌법국가에서도 관습헌법의 존재는 인정될 수 있으며, 관습헌법은 성문헌법에 대하여 대등 내지 보충적 효력을 인정하지, 개폐적 효력을 갖는 것으로는 보지 않는 것이 일반적이다.

(3) 개정절차의 난이도

헌법개정시 일반법률의 개정절차보다 어렵게 하는 경우를 **경성헌법**이라고 하는데 헌법생활에서 발생하는 현실적 요구를 신축적으로 대응하기 어려운 단점이 있다. 한편 헌법개정시 일반법률의 개정절차와 동일하게 하는 경우를 **연성헌법**이라고 하며 영국, 뉴질랜드(1947), 이탈리아(1848) 등이 있다.

성문헌법은 반드시 경성헌법인 것은 아니다. 즉 성문헌법은 거의 경성헌법이

나 연성헌법인 1848년 이탈리아 샤르디니아왕국헌법이 있으므로 성문헌법이 개념필수적으로 경성헌법이라고 할 수는 없다. 한편 불문헌법이 연성헌법인지 여부에 대해서는 학설이 갈린다.

2. 현대적 분류 ― 독창성 여부에 따라

(1) 독창적 헌법

정치권력과 국민의사 형성과정상의 독창성을 가진 헌법으로, 1787년 미국헌법(대통령제), 영국헌법(의원내각제 또는 내각책임제), 1931년 중국헌법(5권분립제) 등을 들 수 있다.

(2) 모방적 헌법

기존의 헌법을 모방한 헌법으로 바이마르헌법, 일본헌법 등을 들 수 있다.

3. 존재론적 효력에 따라

(1) 규범적 헌법

헌법의 규범과 그 현실이 일치하는 헌법으로 미국·독일 등을 들 수 있다.

(2) 명목적 헌법

헌법현실이 헌법의 규범에 따르지 못하는 헌법으로 대부분의 아시아·아프리카 국가를 들 수 있다.

(3) 장식적(가식적) 헌법

헌법을 단지 과시하거나 권력자의 자기정당화 수단으로 이용하는 헌법으로 나치즘의 독일, 파시즘의 이탈리아 등을 들 수 있다.

> **▶ 연방국가**
>
> 연방국가는 국가성을 지니며, 영구적 결합체이며, 국제법상 연방국가가 주체성 및 책임을 진다는 점에서 진정한 의미의 국가이다. 잠정적·한시적 결합체에 불과하고, 국제법상 구성국만이 주체성과 책임을 지는 국가연합과 구별된다.
> ⅰ. 연방국가 헌법의 특성: 경성헌법, <u>통치권의 분배</u>, 양원제, 권한쟁의심판제를 들 수 있다.

Ⅱ. 연방국가와 국가연합의 구별

구 분	연방국가	국가연합
국가성	진정한 의미의 국가	진정한 의미의 국가가 아님
존속기간	영구적 결합체	잠정적·한시적 결합체
국제법상 주체성	연방정부	구성국
통치권	연방정부와 지방정부간에 통치권 분할	구성국만이 통치권보유
국제법상 책임	연방정부(주(州)의 국제법 위반의 책임까지 부담한다)	구성국
군사력 보유	연방정부	구성국

CHAPTER 02 헌법의 해석

제1절 헌법해석 일반

1. 헌법해석의 방법

【고전적 헌법해석방법(법실증주의적 해석방법)과 현대적 헌법해석방법의 비교】

구 분	고전적(법실증주의적) 해석방법	고유한 해석방법
전 제	헌법과 법률의 구조적 동일성	헌법과 법률의 구조적 차이 인정
법률과 헌법해석방법	법률의 해석방법 = 헌법해석방법	법률의 해석방법 ≠ 헌법해석방법
해석의 출발점	헌법조문 → 연역적	구체적 문제 → 귀납적
헌법해석에서 정치ㆍ사회ㆍ철학적 관점	배제 → 자연과학적ㆍ수학적 해석방법	적극적 수용 → 정신과학적 해석방법

2. 헌법해석의 원리

(1) 헌법의 통일성의 원리

헌법의 개별요소들은 상호 관련되어 있기 때문에 그 규범이 놓여 있는 전체적 관련을 함께 고찰해야 하고 다른 헌법규범과 상호 모순되지 않게 해석해야 한다.

(2) 실제적 조화의 원리

헌법상 보호되는 모든 법익을 모두 동시에 가장 잘 실현되도록 헌법을 해석해야 한다.

(3) 기능적 적정성의 원리

헌법을 해석하는 기관은 자기에게 배정된 기능의 테두리 내에 머물러야 하고 해석의 방법이나 결론에 의하여 기능의 분배를 변경시켜서는 아니 된다. 따라서 헌법재판소는 입법자에 대하여 통제적 기능만을 부여받고 있기 때문에, 이 기능의 한계를 넘어 입법자의 형성의 자유를 침해해서는 아니 된다.

(4) 통합작용의 원리

헌법의 문제를 해결하는 데 있어 정치적 통일성을 강화시키는 방향으로 헌법을 해석해야 한다.

(5) 헌법의 규범력 원리

헌법의 규범력이 잘 발휘될 수 있도록 해석해야 한다.

제2절　합헌적 법률해석

1. 서 설

(1) 연 혁

합헌적 법률해석은 미연방대법원의 판례(Ogden v. Saunder, 1827)를 통해 '법률의 합헌성 추정의 원칙'으로 확립, 독일연방헌법재판소는 미국의 법률의 합헌성 추정의 원칙을 받아들여 '합헌적 법률해석론'으로 발전시켜 왔다.

(2) 규범통제와 비교

합헌적 법률해석은 규범통제(법률에 대한 위헌심사)의 과정에서 주로 문제가 되는 것이지만, 규범통제를 반드시 전제로 하는 것은 아니다.

2. 합헌적 법률해석의 근거

헌법재판소는 ① 법질서의 통일성 유지, ② 권력분립, ③ 민주적 입법기능의 존중, ④ 법적 안정성을 들고 있다(헌재 1990.6.25, 90헌가11).

▶ 허영 교수는 국가간의 신뢰보호(조약의 경우)를 더 들고 있다.

3. 합헌적 법률해석의 방법

우리 헌법재판소는 상속세법 제32조의2, 국가보안법 제7조, 제9조, 도로교통법 제50조 제2항, 구 집회 및 시위에 관한 법률 제3조 제1항, 군사기밀보호법 제6조에 대하여 한정합헌결정을 했다. 동시에 헌법재판소는 정기간행물법 제7조 제1항, 음반에 관한 법률 제3조에 대하여 한정위헌결정을 했다. 이러한 한정합헌결정과 한정위헌결정을 가능케 하는 이론이 합헌적 법률해석이다.

4. 합헌적 법률해석의 한계

(1) 문의적 한계

법조문의 문자가 가지는 뜻(文義)을 완전히 다른 의미로 변질되지 않는 범위 내에서 해석해야 한다는 것이다.

(2) 법목적적 한계

입법자가 법률제정을 통해서 추구하고자 하는 입법목적을 헛되게 하는, 즉 '완전히 다른 것'을 만드는 것은 법률해석을 넘어서 입법기능이 되기 때문이다.

(3) 헌법수용적 한계(=헌법허용적 한계)

법률의 효력을 유지시키기 위해서 헌법규범의 내용을 지나치게 확대해석함으로써 헌법규범이 가지는 정상적인 수용한도를 넘어서는 안 된다.

5. 합헌적 법률해석의 기속력

우리 헌법재판소법은 제47조 제1항에서 '위헌결정'의 기속력을 인정하고 있으나, 변형결정의 기속력에 대한 아무 규정이 없다. 따라서 변형결정(한정합헌·한정위헌)의 경우 기속력이 인정되는지 여부가 문제된다.

(1) 부정설(대법원)

한정위헌결정에 표현되어 있는 헌법재판소의 법률해석에 관한 견해는 법률의 의미·내용과 그 적용범위에 관한 헌법재판소의 견해를 일응 표명한 데 불과하여, 이와 같이 법원에 전속되어 있는 법령의 해석·적용권한에 대하여 어떠한 영향을 미치거나 기속력도 가질 수 없다고 판시한다(대판 1996.4.9, 95누11405).

(2) 긍정설(헌재·다수설)

헌법재판소의 법률에 대한 위헌결정에는 단순위헌결정은 물론, 한정합헌·한정위헌결정과 헌법불합치결정도 포함되고, 이들은 모두 당연히 가속력을 가진다고 보고 있으므로 한정합헌·한정위헌결정의 기속력을 인정하고 있으며 다수설의 입장이다.

제3절 헌법의 특성

1. 헌법의 최고규범성

헌법은 다른 모든 법(법률·명령·규칙)의 입법기준과 해석기준이 되고, 모든 국가권력(입법·사법·행정)을 구속한다.

우리 헌법은 최고규범성에 관하여 명문규정은 두지 않고 있으나, 헌법재판제도(위헌법률심사, 탄핵심판 등)와 부칙 제5조를 둠으로써 간접적으로 최고규범성을 시인한다. 궁극적으로는 헌법의 최고규범성의 보장은 '국민의 헌법에의 의지'에 의해 보장된다.

> ▶ 헌법의 최고규범성 확보방법
>
> Ⅰ. 헌법개정의 경성: 헌법이 자주 개정되면 헌법의 불가침성에 대한 신뢰가 약화되어 헌법의 최고규범력이 약화된다. <u>헌법의 최고규범성과 경성헌법성은 서로 밀접히 관련되어 있다.</u>
>
> Ⅱ. 위헌법률심판제도(헌법 제107조 제1항, 제111조)
>
> Ⅲ. 명령·규칙의 위헌·위법심사(헌법 제107조 제2항)
>
> Ⅳ. 최고법 조항(우리나라는 직접 헌법의 최고법 조항을 두고 있지는 않다)
>
> Ⅴ. 대통령의 헌법준수 및 수호의무부과(헌법 제69조, 제66조 제2항)
>
> Ⅵ. 국민의 헌법에의 의지(K. Hesse)
>
> Ⅶ. 부칙 제5조

2. 헌법의 정치규범성

(1) 유동성

헌법규범은 유동적인 정치현상을 그 대상으로 하므로 규범체계도 개정가능성을 염두에 두고 정치현실에 대응할 수 있어야 한다.

(2) 추상성

헌법은 제정 당시 정치현실에 입각해서 미래의 정치발전을 예상하고 만들어지므로 구체적인 사안에 관한 기타 법률과는 달리 추상적인 규범구조를 가진다.

(3) 개방성

헌법은 미래의 정치투쟁에 의해서 결정될 사항을 유보함으로써 그에 대한 개방적인 입장을 취한다. 그러나 공동체의 기본질서와 국가의 구조 등 개방될 문제를 결정하는 절차 자체는 개방되어서는 안 되므로 개방의 한계가 된다.

(4) 미완성성

헌법은 헌법제정 당시의 상황만으로는 어렵고 미래에 미지의 동인에 의해서 결정될 가능성이 큰 일정한 정치사실을 의식적으로 헌법규정의 대상에 제외시킨다.

3. 헌법의 조직규범성 · 수권규범성

헌법은 국가권력을 조직하고, 이들 기관에게 권한을 부여하는 수권규범이다.

4. 헌법의 생활규범성

헌법은 관념의 세계에서만 존재하는 규범이 아니라, 국민의 생활 속에서 존재하면서 국민의 일상생활에 의해서 실현되고 발전되는 규범이다.
헌법규범의 현실적응력과 현실의 헌법적응력을 높이기 위하여 사전적으로는 추상성, 개방성, 미완성성, 헌법의 상반구조적 입법기술이 요구되고, 사후적으로는 헌법변천, 헌법개정을 통하여 해결한다. 헌법의 생활규범성에 대해서는 학설의 대립이 있다.

5. 헌법의 권력제한 규범성 · 기본권보장규범성

헌법은 국가권력을 분리시킴으로써 국가기관 상호간을 견제하는 제한규범의 역할을 한다. 동시에 헌법은 국민의 기본권보장을 위한 기본권보장규범성으로서의 성격도 지닌다.

6. 헌법의 역사성 · 이념성

헌법은 헌법제정 당시의 역사적 조건과 상황 속에서 만들어지므로 그때의 역사적 상황에 제약을 받는 역사적 이념이자 가치이다. 또한 헌법은 일정한 정치이념과 가치질서를 그 내용으로 한다.

7. 헌법의 자기보장규범성

헌법은 다른 규범과 달리 자신의 실효성을 확보하거나 그 내용을 강제할 수 있는 기관이나 수단을 구비하고 있지 못하다. 다만, 헌법은 국가권력 상호간의 통제와 권력적 균형이라는 메커니즘을 통해서 실효성을 유지해 나간다.

03 헌법의 제정과 개정

제1절 헌법의 제정

1. 헌법제정권력이론의 발전

(1) 시예스의 체계화

시예스가 헌법제정권력이론을 처음으로 체계화하였다. 그는 논문 "제3신분이 란 무엇인가"에서 ① 헌법제정권력의 주체는 국민(제3신분, 시민계급)이며, ② 일종의 창조적 권력이므로 시원성을 가지며, 따라서 아무런 제약을 받지 않고 (헌법제정권력의 한계부인), ③ 헌법제정권력으로부터 전래된 헌법개정권력과 구별되며, ④ 국민투표 대신에 귀족·교회대표·시민대표로 구성된 제헌의회 에서 헌법을 제정할 것을 주장하여 대의제의 선구가 되었다.

(2) 독일 법실증주의자의 부인

19세기의 법실증주의자들은 '헌법제정권력 = 헌법개정권력 = 입법권'으로 보 아 헌법제정권력의 독자적인 최고권력성을 부인한다(헌법규정등가이론).

(3) 슈미트에 의한 부활

슈미트는 결단주의에 입각하여 ① 헌법제정권력과 헌법개정권력을 구별하였 고, ② 헌법제정행위에 혁명적 성격을 인정하여 헌법제정권력의 한계를 부인 하였고, ③ 헌법제정권력의 주체를 국민에게만 한정하지 않음으로써 헌법제 정권력을 그 주체에서 분리하며, ④ 헌법제정권력을 실력 또는 권위를 가진 정치적 의사로 평가한다.

2. 헌법제정권력의 주체

오늘날의 민주주의 이념에 의하면, 국민만이 유일한 헌법제정권력의 주체이다.

3. 헌법제정권력의 한계

(1) 문제의 제기

헌법제정권력은 어떠한 제약에도 따르지 아니하고 무슨 결정이든 내릴 수 있는 권력인가가 문제된다.

(2) 인정 여부

시예스는 헌법제정권력의 시원성에서, 그리고 슈미트는 헌법제정권력의 혁명적 성격에서 한계를 부정하고 있으나, 헌법제정권력은 불변의 기본적 가치에 구속된다든가(kägi), 전 국가적 인권과 같은 자연법상의 원리에 의하여 제약을 받는다(Maunz)고 하는 견해인데 우리나라의 통설 입장이다.

4. 헌법제정권력의 한계의 내용

(1) 이데올로기적 한계

헌법제정 당시의 시대사상, 정치이념, 생활감각 등에 일치되어야 한다.

(2) 법원리적 한계

정의, 법적 이성, 법적 안정성 등 기초적 법원리를 존중하여야 한다.

(3) 자연법적 한계

기본권 보장 등에 자연법적 한계가 있다.

(4) 국제법적 한계

패전국, 식민지 등의 나라에는 국제법적 한계가 있다.

제2절 헌법의 개정

1. 헌법개정의 한계

헌법개정의 한계에 관하여 명문규정을 둔 헌법으로는 독일기본법, 프랑스 제5공화국헌법, 일본헌법, 이탈리아헌법, 우리나라 제2차 개정헌법 등이다.

(1) 문제의 제기

헌법개정의 한계는 일차적으로 헌법이론의 문제이고, 실정법상의 문제일 수는 없다.

(2) 인정여부

한계긍정설과 한계부정설의 대립이 있다. 명문의 개정금지규정이 있는지 여부와 관계없이 헌법개정에는 일정한 한계가 있다고 보는 한계긍정설이 통설이다.

2. 헌법개정 한계의 내용

(1) 초헌법적 한계

자연법상의 원리, 국제법상의 일반원칙 등이 있다.

(2) 헌법내재적 한계

법논리상의 제약으로 헌법 존립의 기초가 되는 기본적 규정(근본가치)을 개정하는 것은 금지된다는 주장과, **시기상의 제약**으로 비상사태하의 개정, 외국군 대점령하의 개정은 금지된다는 주장과, **방법상의 제약**으로 헌법의 본래적 의미를 변질시키는 우회적인 개정방법도 금지되며, 사실상 새로운 헌법의 제정에 가까운 전면개정도 금지된다는 주장이 있다.

(3) 실정헌법상의 한계

헌법 자체가 명문으로 개정금지조항을 규정하고 있는 경우, 통설은 헌법제정권력자의 의사를 존중하여 개정이 금지된다고 한다.

> ▶ 헌법개정한계를 무시한 헌법개정의 효력
>
> 이때는 이미 헌법개정론의 영역을 벗어난 경우로서 헌법보장문제, 저항권의 행사문제로 된다.

3. 현행 헌법상의 한계

(1) 헌법개정의 내재적 한계

일반적으로 민주공화국의 국가형태, 국민주권의 원리, 자유민주적 기본질서, 권력분립주의, 핵심적인 기본권, 국제평화주의, 복수정당제, 사유재산제, 시장적 경제질서 등이 있다.

> **헌법개정의 한계**
> 헌법재판소는 헌법규정이 이념적·논리적으로는 규범상호간의 우열을 인정할 수 있는 것이 사실이나, 이때에 인정되는 규범상호간의 우열은 추상적 가치규범의 구체화에 따른 것으로 헌법의 통일적 해석에 있어서는 유용할 것이지만, 그것이 헌법의 어느 특정규정이 다른 규정의 효력상의 차등을 의미하는 것이라 볼 수 없다고 하였고, 헌법의 개별규정 가운데 무엇이 헌법제정규정이고 무엇이 헌법개정규정인지를 구분하는 것이 가능하지 아니할 뿐 아니라, 각 개별규정에 효력상의 차이를 인정하여야 할 형식적 이유를 찾을 수 없다고 하였다(헌재 1996.6.13, 94헌바20).

(2) 헌법개정효력의 한계

헌법 제128조 제2항의 "대통령의 임기연장 또는 중임변경을 위한 헌법개정은 그 헌법개정 제안 당시의 대통령에 대하여는 효력이 없다"라는 규정은 개정금지조항이라기보다는 개정은 가능하나 개정을 제안한 대통령에 대하여 인적으로 개정의 효력을 배제한다는 인적효력배제조항으로 보는 것이 다수설이다.

4. 현행 헌법상의 헌법의 개정

(1) 제안(발의)(헌법 제128조 제1항)

국회의원은 재적의원 과반수의 찬성으로, 대통령은 국무회의의 심의를 거쳐 제안한다.

(2) 헌법개정안의 공고(헌법 제129조)

20일 이상 공고한다. 공고절차는 생략될 수 없다.

(3) 의결 · 확정(헌법 제130조 제1항 · 제2항)

국회는 헌법개정안이 공고된 날로부터 60일 이내에 의결하여야 하며(기명투표), 국회의 의결은 재적의원 3분의 2 이상의 찬성을 얻어야 한다.

헌법개정안은 국회가 의결한 후 30일 이내에 국민투표에 부쳐 국회의원선거권자 과반수의 투표와 투표자 과반수의 찬성을 얻어야 한다. 찬성을 얻은 때에는 헌법개정은 확정된다(수정의결은 불가능).

(4) 공포(헌법 제130조 제3항)

대통령이 즉시 공포한다. 거부권행사는 불가능하다.

제3절 헌법의 변천

1. 헌법변천의 인정 여부

(1) 문제의 제기

헌법의 변천을 헌법규범의 변경으로 인정할 것인가의 문제이다.

(2) 인정 여부

헌법의 법원은 성문헌법만이며, 헌법규범의 변경은 조문의 변경을 통해서만 가능하므로 헌법규범과 모순되는 관행은 사실일 뿐으로 이는 규범으로 인정되지 않는다는 부정설이 있다. 한편 헌법의 법원에는 불문헌법도 포함되고 헌법규범의 변경은 명시적 · 묵시적인 사회의 동의가 있으면 가능하며 이로 인해 규범력을 얻는다고 보는 긍정설이 있는데, 긍정설이 다수설이다.

2. 헌법변천의 예

(1) 미 국

연방헌법은 대법원에 위헌법률심사권을 부여하고 있지 않으나 Marbury v. Madison 사건(1803)을 계기로 대법원이 위헌법률심사권을 갖게 된 것과 대통령선거에 있어서의 간접선거의 직선제적 운영 등이 있다.

(2) 영 국

국왕은 국가원수의 지위를 상실하고 명목적·상징적인 반면, 의원내각제의 지배체제가 확립된 것 등이 있다.

▸ 불문헌법을 가진 국가에서도 헌법변천은 가능하다.

(3) 일 본

평화헌법의 변질, 즉 전력보유금지조항에 어긋나는 자위대가 있다.

(4) 우리나라

제1차 개정헌법에서 헌법에 양원제를 규정했으나 실제로는 단원제로 운영된 것을 들 수 있다.

제1절 헌법의 보호

1. 헌법보호의 의의

헌법보호란 헌법적대적 세력으로부터 헌법의 기능이 상실되지 않도록 헌법을 방어하는 것을 말하며 동시에 헌법규범이 실효성과 항구성을 지닐 수 있도록 헌법규범을 보장하는 것을 말한다. 헌법보호는 적극적으로는 헌법실현을 보장하는 것이고, 소극적으로는 헌법의 적으로부터 헌법을 방어하는 것을 뜻한다.

2. 헌법의 수호자

(1) 헌법의 수호자 논쟁

슈미트는 국민에 의하여 선출된 중립적 권력인 대통령만이 헌법의 수호자라고 하였고, 켈젠은 헌법재판소가 헌법의 수호자라고 하였다. 한편, 영국에서도 헌법의 수호자가 국왕인가 내각인가를 둘러싸고 논쟁이 전개된 바 있다.

(2) 최종적 헌법의 수호자

국가기관에 의한 헌법보장에도 각각 일정한 한계가 있으므로, 헌법의 최종적인 수호는 국민의 헌법에의 의지에 의한다.

3. 헌법보호의 종류와 분류

(1) 헌법보호의 종류

정치적 공동체의 기본적 법질서인 헌법자체의 보장을 말하는 협의의 헌법보호와 국가보장을 포함하는 광의의 헌법보호가 있다.

(2) 헌법보호의 분류

평상적 헌법보호제도와 비상적 헌법보호제도로 분류된다. 평상적 헌법보호제도는 사전예방적 보호와 사후교정적 보호로 나누어진다.

제2절　저항권

1. 개　념

저항권이란 헌법보호의 한 수단으로서 입헌주의적 헌법질서를 침해·배제하려고 하는 권력행사에 대하여 주권자로서의 국민이 실력으로 저항하여 입헌주의적 헌법질서를 보호하는 최후의 비상적 권리를 말한다.

2. 연혁과 입법례

(1) 연　혁

근대적 저항권 이론은 로크의 위임계약설과 자연권 사상을 근거로 한다.

(2) 입법례

미국의 경우는 버지니아 권리장전(1776)에서 최초로 규정되고 연방헌법(1787)에서 명문화되었다. 프랑스는 인권선언(1789) 제2조에서 명문화되었다. 독일은 1949년 독일기본법에 저항권규정이 없음에도 독일 연방헌법재판소가 먼저 판례로 인정한 후, 독일기본법 제17차 개헌(1968)에서 저항권을 명문화하여 현재 독일기본법에는 저항권이 직접 규정되어 있다. 일본은 명문규정이 없다. 우리나라는 직접규정은 없다. 그러나 전문에서 간접규정으로 「불의에 항거한 4·19 민주이념을 계승」에서 찾는 것이 다수설이다.

3. 저항권 행사의 주체와 대상

(1) 주　체

국민(정당 또는 단체도 포함)을 말하며 국가기관은 절대 주체가 될 수 없다.

(2) 대　상

헌법질서를 위협·파괴하는 국가권력 또는 공권력 담당자가 된다.

4. 저항권의 법적 성질

(1) 자연권설(다수설)

저항권은 인간이 존엄과 가치를 유지하고 민주적 원리를 수호하기 위한 수단이므로 자연법상의 권리로 본다.

(2) 실정권설

저항권 행사의 정당성 여부에 관한 권위적인 심판기관이 없는 이상, 저항권을 초실정법적으로 인정한다는 것은 무질서만을 초래한다는 입장이다.

(3) 판례의 태도

① 대법원: 대법원은 저항권의 인정여부에 대하여 부정적인 입장이다. "저항권의 개념 그 자체가 초실정법적 자연법 질서 내의 권리주장으로서 그 개념자체가 막연할 뿐만 아니라 실정법을 근거로 국가사회의 법질서 위반여부를 판단하는 재판권 행사에 있어 이를 주장하는 것은 그 이유 없다"고 판시한 원심판결은 당원의 거듭된 판례(대판 1975.4.8, 74도3323; 대판 1980.5.20, 80도306)에 비추어 타당하다(대판 1980.8.26, 80도1278).

② 헌법재판소: 한편 헌재는 긍정적인 입장이다. "저항권이 헌법이나 실정법에 규정이 있는지 여부를 가려볼 필요도 없이 제청법원이 주장하는 국회법 소정의 협의 없는 개의시간의 변경과 회의일시를 통지하지 아니한 입법과정의 하자는 저항권의 대상이 되지 아니한다. 왜냐하면 저항권은 국가권력에 의하여 헌법의 기본원리에 대한 중대한 침해가 행하여지고 그 침해가 헌법의 존립자체를 부인하는 것으로 다른 합법적인 구제수단으로는 목적을 달성할 수 없을 때에 국민이 자기의 권리·자유를 지키기 위하여 실력으로 저항하는 권리이기 때문이다"(헌재 1997.9.25, 97헌가4).

5. 저항권 행사의 요건

(1) 저항권 행사의 전제조건

① 국가권력이 민주적 기본질서를 전면적으로 부정하고 이러한 불법이 객관적으로 명백한 경우에 한한다(명백성).

② 저항권 행사는 입헌주의 헌법질서를 회복하기 위한 최후의 수단이어야 한

다(보충성 또는 최후수단성).

③ 저항권의 행사요건으로 성공가능성을 꼽는 견해도 있으나, 대부분은 이를 요건으로 인정하고 있지 않다.

(2) 저항권 행사의 목적(=소극성)

인간의 존엄을 수호하고 입헌주의 헌정체제를 수호하기 위한 것(소극적)이어야 하며, 새로운 질서의 구축을 위한 시도(적극적)는 저항권행사로 인정되지 않는다.

(3) 저항권 행사의 방법

본질적으로 실력의 행사를 수반하므로, 가능한 한 가장 평화적인 방법을 선택하며, 또한 「과잉금지의 원칙」을 존중하여 목적달성에 필요한 최소한의 정도에 머물러야 하고 필요 이상의 실력행사는 자제되어야 한다(최소한의 원칙).

제3절 방어적 민주주의

1. 의 의

민주주의 혹은 자유의 이름으로 민주주의와 자유 그 자체를 파괴·말살하려는 민주적 헌정질서의 적에 대하여 자신을 수호하기 위한 자기방어적 민주주의(전투적·투쟁적 민주주의)를 의미한다.

2. 방어적 민주주의의 전개

(1) 사상적 기초

생쥐스트의 "자유의 적에게는 자유가 없다"는 사상과 나치즘 이후 1930년대 후반 독일에서 상대적 민주주의의 가치중립성에 대한 자제 내지 한계이론으로 전개되었다.

(2) 입법례

제2차 세계대전 후, 독일기본법(1949)은 기본권상실제도와 위헌정당해산제도를 도입했고, 우리나라에서는 제2공화국에서 위헌정당해산제도를 도입했다.

(3) 독일 연방헌법재판소의 판례

최초의 판례는 사회주의국가당(SRP) 위헌판결(1952)이고 이후 독일공산당(KPD) 위헌판결(1956) 등을 통하여 정립되었다.

3. 방어적 민주주의의 기능

가치중립적 민주주의를 지양하고 가치구속적·가치지향적 민주주의를 추구한다. 또한 헌법보호의 기능도 수행하고 있다.

4. 방어적 민주주의의 한계

(1) 민주주의의 본질은 침해 불가

특히, 정치적 기본권(표현의 자유 등)을 제한하는 수단으로 악용할 수 없다.

(2) 소극적·방어적 행사

방어적 민주주의가 적극적으로 행사되면 집권세력에 의해 악용될 수 있으므로 소극적·방어적으로 행사되어야 한다.

5. 한국헌법과 방어적 민주주의

전문과 헌법 제4조의 '자유민주적 기본질서' 부분과 헌법 제8조 제4항의 위헌정당의 해산제도를 지적할 수 있다. 우리나라의 판례로는 헌재가 통합진보당 해산 사건에서 통합진보당을 방어적 민주주의 입장에서 강제해산한 것을 들 수 있다.

> **통합진보당 해산**
> 통합진보당의 진정한 목적이나 그에 기초한 활동은 우리 사회의 민주적 기본질서에 대해 실질적 해악을 끼칠 수 있는 구체적 위험성을 초래하였다고 판단되므로, 민주적 기본질서에 위배된다. 통합진보당을 해산한다. 통합진보당 소속 국회의원의 의원직을 상실한다(헌재 2014.12.19, 2013헌다1).

CHAPTER 05 대한민국 헌정사

제1절 건국헌법

(1) 건국헌법의 제정

1948년 2월 27일 UN총회의 결의와 동년 3월 17일의 미군정법령 제175호에 의거한 남조선과도정부임시입법의원에서 제정한 국회의원선거법에 따라서 1948년 5월 10일에 우리 헌정사상 최초의 국회의원선거가 실시되었다. 초대 국회는 5 · 10선거에서 선출된 198인의 의원으로 구성되었다.

초대 국회는 헌법과 기타 법률 등을 제정할 준비를 하였다. 여러 가지 우여곡절 끝에 제정된 헌법은 1948년 7월 17일 공포되었으며, 동헌법에 의거하여 대통령과 부통령이 선출되었고, 국무총리와 대법원장이 국회의 인준을 받아 정부가 수립되고, 1948년 8월 15일 역사적인 대한민국정부수립 선포식이 거행되었다.

이승만의 주장대로 대통령제와 단원제를 채택했고, 한민당의 주장대로 의원내각제 중에서 국무원제와 국무총리제를 반영했다.

(2) 건국헌법의 내용

건국헌법은 전문, 10장, 제103조로 구성되었다. 주요 내용을 보면 ① 민주공화국, 국민주권, 기본권 보장, 사기업에 있어서 근로자의 이익분배균점권(제5차 개정 때 삭제됨), ② 단원제 국회, ③ 대통령과 부통령을 임기 4년(1차에 한하여 중임)으로 국회에서 선출, ④ 대통령의 법률안거부권 및 법률안제출권 허용, ⑤ 부서제도, ⑥ 국무총리는 대통령이 임명(국회의 승인을 얻어야 함), ⑦ 국무원, ⑧ 가예산제도, ⑨ 통제경제를 주축으로 함, ⑩ 헌법개정은 국회의 의결로 가능함, ⑪ 헌법위원회, ⑫ 탄핵재판소, ⑬ 자연자원의 원칙적 국유화 등이다. 다만, 정당조항이 없었으며, 통일조항도 없었다.

제2절 제1차 헌법개정(1952.7.7. 발췌개헌)

(1) 과 정

1950년 5월 총선에서 야당이 국회다수석을 차지하자 이승만은 재집권을 위해 건국헌법의 대통령간선제규정을 직선제로 개정하고자 했다. 정부개헌안과 국회개헌안은 모두 부결되었으나, 여·야당개헌안을 가미한 발췌개헌안이 통과되어 발췌개헌이라고 한다.

(2) 내 용

① 정·부통령의 직선제, ② 양원제 국회, ③ 국회의 국무원불신임제도 도입, ④ 국무위원 임명에 있어 국무총리의 제청권 등이 있다.

(3) 문제점

공고절차를 위반하였고(공고되지 않은 헌법안이 통과됨), 국회에서 토론의 자유가 보장되지 않았으며, 의결이 강제되었다는 점에서 위헌이었다. 아울러 대통령을 직선으로 선출하면서, 국무원불신임제를 도입한 것은 소위 체계정당성을 무시한 것이다.

제3절 제2차 헌법개정(1954.11.27. 사사오입개헌)

(1) 과 정

이승만 장기집권을 위해 대통령중임규정을 수정할 필요가 있었고, 제2차 헌법개정안은 당초 부결되었으나 사사오입의 수학적 계산방법을 동원하여 통과시켰다.

(2) 내 용

① 초대 대통령의 중임제한을 철폐(부칙), ② 주권의 제약, 국가안위에 관한 중대사항을 국회가결 후 다시 국민투표에 회부, ③ 국무위원에 대한 개별적 불신임제 채택, ④ 대통령 궐위시의 부통령의 대통령직 승계의 제도, ⑤ 특별법원(군법회의)에 대한 헌법상 지위 부여, ⑥ 자유시장경제체제로의 전환, ⑦ 국무총리제의 폐지, ⑧ 헌법개정의 한계에 대한 명문규정을 설정, ⑨ 헌법개정안에 대한 국민발안의 허용 등이 있다.

(3) 문제점

절차상 의결정족수에 미달하는 흠이 있었고, 초대 대통령에 한하여 중임제한을 철폐한다는 것은 평등의 원칙에 어긋나는 위헌적인 개헌이었다.

제4절 제3차 헌법개정(1960.6.15.)

(1) 과 정

1960년 4·19혁명 이후 의회에서 헌법을 개정하였다.

(2) 내 용

① 내각책임제의 채택, ② 국민의 기본권 강화(검열제, 허가제 금지, 개별적 법률유보 대신에 일반적 법률유보조항을 둠), ③ 정당조항의 신설, ④ 헌법재판소의 설치, ⑤ 대법관의 선거제 실시, ⑥ 중앙선거관리위원회의 헌법기관화, ⑦ 공무원의 신분 및 정치적 중립성 보장, ⑧ 경찰의 중립, ⑨ 지방자치단체장의 선거제 실시, ⑩ 제1차 개정 때 규정상 있던 양원제 실시, ⑪ 본질내용·침해금지조항이 들어갔다.

제5절 제4차 헌법개정(1960.11.29. 부칙개정)

(1) 과 정

반민주주의자를 처벌하기 위해 형벌불소급의 원칙에 대한 예외의 헌법적 근거가 요구되었다.

(2) 내 용

이 개헌은 형벌불소급의 원칙에 대한 예외로서 3·15부정선거의 주모자들을 처벌하기 위한 헌법적 근거를 마련하기 위한 것이었다.

헌법 부칙에 신설된 내용을 보면 ① 1960. 3·15부정선거에 관련된 자 및 4·19혁명을 탄압코자 살상행위를 한 자를 처벌할 특별법 제정근거, ② 반민주행위자와 부정축재자 처벌을 위한 특별법 제정근거, ③ 이들 사건을 처리하기 위하여 특별재판소와 특별검찰부를 둘 수 있다는 것을 내용으로 하고 있다.

(3) 문제점

제4차 헌법개정은 소급입법에 의하여 참정권과 재산권을 제한할 수 있게 한 점에서 위헌 여부의 논란이 많았다.

제6절　제5차 헌법개정(1962.12.26.)

(1) 과　정

1961년 5월 16일 군사정변으로 국가재건최고회의가 구성되고, 동년 6월 6일에 국가재건비상조치법이 제정·공포되었으며, 구 헌법은 국가재건비상조치법에 저촉되지 않는 범위 내에서 효력을 가지게 되었다. 제8차 개헌안은 국가재건최고회의의 의결을 거쳐 국민투표에 의하여 확정되고, 1962년 12월 26일에 공포되었다(제5차 헌법개정).

(2) 내　용

① 헌법전문이 최초로 개정되었고(제5차, 제7차, 제8차, 제9차 개헌 때도 개정됨), ② 인간의 존엄권조항이 신설되었다. ③ 대통령제로의 환원, ④ 단원제 국회, ⑤ 헌법재판소 폐지, 위헌법률심사권을 대법원에 부여하였다. ⑥ 극단적인 정당국가를 지향(정당의 추천이 없으면 대통령·국회의원에 출마할 수 없었고, 당적을 변경하면 의원직을 상실케 함), ⑦ 법관의 임명에 법관추천회의의 제청에 따르게 하였고, ⑧ 헌법개정에 필수적 국민투표제 도입, ⑨ 탄핵심판위원회 설치, ⑩ 경제과학심의회와 국가안전보장회의를 신설하였다.

제7절　제6차 헌법개정(1969.10.21. 3선개헌)

(1) 과　정

1969년 8월 7일 민주공화당 의원 122명은 대통령의 3기 연임을 위한 개헌안을 제출하고 국회의결과 국민투표를 거쳐 개정되었다.

(2) 내　용

① 대통령의 계속 재임을 3기로 연장, ② 대통령에 대한 탄핵소추의 정족수를

가중, ③ 국회의원 정수의 상한을 250명으로 늘렸고, ④ 국회의원인 국무위원 겸직을 허용하였다.

(3) 문제점

대통령의 계속 재임을 3기로 연장함으로써 장기집권의 계기를 만들어 주었다.

제8절   제7차 헌법개정(1972.12.27.)

(1) 과 정

박정희 대통령은 1971년 12월 27일 국가보위에 관한 특별조치법을 제정하였는바, 이 법은 초헌법적인 국가긴급권의 행사를 가능케 한 것이었으며, 1972년 10월 17일에는 국가보위에 관한 특별조치법에 의거하여 비상조치를 단행하였다(소위 10·17비상조치). 10·17비상조치로 국회가 해산되었고 정치활동이 중지되었으며, 동년 12월 27일에는 이른바 유신헌법(프랑스 제5공화국 헌법에 영향받음)이 공포되었다.

(2) 내 용

전문, 제126조, 부칙으로 구성된 유신헌법의 주요 내용은 ① 주권의 행사방법을 처음으로 규정하였고, ② 기본권을 실정권으로 약화시키고, 각종 기본권보장을 제한·축소시켰다(구속적부심제도 폐지, 임의성 없는 자백의 증거능력 부인 조항의 삭제, 재산권의 수용 등에 따른 보상을 법률에 위임함. 군인·군무원 등의 이중배상청구를 금함. 노동3권의 범위를 크게 제한함). ③ 통일주체국민회의를 신설하여 대통령과 국회의원 1/3을 선출하도록 하였고, 국회가 제안한 개헌안을 의결토록 하였다. ④ 대통령은 임기 6년이며, 중임이나 연임제한규정을 두지 아니하였고, ⑤ 대통령은 긴급조치권, 국회해산권, 국회의원 정수의 1/3의 추천권, 국민투표부의권, 모든 법관의 임명권을 행사할 수 있도록 하였고, ⑥ 국회의 회기단축, 국정감사권을 부인하였고, ⑦ 법관을 징계처분에 의하여 파면할수 있도록 하였고, ⑧ 헌법재판권을 헌법위원회에 부여하였고, ⑨ 헌법개정을 이원화하였다(대통령이 제안한 경우에는 국민투표로 의원이 제안한 경우에는 통일주체국민회의의 의결로 확정토록 함). ⑩ 지방의회의 구성을 조국통일이 이루어질때까지 구성하지 않도록 규정함으로써 지방자치단체를 유명무실하게 하였다.

제9절   제8차 헌법개정(1980.10.27.)

(1) 과 정

1979년 10. 26사태와 12. 12쿠데타를 거쳐, 1980년 5월 17일 전국계엄확대
조치를 거쳐 국가보위비상대책위원회를 설치하고 국회활동을 정지시켰다. 헌
법개정심의위원회가 개헌안을 작성하여 국민투표를 거쳐 1980년 10월 27일
공포 · 발효되었다.

(2) 내 용

전문, 제131조, 부칙 제10조로 구성된 제5공화국 헌법의 주요 내용은 ① 전
통문화의 창달, 재외국민 보호, 정당보조금 지급, 국군의 국가의 안전보장조
항을 신설하였고(국토방위의 신성한 의무는 건국헌법 때부터 있었음), ② 기본권조
항은 대체로 제3공화국 헌법으로 복귀하였고, 행복추구권 · 연좌제 금지 · 사생
활비밀 · 환경권 · 적정임금조항이 신설되었고, 구속적부제의 부활, 언론 · 출판
의 사회적 책임, 평생교육, 형사피고인의 무죄추정이 규정되었다. ③ 통일주
체국민회의를 폐지하고 대통령선거를 선거인단에 의한 간선제로 하였고, ④
대통령의 권한을 유신헌법에 비하여 대폭 축소하였고(긴급조치권을 비상조치권
으로 변경하고 남용방지책을 둠), 임기를 7년 단임으로 한다. ⑤ 전직 대통령의
예우조항, 국정자문회의, 평화통일정책자문회의를 둔다. ⑥ 국정조사권을 신
설, ⑦ 일반법관의 임명을 대법원장이 하도록 하였고, ⑧ 대법원에 전담부 설
치근거 및 행정심판의 헌법적 근거를 명시하고 아울러 징계처분에 의한 법관
면직규정을 삭제한다. ⑨ 경제질서에 대한 공법적 규제를 확대(독과점의 규제와
조정, 소비자보호, 국가표준제도, 중소기업의 보호 · 육성, 농 · 어민 · 중소기업의 자조조
직의 정치적 중립성 선언), ⑩ 헌법개정절차를 일원화시켰다(국민투표로만 확정시
킬 수 있음).

제10절   제9차 헌법개정(1987.10.29.)

(1) 과 정

1987년 6 · 10항쟁을 계기로 민주화의 요구가 최고도에 달하였던바, 이는 대
통령직선제로의 개헌방향으로 확정지어졌다. 이에 따라 여 · 야 간의 8인 정치
회담을 구성하여 헌법개정을 논의한바, 1987년 9월 17일에 전문과 본문 제

130조 및 부칙 제6조에 달하는 개헌안을 확정하여 여·야 간의 합의개헌에 성공하였다.

(2) 내 용

전문, 본문 제10장, 제130조, 부칙 제6조로 구성된 제6공화국 헌법의 주요 내용은, ① 기본권 보장의 강화, ② 대통령의 국민 직접선거제 채택, 임기 5년 단임, ③ 대통령의 권한 축소(국회해산권을 삭제하고 비상조치권을 긴급명령권(긴급재정·경제처분 및 명령권)으로 변경하였음), ④ 국회의 지위와 권한을 강화(국정감사권을 부활, 회기제한을 삭제, 정기회를 100일로 연장, 임시회의소집을 쉽게 하였음), ⑤ 헌법위원회를 폐지하고 헌법재판소를 설치하였다. ⑥ 구속이유 등 고지제도 신설, ⑦ 범죄피해자구조청구권 신설, ⑧ 쾌적한 주거생활권, 최저임금제, 모성보호, 대학의 자율성 신설, ⑨ 총강에 '국군의 정치적 중립성', '정당의 목적도 민주적일 것'이 새로 추가, ⑩ 대통령의 비상조치권, 대통령의 국회해산권, 국회의 국무위원해임의결권은 현행 헌법에서 폐지되었다.

CHAPTER 06 국가형태와 국가의 본질

제1절 민주공화국

1. 의 의

대한민국은 국호이다. 민주공화국에서 민주는 자유민주주의와 사회민주주의를 수용한다. 공화국이란 군주국 또는 군주제도를 부인한다는 의미이다.

2. 민주공화국의 의미

민주공화국이라는 규정 자체가 우리나라의 국가형태를 공화국이라 규정한 것으로 보면서 "그 내용이 민주적이다"라고 해석하는 것이 일반적인 통설이다.

3. 민주공화국의 법적 성격

공화국이란 원래 세습적 국가권력의 담당자인 군주가 통치하는 군주제에 반대하는 국가형태이다. 따라서 의례적 권한만을 갖는 입헌군주제의 도입도 우리 헌법상 허용되지 않는다.
공화국에는 민주공화국만이 있는 것이 아니라 계급공화국, 인민공화국, 전제공화국 등 다양한 공화국이 있는데 우리 헌법은 민주공화국을 규정하고 있다.

제2절 주 권

1. 주권의 의의

주권이란 국내의 최고권력, 국외에 대해서는 독립의 권력을 뜻한다. 현재 다수설은 주권과 헌법제정권력을 같은 뜻으로 본다.

2. 주권의 주체

(1) 군주주권론

군주에게 주권을 인정하는 입장으로 보댕(1576), 홉스(1651)가 주장했다.

(2) 국민주권론

알투지우스가 처음 주장하여 국민주권론의 효시가 되었다. 그 후 로크의 국민주권론, 루소의 인민주권론이 등장했다.

(3) 국가주권론

국가라는 법인이 주권자라는 국가주권론은 19세기 독일에서 라반트, 옐리네크에 의해 주장되었다. 군주주권론에서 국민주권론으로 이행하는 과정의 과도기 이론이다.

(4) 현대 민주국가에서의 주권의 주체

민주주의는 국민에 의한 통치를 그 내용으로 하기 때문에 주권의 주체는 국민으로 보는 국민주권론이 다수설이다.

제3절 국 민

1. 개 념

국가에 소속하여 통치권에 복종할 의무를 가진 개개의 자연인을 말한다.

2. 국민의 요건

우리나라 국적주의의 특징은 국적단행법주의, 속인주의를 원칙으로 하고 예외적 속지주의를 취하며, 부모양계혈통주의, 수반취득에서의 부부 간의 평등, 단일국적의 원칙을 들 수 있다.

(1) 국적의 취득

① 선천적 취득, 즉 출생에 의한 경우로서 원칙은 속인주의로서 부모양계혈통

주의를 채택하고 있으며, 예외적으로 대한민국에서 발견된 기아의 경우는 속지주의가 적용된다.

② 후천적 취득, 즉 출생 이외의 사유에 의한 경우로서 다음과 같은 경우가 있다.

    ㉠ **인지**: 미성년자에 한하며 출생 당시 대한민국 국민인 부모의 인지에 의한다.

    ㉡ **귀화**: 귀화에는 일반귀화, 간이귀화, 특별귀화가 있으며, 법무부장관의 허가를 요건으로 한다.

    ㉢ **수반취득**: 신법은 처의 수반취득조항은 삭제되어 부부는 국적이 다를 수 있다. 미성년자인 자는 수반취득을 신청한 때에 한하여 그 부 또는 모와 함께 우리 국적을 취득하는 것으로 하였다.

    ㉣ **국적회복**: 대한민국 국민이었던 외국인은 법무부장관의 국적회복허가를 받아 대한민국의 국적을 취득할 수 있다.

    ㉤ **국적재취득**: 대한민국의 국적을 취득한 외국인으로서 외국국적을 가지고 있는 자는 대한민국의 국적을 취득한 날부터 1년 내에 그 외국국적을 포기해야 하는데, 이를 이행하지 않으면 그 기간이 경과한 때에 대한민국의 국적을 상실한다. 대한민국의 국적을 상실한 자가 그 후 1년 내에 그 외국국적을 포기한 때에는 법무부장관에게 신고함으로써 대한민국의 국적을 재취득할 수 있다.

(2) 국적의 상실

국적상실의 원인은 혼인, 입양, 인지, 복수국적, 외국국적의 자진취득, 혼인취소, 이혼으로 외국국적취득 등을 들 수 있다. 국적이 상실되면 대한민국 국민의 지위를 상실한다.

① **복수국적자에 대한 국적선택제도**: 국적법 제12조에 의하여 만 20세가 되기 전에 복수국적자가 된 자는 만 22세가 되기 전까지, 만 20세가 된 후에 복수국적자가 된 자는 그때부터 2년 내에 제13조 및 제14조의 규정에 의하여 하나의 국적을 선택하여야 한다. 다만, 제10조 제2항에 따라 법무부장관에게 대한민국에서 외국국적을 행사하지 아니하겠다는 뜻을 서약한 복수국적자는 제외한다.

② **외국국적취득에 의한 국적상실**: 대한민국의 국민이 자진하여 외국국적을 취득한 경우에는 대한민국의 국적을 상실한다.

③ 국적상실자의 권리변동: 대한민국의 국적을 상실한 자는 국적을 상실한 때부터 대한민국의 국민으로서의 지위 및 권리를 상실하게 되며, 권리 중 대한민국의 국민이었을 때 취득한 것으로서 양도가능한 것은 그 권리와 관련된 법령이 별도로 정한 바가 없는 한 3년 내에 대한민국의 국민에게 양도하여야 한다.

(3) 재외국민의 보호

① 재외국민은 국가의 보호를 받는다는 소극적 규정은 제8차 개정헌법에도 규정되어 있으나 국가의 적극적 보호의무는 현행 헌법에서 규정되었다. 재외국민이란 외국에 장기체류하거나 영주하는 한국국적소지자를 말한다. 재외국민은 재외동포법 제3조에 의할 때 대한민국의 국민으로서 외국에 영주하거나 체류하는 자만을 의미하므로, 재외동포는 재외국민을 포함하는 광의의 개념이다. 재외국민은 재외국민등록법 제2조 규정에 의해서 등록을 하여야 한다. 또한 재외국민은 민주평화통일자문회의법 제10조 규정에 의할 때 민주평화통일자문위원이 될 수 있다.

② 재외국민보호와 관련된 헌법재판소의 판례: 1980년 해직공무원의 보상 등에 관한 특별조치법에서 이민간 이후의 보상을 배제하는 규정을 둔 것은 헌법 제2조 제2항의 "국가는 법률이 정하는 바에 의하여 재외국민보호의 의무를 진다는 규정을 위배한 것이 아니다"라고 판시했다(헌재 1998.5.28, 97헌마282). 대한민국 정부수립 이전에 해외로 이주한 자 및 그 직계비속을 재외동포의 범주에서 제외한 재외동포의 출입국과 법적 지위에 관한 법률조항은 차별의 정도 또한 적정한 것이라 볼 수 없으므로, 헌법 제11조의 평등원칙에 위배된다(헌재 2001.11.29, 99헌마494). 헌재는 공직선거 및 선거부정방지법 제37조 제1항에 의거 재외국민에 대해 선거권을 제한하는 것과, 해외에 거주하는 국민에 대하여 부재자투표를 실시하지 않는다는 규정을 둔 공직선거 및 선거부정방지법 제38조에 대하여 헌법불합치결정을 하였다(헌재 2007.6.28, 2004헌마644등).

이영순 씨 귀순사건 — 북한국적의 주민도 대한민국의 국민이라는 판결

북한 주민으로 중국에 건너가 중국주재 북한대사관으로부터 해외공민증을 발급받아 생활하던 중 중국여권을 받아 우리나라에 입국한 이영순 씨에 대하여, 대법원은 북한지역 역시 대한민국의 영토를 이루는 한반도의 일부로서 대한민국의 주권이 미칠 뿐이고 대한민국의 주권과 부딪치는 어떠한 국가단체나 주권을 법리상 인정할 수 없으므로 이씨가 중

국여권을 소지하고 우리나라에 입국하였다는 사정은 대한민국의 국적을 취득하고 유지하는 데 아무런 영향이 없다(대판 1996.11.12, 96누1221).

제4절 영 토

1. 영역의 의의

국가의 통치권이 포괄적·배타적으로 미치는 공간적 범위를 의미한다. 영역은 영토·영해·영공으로 구성된다.

(1) 영 토

'한반도와 그 부속도서'라고 직접 헌법 제3조에서 명시하고 있다. 1949년 독일기본법은 서독지역에 한해 적용되는 것으로 규정하여 잠정적 헌법이었으나 우리 건국헌법은 한반도와 그 부속도서를 영토로 규정하였다. 영토조항은 반드시 헌법에 규정되어야 하는 필수적인 사항은 아니다.

(2) 영 해

영해는 12해리이고 대한해협은 3해리이다. 접속수역은 24해리이며, 영해를 제외한 수역이다. 배타적 경제수역은 200해리이다.

(3) 영 공

무한계설, 대기권설 등이 있으나, 영토와 영해의 수직상공 중 지배가능한 범위 내에 한정되는 것으로 보는 **실효적(실용적) 지배설**이 일반적이다.

▶ 대법원(대판 1992.7.24, 92도1148)과 헌법재판소(헌재 1997.1.16, 92헌바6)에 의하면, 국가보안법의 헌법적 근거를 제3조의 영토조항에서 찾고 있다(영토조항설).

▶ 헌법재판소는 "북한은 조국의 평화적 통일을 위한 대화와 협력의 동반자임과 동시에 대남적화 노선을 고수하면서 우리 자유민주체제의 전복을 획책하고 있는 반국가단체라는 성격도 함께 갖고 있다"라고 하여 북한정권의 이중적 성격론 입장에 있다.

2. 헌법 제3조와 제4조의 충돌문제

독일은 영토조항이 없었고 서독연방 가입주에만 주권이 미치게 되어 있어 통일로 동독의 주가 연방에 가입하는 형식으로 이루어졌으나, 우리나라는 제헌 당시 영토조항(제3조)을 규정하고 1972년 개헌 당시 평화통일조항(제4조)을 규정하여 헌법규범 간의 상호불일치 또는 동규정에 근거한 법령 상호간의 조화의 문제가 제기되고 있다.

제1설은 영토조항우위론(유일합법정부론, 흡수통일론 등)이 있고, 제2설은 평화통일조항우위론(헌법변천론, 국제정치적 현실론)이 있고, 제3설은 양조항등가론(북한정권의 2중적 성격론)이 있는데 헌재와 다수의 견해는 제3설이라 할 수 있다.

3. 헌법재판소의 태도(헌재 92헌바6 등 병합)

(1) 남 · 북한의 UN 동시가입

남 · 북한이 UN에 동시 가입하였다고 하더라도 이는 UN헌장이라는 다변조약에의 가입을 의미하는 것으로서, UN헌장 제4조 제1항의 해석상 신규가맹국이 UN이라는 국제기구에 의하여 국가로 승인받는 효과가 발생하는 것은 별론으로 하고, 그것만으로는 곧 다른 가맹국과의 관계에 있어서도 당연히 상호간에 국가승인이 있었다고는 볼 수 없다는 것이 현실 국제정치상의 관례이고, 국제법상의 통설적 입장이다.

(2) 남북합의서의 작성

남북합의서는 남북관계를 '나라와 나라 사이의 관계가 아닌, 통일을 지향하는 과정에서 잠정적으로 형성되는 특수관계'임을 전제로 하여 이루어진 합의문서인바, 이는 한민족 공동체 내부의 특수관계를 바탕으로 한 당국 간의 합의로서 남북당국의 성의 있는 이행을 상호약속하는 일종의 공동성명 또는 신사협정에 준하는 성격에 가짐에 불과하다.

(3) 북한의 반국가단체성

현 단계에 있어서의 북한은 조국의 평화적 통일을 위한 대화와 협력의 동반자임과 동시에 대남적화노선을 고수하면서 우리 자유민주주의체제의 전복을 획책하고 있는 반국가단체라는 성격도 함께 갖고 있음이 엄연한 현실인 점에 비추어, 헌법의 전문과 제4조가 천명하는 자유민주적 기본질서에 입각한 평화적 통일정책을 수립하고 이를 추진하는 법적 장치로서 남북교류협력에 관한 법률 등을 제정·시행하는 한편, 국가의 안전을 위태롭게 하는 반국가활동을 규제하기 위한 법적 장치로서 국가보안법을 제정·시행하고 있는 것으로서, 위 두 법률은 상호 그 입법목적과 규제대상을 달리하고 있는 것이므로 남북교류협력에 관한 법률 등이 공포·시행되었다 하여 국가보안법의 필요성이 소멸되었다거나 북한의 반국가단체성이 소멸되었다고는 할 수 없다.

> **남북교류협력에 관한 법률 제9조 제3항 위헌소원**
>
> 남북교류협력에 관한 법률 제9조 제3항이 헌법에 위배된다는 헌법소원에서, 남한주민이 북한주민 등과 회합·통신 기타의 방법으로 접촉하고자 할 때에 통일부장관의 승인을 얻도록 한 남북교류협력에 관한 법률 제9조 제3항은 국가의 안전보장이나 국가유지를 위해 현 단계에서는 불가피하므로 평화통일원칙을 선언한 헌법규정에 위배된다고 볼 수 없다(헌재 2000.7.20, 98헌바63).

07 헌법의 기본원리 및 제도

제1절 헌법전문

1. 법적 성격과 효력

(1) 법적 성격

효력부정설에 따르면 헌법전문은 헌법의 유래, 헌법제정의 목적을 기술한 것에 불과하므로 법적 규범력을 가지는 것이 아니라고 본다. **효력긍정설**(통설)에 따르면 전문에는 헌법제정권력자의 결단 또는 사회통합의 당위적 방향과 목표가 내재되기 때문에 전문의 효력이 긍정된다는 견해로 독일연방헌법재판소, 우리 헌법재판소, 우리나라 학자의 통설의 입장이다.

(2) 법적 효력

① **최고규범성**을 갖는 헌법전문은 국내법질서의 근본이념을 규정한 것으로 헌법의 본문 및 모든 법규범의 내용을 한정하며 타당성의 근거가 된다. 따라서 일국의 법체계에서 최상위의 근본규범이다.
② 헌법전문은 헌법본문과 기타 법령의 해석기준이 된다.
③ 헌법전문의 자구수정은 가능하나 핵심적인 내용은 헌법개정의 한계이다. 제 5·7·8·9차 개정헌법은 헌법전문을 개정한 바 있다.
④ 재판규범성 여부에 대하여는 부정설도 있으나, 긍정설이 다수설로서 재판규범으로서 구체적 사건에 직접 적용할 수 있다. 헌재는 헌법전문의 **법적 효력**을 긍정하며 **재판규범성**을 인정한다(헌재 1992.3.13, 92헌마37).
⑤ 헌법전문은 해석을 통해 헌법상 원리를 도출하는 근거는 될 수 있으나 헌법전문이나 원리로부터 권리와 의무를 도출할 수는 없다는 것이 일반적 견해이고 헌재판례의 입장이다.

(3) 근본이념의 표명

국민주권의 이념("우리 대한국민은 … 국민투표에 의하여 개정한다."), **자유민주주의**이념("자유민주적 기본질서를 더욱 확고히 하고"), **사회국가의 이념**("각인의 기회를 균등히 하고", "국민생활의 균등한 향상을 기하고"), **문화국가의 이념**("유구한 역사와 전통에 빛나는", " … 문화의 모든 영역에 있어서"), **국제평화주의의 이념**("항구적인 세계평화와 인류공영에 이바지하여"), **평화통일의 이념**("평화적 통일의 사명에 입각하여")이 나타나 있다.

▸ 권력분립주의, 역대 제1차부터 제8차까지 개정일자, 민주공화국, 국가형태, 5·16혁명, 침략전쟁부인, 자유민주적 기본질서에 입각한 평화적 통일정책, 국가의 전통문화계승 발전과 민족문화창달의무 등은 우리 헌법전문에 규정되어 있지 않다.

제2절　국민주권주의

1. 국민주권과 인민주권의 비교

구　분	국민주권론	인민주권론
주창자	알투지우스, 로크	루소
이　념	대의제(간접민주주의)	국민자치제(직접민주주의)
주　체	전체국민＝이념적 통일체, 즉 추상적 가치공동체	유권적 시민의 총체＝구체적이고 현실적인 개인의 집단
특　성	• 불가분적 주권 • 통치자≠피치자	• 가분적(지분적) 주권 • 통치자＝피치자(자동성 또는 동일성의 원리)
대표관계	무기속위임(＝자유위임)	강제(기속)위임
선거제도	제한·차등선거	보통·평등선거
선거권	국민의 의무	국민의 권리
정치구조	권력분립	권력통합

▸ 현대국가에서는 국민주권과 인민주권이 결합하는 반대표제, 즉 반직접민주제의 경향이 나타나고 있다.

제3절 법치주의

1. 의 의

(1) 개 념

국가가 국민의 자유와 권리를 제한하거나 국민에게 새로운 의무를 부과하려고 할 때에는 반드시 의회가 제정한 법률에 의하거나 또는 그에 근거가 있어야 한다는 원리를 뜻한다.

(2) 법적 성격

① 선재하는 국가권력으로부터 개인의 자유와 권리를 보호하기 위한 방어적·소극적 원리로서, 법치주의는 국민의 자유와 권리를 보장하기 위한 비정치적이고 법기술적인 원리로 보는 입장과, ② 국가와 사회의 상호기능적 관련성을 갖는 사회적 통합을 위한 구성적·적극적 원리로 보는 입장이 있다.

2. 법치주의 구현방법

성문헌법주의와 기본권과 적법절차의 보장, 권력분립의 확립, 법치행정(행정의 합법률성), 사법심사 및 권리구제 절차제도, 신뢰보호 및 소급효금지원칙 등을 들 수 있다.

3. 법치주의의 예외

(1) 국가긴급권

다수설은 국가긴급권이 법치주의의 예외 내지 제한임을 인정하고 있으나, 국가긴급권에 대하여도 과잉금지원칙을 적용함으로써 법치주의의 절차적·형식적 내용을 확인한 것이라고 하여 법치주의는 그 본질상 예외가 허용되지 않는 법원리로 보아 법치주의의 예외를 인정하지 않으려는 견해도 있다. 이 견해에 따르면 국가긴급권은 법치주의의 예외가 아니라 헌법보장을 위한 수단으로 보고 있다.

(2) 특별권력관계

다수설에 의하면, 특별권력관계에도 법치주의는 원칙적으로 적용되며, 다만 그 목적달성을 위하여 합리적인 범위 안에서 기본권이 제한될 뿐이라고 한다.

▶ **법치주의에 위배되는 것의 예**

　포괄적 위임입법, 행정소송열기주의, 소급입법에 의한 처벌, 행정기관에 의한 행정소송의 관할

▶ **법치주의에 위배되지 않는 것의 예**

　법률유보, 행정소송개괄주의, 주관적 공권의 확대, 간이절차에 의한 재판, 조세법·교통위반자에 대한 통고처분

▶ **법치주의와 관련이 없는 것의 예**

　복수정당제, 다수결의 원리, 정부형태(대통령제, 의원내각제), 국회(양원제, 단원제), 민주적 정당성

소급입법의 종류 및 한계

넓은 의미의 소급입법은, 신법이 이미 종료된 사실관계에 작용하는지 아니면 현재 진행 중인 사실관계에 작용하는지에 따라 일응 **진정소급입법과 부진정소급입법**으로 구분되고, **전자**는 헌법적으로 허용되지 않는 것이 원칙이며 특단의 사정이 있는 경우에만 예외적으로 허용될 수 있는 반면, **후자**는 원칙적으로 허용되지만 소급효를 요구하는 공익상의 사유와 신뢰보호의 요청 사이의 교량과정에서 신뢰보호의 관점이 입법자의 형성권에 제한을 가하게 된다(헌재 1995.10.26, 94헌바12)

시혜적인 소급입법에 대한 입법형성권

헌법상의 기본원칙인 죄형법정주의나 법치주의로부터 도출되는 신체의 자유와 법적 안전성 및 신뢰보호의 원칙상 모든 법규범은 현재와 장래에 한하여 효력을 가지는 것이기 때문에 소급입법에 의한 처벌은 원칙적으로 금지 내지 제한되지만, 신법이 피적용자에게 유리한 경우에 이른바 **시혜적인 소급입법을 할 것인지의 여부는 입법재량의 문제**로서 그 판단은 일차적으로 입법기관에 맡겨져 있는 것이므로 이와 같은 시혜적 조치를 할 것인가를 결정함에 있어서는 국민의 권리를 제한하거나 새로운 의무를 부과하는 경우와는 달리 입법자에게 보다 광범위한 입법형성의 자유가 인정된다(헌재 1995.12.28, 95헌마196).

> **일반적 명확성 원칙의 의미**
>
> **법치국가원리의 한 표현인 명확성의 원칙은 기본적으로 모든 기본권제한입법에 대하여 요구된다.** 규범의 의미내용으로부터 무엇이 금지되는 행위이고 무엇이 허용되는 행위인지를 수범자가 알 수 없다면 법적 안정성과 예측가능성은 확보될 수 없게 될 것이고, 또한 법집행 당국에 의한 자의적 집행을 가능하게 할 것이기 때문이다(헌재 1990.4.2, 89헌가 113; 헌재 1996.8.29, 94헌바15; 헌재 1996.11.28, 96헌가15 참조).

> **입법의 성격에 따른 명확성 원칙의 차별 적용**
>
> 명확성의 원칙은 모든 법률에 있어서 동일한 정도로 요구되는 것은 아니고 개개의 법률이나 법조항의 성격에 따라 요구되는 정도에 차이가 있을 수 있으며 각각의 구성요건의 특수성과 그러한 법률이 제정되게 된 배경이나 상황에 따라 달라질 수 있다고 할 것이다. 일반론으로는 어떠한 규정이 부담적 성격을 가지는 경우에는 수익적 성격을 가지는 경우에 비하여 명확성의 원칙이 더욱 엄격하게 요구된다고 할 것이다(헌재 1992.2.25, 89헌가104).

제4절 사회국가원리

1. 의 의

사회국가란 모든 국민생활의 기본적 생활수요를 충족할 수 있도록 국민의 생활여건을 조성하는 것을 국가의 과제로 하는 원리를 말한다.

2. 사상적 배경

18세기 자유방임적 자본주의 시장경제의 폐해(빈부격차의 심화, 사회적 불평등의 구조화)로 자유방임적 자본주의의 수정을 통한 국민의 생존권보장 필요성에서 20세기에 사회국가원리가 등장하게 되었다.

3. 사회권(생존권)의 법적 성격

당연히 헌법규범적 성격을 갖기 때문에 모든 법규범의 해석지침으로서 헌법규범적 효력을 나타낸다고 본다. 규범적 성격 긍정설도 추상적 권리설과 구체적 권리설로 나뉘는데 대법원은 공해(환경)소송에서 추상적 권리설에 입각하고 있는 것으로 보이며 (대결 1995.5.23, 94마2218), 학설의 일반적 입장은 구체적 권리설을 지지하고 있으며, 헌법재판소는 인간다운 생활을 할 권리에 대하여 최소한의 물질적 생활의 유지에 필요한 급부를 요구할 수 있는 구체적 권리가 도출되는 것으로 보고, 그 이상의 급부를 내용으로 하는 것은 추상적 권리설에 입각하고 있다고 보는 이분설에 근거하고 있다(헌재 1998.2.27, 98헌가10).

4. 사회국가원리의 한계

(1) 보충성원리에 의한 한계

사회국가에서 보충성원리란 경제적·사회적 문제의 해결은 1차적으로는 개인적 차원에서 이루어지도록 하고 개인적 차원에서의 해결이 불가능한 경우에 비로소 국가가 개입해야 한다는 것이다.

(2) 개념본질상의 한계

사회국가원리의 실현은 단계적·점진적·사회개량적 방법에 의하여야 한다.

(3) 기본권 제한상의 한계

사회국가는 비록 그 목적달성을 위하여 자유권적 기본권을 제한하더라도 자유와 권리의 본질적 내용을 침해하는 제한은 허용되지 아니한다.

(4) 재정·경제력에 의한 한계

사회국가의 실현에 소요되는 방대한 재원의 확보는 국가의 재정능력과 경제력에 의존할 수밖에 없다. 재원확보와 국가의 경제성장이 조화되는 방향으로 이루어져야 한다.

5. 현행 헌법상의 사회국가원리

(1) 사회국가원리의 조항

전문, 제10조, 제31조~제36조, 제119조를 들 수 있다.

(2) 사회국가원리의 구현 방법

사회적 기본권의 보장, 재산권의 사회적 구속성, 경제질서에 대한 규제와 조정을 통하여 구현되고 있다.

제5절 문화국가원리

1. 개 념

문화국가란 국가로부터 문화의 자유가 보장되고, 국가에 의하여 문화가 공급(문화에 대한 국가적 보호·지원·조성)되어져야 하는 국가를 말한다. 여기에서 문화란 교육·학문·예술·종교와 언론 등 인간의 정신적·지적 활동 영역을 말한다.

2. 사상적 배경

국가의 문화불간섭정책(초기 자유주의)에서 시작하여, 국가의 적극적인 문화간섭정책(18세기 국가절대주의사상)을 지나, 국가의 문화의 자율성 보장(불편부당의 원칙)으로 발전되어 왔다. 여기에서 불편부당의 원칙이란, 국가는 어떤 문화현상도 국가 스스로의 입장인 것처럼 표현해서는 안 되고 객관적이고 불편부당한 입장에서 문화현상으로부터 일정한 거리를 유지하는 것이다.

3. 우리 헌법상 문화국가원리

(1) 헌법의 기본원리

건국헌법 이래 헌법의 기본원리로 규정하였다. 특히, 1980년 헌법은 국가의 전통문화 계승·발전과 민족문화 창달의무를 규정하고 있다.

(2) 현행 헌법상 문화국가원리의 구현

헌법전문(문화의 … 영역에 있어서), 국가의 민족문화 창달의무(제9조, 제69조), 문화적 자유의 보장(제19조, 제20조, 제21조, 제22조), 교육제도(제31조), 개인책임을 중요시하는 문화국가원리의 표현으로서 연좌제 폐지(제13조 제3항), 건강하고 쾌적한 환경문화유산 조성을 위한 환경권(제35조) 등으로 구현되고 있다.

제6절 민주적 기본질서

1. 의 의

(1) 헌법규정

헌법전문의 「자유민주적 기본질서」, 제4조의 「자유민주적 기본질서」, 제8조 제4항의 「민주적 기본질서」를 지적할 수 있다.

(2) 민주주의의 역사적 전개과정

① 자유민주주의: 자유주의는 국가권력의 간섭을 배제하고 시민의 자유를 옹호하는 시민계급에 의해 주장된 사상이다.

② 사회민주주의: 사회민주주의는 형식적 민주주의가 경제적 약자의 경제적 불평등을 해결하지 못한 것에 대한 반성으로 실질적인 평등을 지향하는 민주주의이다.

③ 동일성 민주주의: 루소가 주장한 민주주의로서 동일성 민주주의는 치자와 피치자의 동일성을 강조하면서 국민에 의한 직접적인 통치권의 행사를 주장하는 이론이다. 동일성 민주주의는 직접민주주의이므로 대의제, 권력분립과 대립한다.

④ 상대적 민주주의: 가치중립성의 입장에서 국민의 다양한 정치의사를 전제로 하여 민주주의 내용을 다수결의 원칙에 따라 정하도록 하는 민주주의이다. 다수결 원칙에 의한 의사에 절대적 힘을 부여하므로 소수보호에 약점을 지니며, 다수결에 의하면 민주주의 가치도 부정할 수 있다는 모순이 있다.

⑤ 방어적 민주주의: 상대적 민주주의는 나치에 의한 민주주의 가치질서 파괴를 막을 수 없었고 이에 대한 반성으로 방어적 민주주의는 민주주의 가치가 다수결에 의해 정해지는 것이 아니라 이미 민주주의라는 개념 속에 내재하는 것으로 보고 이 가치를 부정하는 세력으로부터 이를 보호하려는 민주주의이다.

2. 민주적 기본질서의 개념 — 헌법 제8조 제4항의 민주적 기본질서의 의미

제8조 제4항의 민주적 기본질서는 자유민주적 기본질서라는 설과 사회민주적 기본질서를 포함하는 넓은 의미라는 설이 대립하나, 자유민주적 기본질서와 동일한 개념으로 이해하는 것이 다수설이다.

3. 자유민주적 기본질서의 내용(헌재판례에 따름)

기본적 인권의 존중, 권력분립, 의회제도, 복수정당제도, 선거제도, 사유재산제도를 근간으로 하는 시장경제질서, 사법권의 독립을 들고 있다.

자유민주적 기본질서에 위해를 주는 경우

"자유민주적 기본질서에 위해를 준다 함은 모든 폭력적 지배와 자의적 지배, 즉 반국가단체의 일인독재 내지 일당독재를 배제하고 다수의 의사에 의한 국민의 자치, 자유·평등의 기본원칙에 의한 법치주의적 통치질서의 유지를 어렵게 만드는 것으로서 구체적으로는 기본적 인권의 존중, 권력분립, 의회제도, 복수정당제도, 선거제도, 사유재산과 시장경제를 골간으로 한 경제질서 및 사법권의 독립 등 우리의 내부체제를 파괴·변혁시키려는 것"이다(헌재 1990.4.2, 89헌가113).

제7절　국제질서

1. 국제평화주의

(1) 입법례

전쟁의 포기와 군비까지 금지한 헌법으로 일본의 평화헌법, 양심적 병역(집총) 거부권을 보장한 헌법으로 독일기본법이 있다.

(2) 우리 헌법상의 국제평화주의

국제평화주의를 선언한 헌법전문, 침략전쟁을 부인한 헌법 제5조 제1항, 국제법 존중주의를 선언한 헌법 제6조가 있다. 평화적 통일을 지향하는 헌법전문과 헌법 제66조 제3항, 제69조 등도 포함될 수 있다.

2. 국제법 존중주의

(1) 조약과 헌법의 관계

조약우위설과 헌법우위설, 헌법과 조약 사이의 효력을 인정하는 견해, 개별화설 등이 있으나 헌법우위설이 일반적 입장이다.

(2) 국제법과 국내법과의 관계

일원론으로는 국제법우위론과 국내법우위론이 있고 이원론도 있으나, 우리나라는 국내법 우위의 일원론 입장이다.

(3) 헌재의 태도

① 국제연합(UN)의 '인권선언': 국제연합의 '인권선언'은 그 전문에 나타나 있듯이 '… 모든 국민과 모든 나라가 달성하여야 할 공통의 기준'으로 선언하는 의미는 있으나, 그 선언내용의 각 조항이 보편적인 법적 구속력을 가지거나 국내법적 효력을 갖는 것은 아니다.

② 교원의 지위에 관한 권고: 1960. 10. 5. 국제연합교육과학문화기구와 국제노동기구가 채택한 「교원의 지위에 관한 권고」는… 또한 직접적으로 국내법적 효력을 가지는 것이라고 할 수도 없다.

③ 국제노동기구의 제105호 조약: 강제노동의 폐지에 관한 국제노동기구의 제105호 조약은 우리나라가 일반적으로 비준한 바 없고, 헌법 제6조 제1항에서 말하는 '일반적으로 승인된 국제법규'로서 헌법적 효력을 갖는 것이라고 볼 만한 근거도 없으므로, 이 사건 심판대상 규정의 위헌성 심사의 척도가 될 수 없다(헌재 1998.7.16, 97헌바23).

④ 대한민국과 아메리카합중국간의 상호방위조약 제4조에 의한 시설과 구역 및 대한민국에서의 합중국군대의 지위에 관한 협정 제2조 제1항의 (나)에 대한 위헌법률심판(헌재 1999.4.29, 97헌가14): 이 사건 조약은 그 명칭이 '협정'으로 되어 있어 국회의 관여없이 체결되는 행정협정처럼 보이기는 하나 우리나라의 입장에서 볼 때에는 외국군대의 지위에 관한 것이고, 국가에게 재정적 부담을 지우는 내용과 입법사항을 포함하고 있으므로 국회의 동의를 요하는 조약으로 취급되어야 한다. 이 사건 조약은 국회의 비준동의와 대통령의 비준 및 공포를 거친 것으로 인정되므로, 이 사건 조약이 국내법적 효력을 가짐에 있어서 성립절차상의 하자로 인하여 헌법에 위반되는 점은 없다.

3. 국제법의 국내법적 효력

(1) 조약의 효력

① 의 의: 조약·규약·협약·협정 등 명칭을 묻지 않고 국가 간에 법률상 권리

의무를 창설, 변경, 소멸시키는 문서에 의한 둘 또는 그 이상의 국가 간의 합의를 말한다(광의). 헌법 제6조 제1항의 조약은 '일반적으로 승인된 국제법규'와 달리 우리나라가 당사자가 되어 체결·공포된 조약에 국한된다.

② 조약의 성립 절차: 조약의 체결과 비준은 대통령의 권한(제73조)이다. 국회의 동의를 요하는 조약으로는, 상호원조 또는 안전보장에 관한 조약, 중요한 국제조직에 관한 조약, 우호통상항해조약, 주권의 제약에 관한 조약, 강화조약, 국가나 국민에게 중대한 재정적 부담을 지우는 조약, 입법사항에 관한 조약이 있다(제60조 제1항).

③ 국회동의의 법적 성격: 국회의 동의는 대통령의 전단을 방지하는 민주적 통제로서, 대통령의 비준행위를 정당화시켜 주며 조약의 국내법적 효력발생을 위한 전제요건이 된다. 그러나 국내법적 효력발생을 위하여 독일에서와 같이 국내법으로 전환하는 절차를 요구하지는 않는다. 국회의 동의 없이 대통령이 체결·비준한 조약은 국내법상 무효이나, 국제법상은 유효하다고 보며 국회의 수정동의권은 부정된다(다수설).

④ 조약의 효력: 헌법에 의하여 체결·공포된 조약만이 국내법과 동일한 효력을 가지므로, 국회의 동의를 요하지 않는 단순한 행정협정, 문화교류협정 등은 명령·규칙의 효력을 가진다(다수설). 또한, 조약은 체결절차와 내용이 헌법에 위반하지 않은 때에만 법률의 효력을 지닌다(헌법우위설).

⑤ 조약에 대한 규범통제: 조약은 헌법보다 효력이 하위에 있고 국내법과 같은 효력을 가지므로 위헌법률처럼 사법심사의 대상이 되며, 다만 조약의 성질에 따라 법률의 효력을 가지는 조약은 헌법재판소가 심사하고 명령·규칙의 효력을 가지는 조약은 각급 법원이 심사하고 최종적 심사는 대법원이 한다(긍정설, 통설).

⑥ 위헌결정의 효력: 법률과 동일한 효력을 가진 조약은 헌법재판소의 위헌결정이 있으면 조약의 효력을 상실하며(일반적 효력), 명령과 동일한 효력을 가진 조약은 법원의 위헌·위법결정이 있으면 당해 사건에 한하여 적용만 거부된다(개별적 효력). 한편, 위헌으로 결정된 조약은 국내법적 효력은 상실하나, 국제법상은 강행법규가 아닌 한 무효가 되는 것은 아니라고 본다.

(2) 일반적으로 승인된 국제법규의 효력

① 의 의: 세계 대다수 국가에 의하여 보편적·일반적 규범으로 일반적으로 승인된 것으로, 이에는 국제관습법과 우리나라가 체약 당사자가 아닌 조약이라도 국제사회에서 일반적으로 그 규범성이 인정된 국제조약을 포함한

다. 일반적으로 승인된 국제법규는 조약과 달리, 특별한 수용절차(=국회의 동의) 없이 직접 국내법으로 편입된다.

② 종 류

　㉠ 일반적으로 승인된 국제관습법: 전쟁법의 일반원칙, 민족자결의 원칙, 조약준수의 원칙, 대사·공사 등에 관한 원칙, 내정불간섭의 원칙 등이 있다.

　㉡ 일반적으로 승인된 국제성문법: 국제연합헌장의 일부, 포로에 관한 제네바협정, 집단학살(genocide)의 금지협정, 부전(不戰)조약, 세계우편연맹규정 등이 있다(단, 국제연합인권선언이나 포츠담선언은 포함 안 됨).

③ 효 력: 일반적으로 승인된 국제법규는 법률과 동위라는 설, 헌법보다 하위이나 법률보다 상위라는 설, 국제법규는 그 내용에 따라 헌법률, 법률·명령의 효력을 가진다는 개별적 판단설이 대립하고 있다.

④ 규범통제의 문제: 일반적으로 승인된 국제법규는 위헌여부의 의미를 지닌 규범통제의 대상은 본질상 인정되지 않는다(다수설, 조약과는 다르게 취급함). 다만, 국내법으로의 편입여부를 판단하는 규범통제 절차는 가능하다고 본다(일반적으로 승인된 국제법규인가의 여부는 사법심사 대상이 됨).

제8절　사회적 시장경제질서

1. 개 념

민주적 기본질서가 정치적 공동체로서의 대한민국의 기본질서라면 사회적 시장경제질서는 경제적 공동체로서의 기본질서로 볼 수 있다. 근대 헌법은 정치중심의 헌법으로 정치적 문제가 주된 관심사였으나, 현대에 있어서는 경제문제가 중대한 헌법사항으로 간주되고 있다(경제헌법). 사회적 시장경제질서란 자본주의 자유시장경제를 근간으로 하되, 사회복지 및 사회정의를 실현시키기 위한 범위 내에서 경제의 규제와 조정이 허락된 경제를 의미한다.

2. 헌법적 근거 및 규정

헌법 제119조 제1항은 경제상의 자유와 창의를 강조하고 있으며, 제2항은 경제에 대한 규제와 조정을 할 수 있다고 규정하여 사회적 시장경제질서를 선언하고 있다. 그 외 헌법 제119조부터 제127조에 사회적 시장경제질서가 반영되어 있다.

제9절 공무원제도

1. 공무원

(1) 국민(전체)에 대한 봉사자(헌법 제7조 제1항)

① 의 의: 공무원은 주권자인 국민전체에 대한 봉사자이어야 하고, 국민의 일부나 특정 정당 또는 계급의 이익을 위한 봉사자이어서는 안 된다는 뜻이다.

② 공무원의 범위: 모든 공무원을 말한다. 즉, 일반직 공무원은 물론, 경력직 공무원·선거직 공무원 등 정치적 공무원·일시적 공무위탁자도 포함한다(= 최광의의 공무원).

(2) 국민에 대한 공무원의 책임(헌법 제7조 제1항)

① 책임의 성질: 국민소환제는 인정되지 않으므로 정치적·윤리적 책임으로 보는 것이 다수설이다.

② 책임의 유형: 직접적인 책임은 추궁할 수 없으나(국민소환제 인정 안 됨), 간접적으로 책임을 물을 수 있는데, 예를 들면 각종의 선거(대통령, 국회의원), 탄핵·해임건의, 손해배상책임·징계책임, 청원 등이 있다.

(3) 공무원의 기본권 제한

① 의 의: 공무원에 대해서는 국민전체의 봉사자로서의 지위확보, 직무의 공정한 수행과 정치적 중립성을 보장하기 위하여 기본권의 제한이 허용된다.

② 이론적 근거: 국민전체봉사자설, 특별권력관계설, 직무성질설 등이 있다. 헌재는 국민 전체봉사자설과 직무성질설을 함께 들고 있다.

③ 기본권 제한: 경력직 공무원은 정당 가입이 안 된다. 또한 공무원은 법률이 정하는 자에 한하여 단결권·단체교섭권·단체행동권을 가진다(헌법 제33조 제2항).

2. 직업공무원제도

(1) 의 의

직업공무원제도란 공무원에게 신분을 보장해 주고 국가의 정책집행 기능을 맡김으로써 안정적인 정책집행을 확보하려는 공직구조에 관한 제도적 보장을 의미한다(헌재 1989.12.18, 89헌마32·33 병합). 직업공무원제도를 최초로 규정한 것은 바이마르헌법이며, 우리나라는 건국헌법에서 '공무원의 지위와 책임'을 규정했고, 제2공화국 헌법에서 '공무원의 신분보장과 정치적 중립성'을 추가하여 직업공무원제도를 최초로 규정했다. 제3공화국 헌법에서 '국민전체의 봉사자로서의 공무원'을 규정했고, 현행헌법에서는 '국군의 정치적 중립'을 규정했다.

(2) 적용범위

직업공무원제도의 공무원은 공법상 특별권력관계하에 공무를 담당하는 협의의 공무원을 말하며(경력직공무원에 국한함), 정치적 공무원·임시적 공무원은 포함되지 않는다.

(3) 내용(헌법 제7조 제2항)

① **공무원의 신분보장**: 공무원은 정권교체 또는 같은 정권하에서도 정당한 이유없이 해임당하지 아니한다. 그러나, 그 신분은 무제한 보장되지 않으며 국회의 입법재량의 여지가 인정되므로 국가공무원법, 지방공무원법의 개정으로 신분보장의 내용이 변경될 수 있다(헌재 1992.11.12, 91헌가2).

② **정치적 중립성**: 정치에 불간섭·불가담의 소극적인 활동을 의미하므로 공무원은 정당가입이 배제된다(단, 특수경력직은 가능).

③ **능력주의(실적주의)**: 인사행정에 있어 정치적 또는 정실적 요소를 배제하고 자격이나 능력을 기준으로 하여 공무원을 임용하거나 승진·전보하는 원칙을 말한다. 따라서 공직자선발에 관하여 능력주의에 바탕한 선발기준을 마련하지 아니하고 해당 공직이 요구하는 직무수행능력과 무관한 요소, 예컨대 성별·종교·사회적 신분·출신지역 등을 기준으로 삼는 것은 국민의 공직취임권을 침해하는 것이 된다(헌재 1999.12.23., 98헌마363).

[헌재판례]
① 헌법재판소는 국가보위입법회의법 부칙 제4항에 대한 헌법소원사건에서 공무원 자신의 귀책사유가 없이 임명권자의 후임자임명처분 등으로 공무원직을 상실시킨 것은 직업공무원제를 침해한 것으로 위헌이라고 하였다(헌재 1989.12.18, 89헌마32).
② 헌법재판소는 특별채용의 대상을 6급 이하의 해직공무원에게만 이를 허용하고 있는

1980년 해직공무원보상등에관한법률 제4조에 대한 헌법소원사건에서, 5급 이상의 공무원은 이른바 관리직으로서 직무의 책임성, 중요성, 인사조직에 미치는 영향이 상대적으로 크며, 특별채용규정은 시혜적인 고려와 배상의 성질이 공존하는 것으로 금전적 배상과 보상이 주가 되면 되는 것으로, 국회의 입법재량에 속하므로 합헌이라고 하였다(헌재 1993.5.13, 90헌바22).

③ 직업공무원제도는 헌법이 보장되는 제도적 보장 중의 하나임이 분명하므로 입법자는 직업공무원제도에 관하여 '최소한 보장'의 원칙의 한계 안에서 폭넓은 입법형성의 자유를 가진다. 따라서 입법자가 동장의 임용의 방법이나 직무의 특성 등을 고려하여 구 지방공무원법 제2조 제3항 제2호 등에서 동장의 공직상의 신분을 지방공무원법상 신분보장의 적용을 받지 아니하는 별정직공무원의 범주에 넣었다 하여 바로 그 법률 조항부분을 위헌이라고 할 수는 없다(헌재 1997.4.24, 95헌바48).

④ 헌재는 공무원의 귀책사유 유무를 불문하고 임명권자의 후임자의 임명이라는 처분에 의하여 그 직을 상실케 하는 것은 직업공무원제도에 위반된다(헌재 1989.12.18, 89헌마32)고 하였지만, 지방공무원이 금고 이상의 선고유예를 받고 그 기간 중에 있으면 당연퇴직한다든지 공무원이 될 수 없도록 하는 것은 직업공무원제도에 위반되지 않는다(헌재 1990.6.25, 89헌마220)고 했으나 최근판례(헌재 2002.8.29, 2001헌마788 · 2002헌마173)에서 판례를 변경하여 직업 공무원 제도에 위반되는 것으로 보아 지방공무원법 제31조 제5호 부분은 헌법에 위반된다고 보았다.

⑤ 금고 이상의 선고유예를 받은 경우에 공무원직에서 당연퇴직되도록 한 국가공무원법 제33조 제1항 제5호에 대하여 공무담임권의 침해를 인정하였다(헌재 2003.10.30, 2002헌마684).

제10절　정당제도

1. 서 설

(1) 정당의 의의

국민들의 다양한 의견 중 유사한 의견 간에는 정리가 필요하고, 서로 다른 의견들 간에는 조정이 요구된다. 여기에 국민의 정치적 의사형성에 참여를 목적으로 하는 정당의 존재의의가 주어진다. 정치적 이념이나 목적이 유사한 사람들의 집단이 정당이기 때문이다. 오늘날 '정당 없는 민주주의를 상상할 수 없고, 정당 없는 민주주의는 기능할 수 없다.' 이와 같은 현상은 현대 민주주의를 정당국가적 민주주의로 불리도록 하고 있는데 이는 19세기 대의제(의회제) 민주주의와 비교된다.

(2) 정당의 헌법상 지위의 변천

트리펠은 정당에 대한 국가의 태도를 기준으로 적대시 단계, 무시 단계, 승인 또는 합법화 단계, 헌법에의 편입단계의 4가지 발전단계로 구분하였다. 우리나라의 경우 건국헌법은 헌법에 정당조항을 두지 않았고 정당조항은 제2공화국 헌법에서 처음으로 도입되었다.

2. 정당의 개념과 법적 성격

(1) 정당의 개념

국민의 이익을 위하여 책임있는 정치적 주장이나 정책을 추진하고 공직선거에 후보자를 추천 또는 지지함으로써, 국민의 정치적 의사형성에 참여함을 목적으로 하는 국민의 자발적 조직(정당법 제2조)이다. 정당은 국가적 차원의 정권획득을 목적으로 한다는 점에서 이익단체와 구별된다.

(2) 정당의 법적 성격

① 정당의 헌법상 지위: 중개적 권력체설이 통설(헌재 1991.3.11, 91헌마21)이다. 우리나라 정당은 헌법에 의하여 구성된 국가기관은 아니다. 다만, 국민의 의사를 국가에 전달하는 헌법적 기능을 하는 중개적 기관이다.

② 정당의 법적 성격: 민법상 법인격 없는 사단설이 일반적이다. 법원의 판례를 보면 정당을 사법상의 사단으로 본 경우도 있고(신민당총재단 직무집행정지가처분결정, 서울민사지법 1979.9.8, 79카21709), 정치활동을 목적으로 하는 자치적 정치단체(의장직무행사정지가처분결정, 서울민사지법 1987.7.30, 87카30864)로 보는 등 입장이 일정치 않다. 헌법재판소의 판례에 따르면, 정당의 법적 지위는 적어도 그 소유재산의 귀속관계에 있어서는 법인격없는 사단으로 보아야 하고, 중앙당과 지구당과의 복합적 구조에 비추어 정당의 지구당은 단순한 중앙당의 하부조직이 아니라 어느 정도 독자성을 가진 단체로서 역시 법인격 없는 사단에 해당한다고 보아야 할 것이다(헌재 1993.7.29, 92헌마262).

▶ 헌재는 정당의 헌법소원 심판청구인 능력과 적격을 인정한다.

③ 정당과 일반결사와의 관계: 정당은 광의의 일반결사의 일종이고, 정당조항(제8조)은 일반결사에 관한 규정(제21조)의 특별규정이다.

④ 헌법 제8조의 규범적 의미

    ㉠ 정당설립의 허가제 금지: 헌법 제8조 제1항에 따르면 정당설립은 자유이므로 국회는 정당설립을 허가제로 하여서는 안 된다.

    ㉡ 정당 등록의 의미: 정당법 제15조는 "등록신청을 받은 관할 선거관리위원회는 형식적 요건을 구비하는 한 이를 거부하지 못한다"라고 규정하고 있는데 이는 정당의 내용적 요건은 정당설립의 필요요건이 아님을 명시하고 있다.

    ㉢ 정당가입·설립의 자유: 헌법 제8조 제1항은 정당설립의 자유만을 규정하고 있으나 정당설립의 자유만이 아니라 국가의 간섭을 받지 않고 정당에 가입하고 정당으로부터 탈퇴할 자유를 함께 보장한다(헌재 1999. 12.23, 99헌마135).

    ㉣ 헌법개정의 제한조항: 헌법 제8조의 복수정당제와 정당설립의 자유는 자유민주적 기본질서의 핵심이므로 헌법개정금지 사항이다.

3. 정당의 조직

(1) 법정 시·도당수(정당법 제17조)

정당은 5 이상의 시·도당을 가져야 한다.

(2) 시·도당의 법정당원수(정당법 제18조)

시·도당은 1천인 이상의 당원을 가져야 한다.

(3) 당원수(정당법 제6조)

① 중앙당의 창당준비시에는 200인 이상의 당원인 발기인이 필요하다.
② 시·도당의 창당준비시에는 100인 이상의 당원인 발기인이 필요하다.

(4) 당원자격이 없는 자(정당법 제22조)

① 국가·지방공무원법 제2조의 공무원(단, 대통령·국무총리·국무위원·국회의원·지방의회의원·선거에 의하여 취임하는 지방자치단체의 장·국회의원의 보좌관·비서관·비서 및 국회 교섭단체의 정책연구위원, 전임강사 이상의 교수는 정당에 가입할 수 있음)
② 교수: 국공립대학교 교수, 사립학교 교수는 정당원이 될 수 있으나 초·중·고 교사는 정당원이 될 수 없다.

③ 기타 법령의 규정에 의하여 공무원의 신분을 가진 자

▶ 헌법상 정당가입이 금지된 경우: 헌법재판소 재판관, 중앙선거관리위원회 위원이 있다.

4. 정당의 권리와 의무

(1) 정당의 권리

① 정당의 평등: 여·야의 평등이 보장된다(특히, 야당의 지위 보장), 특히, 선거에서의 기회균등이 보장된다(비례적 평등).

② 경제적 보호: 헌법상 보호로는 헌법 제8조 제3항의 국고보조금제, 헌법 제116조 제2항의 선거공영제가 보장된다.

③ 정당의 존립 보장: 해산제도를 헌법에서 직접 규정(헌법 제8조 제4항)하여 해산요건을 일반결사에 비하여 엄격하게 규정하고 있다.

(2) 정당의 의무

① 헌법상 의무: 정당은 목적·조직·활동이 민주적이어야 한다(헌법 제8조 제2항). 정치의사 형성에 필요한 정당을 조직할 의무가 있다(헌법 제8조 제2항). 또한 정당은 국가 및 민주적 기본질서를 긍정하여야 한다(헌법 제8조 제4항).

② 법률상 의무: 정당의 당헌·강령은 공개하는 것이 의무이다(정당법 제28조), 정당의 재원도 공개하는 것이 의무이다(정치자금법 제2조).

(3) 정치자금의 종류(정치자금법 제3조)

① 당 비: 당원이 부담한다.

② 후원금

③ 기탁금: 기명으로 선관위에 기탁한다.

> **▶ 기부의 제한(정치자금법 제31조)**
> ① 외국인, 국내·외의 법인 또는 단체는 정치자금을 기부할 수 없다.
> ② 누구든지 국내·외의 법인 또는 단체와 관련된 자금으로 정치자금을 기부할 수 없다.

④ 국고보조금: 정당운영의 경비 이외에는 사용할 수 없다. 배분비율은 동일정당의 의원으로 교섭단체를 구성한 정당에게 100분의 50을 정당별로 균등하게 배분, 지급하고, 위의 지급대상이 아닌 정당으로서 5석 이상의 의석

을 얻은 정당에게는 100분의 5씩을, 의석을 얻지 못하거나 5석 미만의 의석을 얻은 정당은 일정요건 하에 각 100분의 2씩을 배분, 지급한다.

> **정치자금법 제12조 제5호 위헌확인**
>
> 헌법재판소는 노동단체가 정당에 정치자금을 기부하는 것을 금지하고 있는 정치자금법 제12조 제5호에 대한 헌법소원사건에서, 이는 노동단체가 '근로조건의 향상'이라는 본연의 과제만을 수행해야 하고, 그 외의 모든 정치적 활동을 해서는 안 된다는 사고에 바탕을 둔 것으로, 헌법상 보장된 정치적 자유의 의미 및 그 행사기능성을 공동화시키며, 특히 <u>사용자단체에게는 정치자금기부를 허용하면서 노동단체에게만 정치자금기부를 금지함은 평등원칙에 위배되는 것으로 위헌</u>이라고 하였다(헌재 1999.11.25, 95헌마154).

5. 정당의 해산

(1) 자진해산

① 정당이 해산결의를 하고 중앙선거관리위원회에 신고하여 등록말소 및 공고를 통하여 한다.
② 대체정당이 설립가능하고, 잔여재산은 당헌에 따라 처분가능하고 그것이 안 될 때 국고에 귀속한다.

(2) 등록취소(정당법 제44조)

① 등록취소의 요건
　㉠ 정당의 조직이 그 기준, 즉 법정시·도당수, 시·도당의 법정당원수에 미달한 경우
　㉡ 최근 4년간 국회의원총선거 또는 임기만료에 의한 지방자치단체의 장의 선거나 시·도의회의원의 선거에 참여하지 아니한 때
② 등록취소의 효과
　㉠ 등록취소의 공고. 단, 불복 시 행정심판 등 행정쟁송이 가능하다.
　㉡ 대체정당의 설립 가능, 잔여재산은 당헌에 따라 처분 가능하고 그것이 안 될 때 국고에 귀속된다.

(3) 강제해산

① 실질적 요건
　㉠ 정　당: 정당은 등록을 마친 기성정당을 말한다. 결성단계에 있는 정당

은 정당에 준하여 기성정당과 동일하게 취급한다. 정당의 하부조직이나 내부조직은 정당에 포함된다.

   © **목적이나 활동**: 당헌·강령 또는 기본정책 및 정당간부의 연설, 당기관지·출판물 등의 자료 등을 통하여 판단한다.

   © **민주적 기본질서에 위배**: 민주주의의 기본원리에 위배함을 의미, 단순한 위법은 포함되지 않는다.

  ② **절차적 요건**

   ㉠ 제소는 정부(국무회의의 심의를 거쳐 대통령이 함)가 한다.

   ㉡ 결정은 헌법재판소(7인 이상이 출석하여 6인 이상이 찬성해야 함)가 한다.

   ㉢ **통 지**: 헌법재판소의 해산결정이 있으면 그 결정은 정부, 당해정당의 대표자, 국회, 중앙선관위에 통지한다. 통지를 받은 선관위는 당해정당의 등록을 말소하고, 지체없이 공고한다.

   ㉣ **집 행**: 중앙선거관리위원회가 정당법에 따라 집행한다.

  ③ **결정의 효력**

   ㉠ **창설적 효력**: 해산선고와 동시에 효력이 발생한다(중앙선관위의 공고행위는 단순한 선언적·확인적 효력에 불과함).

   ㉡ **가처분 결정**: 청구인의 신청 또는 직권으로 한다.

   ㉢ **대체정당**(동일·유사한 정당)은 설립이 금지된다. 동일한 정당의 명칭 사용도 금지된다.

   ㉣ 잔여재산은 국고에 귀속된다(정당법 제48조).

   ㉤ **소속의원의 자격상실 여부**에 대하여는 명문 규정이 없어서, 자격이 상실된다는 견해(다수설)와 무소속 의원이 된다는 견해(유지설)가 대립한다. 헌재는 통합진보당 사건에서 상실설에 따라 국회의원의 의원직 상실을 선고했다(헌재 2014.12.19, 2013헌다1).

(4) 우리나라의 판례

헌재는 통합진보당 사건에서 통합진보당을 민주적 기본질서에 위배되는 위헌 정당으로 보아 강제해산 선고를 하였다.

제11절 선거제도

1. 선거의 의의

(1) 선거의 존재가치

선거란 다수의 선거인에 의하여 국가기관의 구성원을 선임하는 행위(합성행위)란 점에서, 선거인단의 구성원이 행하는 개개인의 투표행위와 구별된다.

(2) 선거의 종류

임기가 끝난 경우 전원을 선거하는 **총선거**, 당선인이 없거나 선거무효의 판결이 있거나, 임기개시 전 사망·사퇴하거나 피선거권이 상실되거나 선거범죄로 인하여 당선이 무효되어 다시 선거하는 **재선거**, 임기 중에 사망·사퇴 등의 사유로 결원이 생겼을 경우에 하는 **보궐선거**가 있다.

2. 선거의 기본원리

(1) 보통선거

보통선거란 선거인의 사회적 신분이나 재산·지위에 관계없이 모든 사람에게 선거권 및 피선거권을 인정하는 제도로, 제한선거와 반대되는 개념이다.

[헌재판례]

헌법재판소는 국회의원 기탁금 1,000만원의 위헌 여부에 관하여, 기탁금의 액수가 고액이어서 재산을 가지지 못하는 국민의 후보등록을 현저히 제한하며, 정당추천후보자와 무소속후보자의 기탁금에 2: 1의 차등을 둔 것은 정당인과 비정당인을 불합리하게 차별하는 것으로 평등보호규정에 위배되며, 유효투표총수의 3분의 1을 얻지 못한 낙선자 등의 기탁금을 국고에 귀속시키게 하는 것은 그 기준이 너무 엄격하여 선거제도의 원리에 반하여, 선거경비(선거경비란 후보자의 등록에서부터 선거운동경비, 개표, 당선확정시까지를 포함하는 당해 선거에 관계되는 그 전부를 말하는 것으로 기탁금도 당연히 포함됨)를 후보자에게 부담시킬 수 없다는 헌법 제116조에 위반된다고 하여 **헌법불합치결정**을 하였고, **광역의회의원 기탁금 700만원의 위헌 여부에 관하여도 헌법불합치결정**을 하였고, **기초의회의원 기탁금 200만원과 대통령 기탁금 3억원의 위헌 여부에 관하여는 합헌결정을 하였다.**

---

(2) 평등선거

평등선거란 선거인의 투표가치가 평등하게 취급되는 제도로, 차등선거와 반대된다. 보통선거가 '모든' 사람에게 표를 인정하는 것이라면, 평등선거는 '동등'한 표를 인정하는 것이다.

평등선거원칙은 먼저 동일한 투표가치, 동일한 결과가치, 동일한 결과기회가치를 요구한다. 또한 평등선거는 모든 선거참여자의 기회균등의 보장을 요구한다. 정당에 대한 기회균등은 모든 정당을 평준화하라는 의미는 아니다. 불가피한 사유에 의한 차별은 정당화된다.

(3) 직접선거

직접선거란 선거인이 직접 후보자를 뽑는 제도로, 간접선거의 반대이다. 중간선거인을 선출하여 대표자를 선출하는 것은 선거인의 의사를 왜곡하기 때문이다. 또한 투표가 끝난 후에 전국구후보의 순위나 사람을 바꾸는 것도 직접선거에 반한다.

(4) 비밀선거

비밀선거란 선거인이 누구에게 투표하였는지를 모르게 하는 제도로, 공개선거의 반대이다. 비밀선거를 보장하기 위하여 무기명투표, 투표의 비밀보장, 투표용지관급제, 투표내용에 관한 진술거부가 보장되고 있다. 추천자의 서명을 요구함으로써 서명자의 투표성향이 공개되어도 비밀선거에 반하지 않는다.

(5) 자유선거(헌법에 명시되어 있지는 않다)

자유선거란 어떠한 압력 없이 자유롭게 투표가 행해지는 제도로, 강제선거의 반대이다. 자유선거원칙이 비록 우리 헌법에 규정되어 있지 않지만 자유선거원칙은 민주국가의 선거제도에 내재하는 당연한 원리로 보아야 한다.

3. 선거구제의 유형

(1) 소선거구제

소선거구제란 한 선거구에서 1인을 선출하는 제도를 소선거구제라 하며, 이 경우 선거인은 반드시 1인에게만 투표하고 다수표를 얻은 자를 당선자로 하므로 단기투표제와 다수대표제가 적용된다. 소선거구제의 장·단점은 다음과 같다.

장 점	단 점
① 양대정당제를 확립할 수 있고, ② 정책이 유사한 정당이 형성될 수 있으며, ③ 소수당의 진출억제로 안정된 정치상황을 확보할 수 있다. 그리고 ④ 선거인과 의원 간의 거리감이 좁혀질 수 있고, ⑤ 선거인의 대표선택을 용이하게 할 수 있을 뿐만 아니라, 선거비용이 적게 들고, 선거의 규제가 용이하다. 또한 ⑥ 보궐·재선거가 쉽다.	① 사표(死票)가 나올 가능성이 많고, 대정당에 유리하여 평등원칙에 반할 뿐만 아니라, ② Gerrymandering의 위험성이 가장 크다. 그리고 ③ 지방적 소인물의 당선가능성이 크며, ④ 매수 기타 부정에 의한 부패의 가능성이 크다. 또한 ⑤ 의원이 정책입안에 있어 지방적 편견을 가지기 쉽다.

▶ 국회의원지역선거구와 시·도의회의원선거구는 소선거구제를 채택하고 있으며(공선법 제21조 제2항·제26조 제1항), 자치구·시·군의회의원선거구는 중선거구제이다.

(2) 중선거구제(현재 기초의원선거에 도입)

중선거구제란 한 선거구에서 2~4인을 선출하는 선거구제를 뜻한다. 이 제도는 지역구의 과대와 과소에 따르는 모순과 결함을 완화할 수 있는 장점이 있으나, 선거인들이 후보자를 선정하는 데 어려움이 있고 선거비용이 과다하게 소요되는 단점이 있다.

(3) 대선거구제

대선거구제란 한 선거구에서 5인 이상을 대표자로 선출하는 선거구제를 말한다. 이 제도는 투표방법을 어떻게 하느냐에 따라 여러 가지 결과를 나타낸다.

【대선거구제의 장·단점】

장 점	단 점
① 소수대표가 가능하고 소선거구제에 비하여 사표가 적으며, ② 인물선택의 범위가 넓어 국민대표의 적합한 후보자를 선택할 수 있다. ③ 선거의 공정을 기할 수 있고, ④ 선거시의 쟁점은 정당의 강령이나 정책이 되므로 후보자와 유권자의 수준이 향상될 수 있다.	① 군소정당의 난립으로 정국의 불안정을 초래할 수 있고, ② 선거비용의 지출이 과도하게 소요되며, ③ 유권자가 후보자의 인격이나 식견을 자세히 파악하기 힘들다. ④ 보궐선거가 곤란하며, ⑤ 선거인과 후보자 간에 직접적 선택관계가 약화되어 간접선거적 성격을 띠게 된다.

4. 대표제의 유형

(1) 다수대표제

다수대표제는 한 선거구에서 다수득표를 얻은 자를 당선자로 하는 제도이다. 이 제도는 대체로 소선거구제의 단기투표제와 결부되므로 입후보자가 많은 경우 당선자의 득표수는 총득표수의 몇 분의 1 밖에 안 되기 때문에, 대다수의 표가 사표가 된다.

【다수대표제의 장·단점】

장 점	단 점
① 선거인과 대표자 사이에 유대관계형성이 용이하고, ② 의원내각제와 친화적 관계에 있으므로 다수세력의 형성이 용이하다. 그리고 ③ 다수대표제가 소선거구제와 결합하면 양당제형성에 기여한다.	① 다수당에 절대 유리하기 때문에 소수세력의 이해관계가 무시되게 되며(유효소수표의 대표관계가 무시됨), ② 자의적 선거구분할의 위험성(Gerrymandering)이 존재하고, ③ 대의정의나 대의평등의 관점에 문제가 있다. 그리고 ④ 득표수에서는 이기고 의석수에서 지는 불합리한 Bias현상이 초래될 수도 있다(허영).

(2) 소수대표제

① 개 념: 소수대표제는 한 선거구에서 2인 이상의 대표자를 선출하는 방법이다. 이는 다수대표제의 결함인 소수의견의 무시를 시정하여 소수파에게도 득표수에 상응하는 수의 의원을 내게 하려는 제도로서 중선거구제·대선거구제를 전제로 한다.

② 장·단점: 소수당에게도 기회를 보장한다는 장점이 있으나, 절차가 너무 복잡하다는 단점도 있다.

(3) 비례대표제

① 개 념: 비례대표제는 다수대표제의 문제점을 시정하고자 등장된 것으로서 각 정당이 얻은 득표수에 비례하여 의석을 배분하는 대표결정방법을 말한다. 이는 사표를 가능한 줄이고 국민의 뜻을 정확하게 의회에 반영시키는데 그 제도적 의의가 있다.

② 내 용: 비례대표제는 다수대표제보다 늦게 제도화되었으며, 20세기 정당제도의 발달 및 정당국가화 경향에 힘입어 1919년 바이마르헌법에서 표면화되었다. 우리나라에서는 제3공화국헌법(1962년 제5차 개헌헌법)에서 비례대표제가 처음으로 도입된 이래, 현재는 **국회의원선거**와 지방자치단체의 **광역의회의원선거, 기초의회의원선거**에서 채택하고 있다.

장 점	단 점
㉠ 사표방지를 통해 선거권의 평등을 보장하고 대의제 민주주의의 원리에 부합한다. ㉡ 소수에게도 의회진출의 기회를 줌으로써 다양한 국민의 여론을 반영할 수 있으며, 소수자보호의 민주정치원리에도 합치한다. ㉢ 정당정치의 발전에 기여한다.	㉠ 군소정당의 난립을 초래할 위험성이 있다. ㉡ 기술적으로 시행하기 어려운 점이 있다. ㉢ 선거인과 국회의원 간에 정당이 개입함으로써 어느 정도 직접선거의 원칙에 모순될 수 있는 점이 있다.

공직선거법 제189조【비례대표국회의원의석의 배분과 당선인의 결정·공고·통지】

① 중앙선거관리위원회는 비례대표국회의원선거에서 <u>유효투표 총수의 100분의 3 이상을 득표하였거나 지역구국회의원총선거에서 5석 이상의 의석을 차지한 각 정당(이하 이 조에서 "의석할당정당"이라 한다)에 대하여 당해 의석할당정당이 비례대표국회의원선거에서 얻은 득표비율에 따라 비례대표국회의원의석을 배분한다.</u>

5. 우리나라의 선거제도

(1) 피선거권의 연령

피선연령은 대통령은 40세, 국회의원은 25세, 지방자치단체장과 의원은 25세이다(공직선거법 제16조).

(2) 선거일

선거일을 법정화하고 있다. 즉, 임기만료일 전 70일 이후 첫 번째 수요일은 대통령, 50일 이후 첫 번째 수요일은 국회의원, 30일 이후 첫째 수요일은 지방자치단체장과 지방의원 등의 선거일이다(공직선거법 제34조).

(3) 선거운동기간

선거운동은 이 법이 금지하는 경우 이외의 방법으로 가능하며, 선거운동기간은 선거기간개시일부터 선거일 전일까지이다(공직선거법 제59조).

[헌재판례]

① … 정당이나 국회의원 그리고 국회의원입후보등록자에게는 후원회설립을 허용하고 단순한 국회의원입후보예정자에게는 불허하고 있는 것은 합리적 이유가 있는 차별이

라고 할 것이라고 하여 합헌결정을 하였다.

② 헌법재판소는 단체의 명의로 선거운동을 금하고 있는 공직선거 및 선거부정방지법 제87조에 대한 위헌심판사건에서, 정당이 아닌 단체가 선거의 목적, 조직의 규모나 형태 및 활동의 내용 등을 불문하고 공직선거에서 후보자를 추천하거나 특정 정당 또는 후보자를 지지·반대하는 등의 활동을 한다면, 선거제도의 목적과 이상에 정면으로 배치되는 결과를 낳을 가능성이 크다고 보아 합헌결정을 하였다.

③ 헌법재판소는 후보자기호결정방법을 정하고 있는 공직선거 및 선거부정방지법 제150조 제3항에 대한 위헌심판사건에서, 정당·의석을 우선함에 있어서도 국회에 의석을 가진 정당의 후보자, 의석이 없는 정당의 후보자, 무소속후보자의 순으로 하고, 국회에 의석을 가진 정당후보자 사이에는 의석순으로 하며, 의석이 없는 정당후보자 및 무소속후보자 사이의 순위는 정당명 또는 후보자성명의 '가, 나, 다'순 등 합리적 기준에 의하고 있으므로 방법도 상당하다 할 것으로, 평등권을 침해한다고 볼 수 없다고 하였다(헌재 1996.3.28, 96헌마9).

(4) 선거별 선거기간

대통령선거는 23일, 국회의원선거와 지방자치단체의 장 선거는 14일, 지방의회의원선거는 14일이다(공직선거법 제33조).

대통령선거법 제65조 위헌확인

헌법재판소는 선거일공고일부터 선거일까지에는 선거에 관하여 정당에 대한 지지도나 당선인을 예상하게 하는 여론조사의 경위와 그 결과를 공표하여서는 아니 된다고 규정한 대통령선거법 제65조에 대한 위헌심판사건에서, 여론조사는 불공정·부정확하게 행하여지기가 쉽고, 선거의 공정성을 결정적으로 해칠 가능성이 높으므로, 선거일공고일 이후부터는 선거에 관한 여론조사 결과의 공표를 금지하고 있다 하여도 위헌이라고 할 수 없다고 하였다(헌재 1995.7.21, 92헌마177 등).

[헌재판례]

① 헌법재판소는 지방자치단체의 피선자격으로 90일간의 거주요건을 규정하고 있는 공선법 제16조 제3항에 대한 위헌심판사건에서, 최소한 90일간 주민등록이 되어 있을 것을 피선거권의 요건으로 정한 것은 합헌이라고 하였다.

② 헌법재판소는 선거운동에 이용할 목적으로 금품을 제공하는 것을 처벌하고 있는 공직선거 및 선거부정방지법 제230조 제1항 제3호에 대한 위헌심판사건에서, 모든 행위에 대하여 아무런 시기 등의 제한이 없이 처벌토록 규정하고 있는 결과, 죄형법정

주의의 위반되지 않는가 하는 의문이 있으나 '선거운동에 이용할 목적'이 있는 경우에 한하여 처벌대상으로 하고 있고 제공대상자도 기관·단체·집회 등 선거의 공정을 해칠 우려가 높은 경우에 한하고 있으므로 합헌이라고 하였다.

③ 헌법재판소는 20세 이상의 국민만 선거권을 행사할 수 있도록 규정하고 있는 공선법 제15조에 대하여 선거권연령을 공무담임권의 연령인 18세와 달리 20세로 규정한 것은 입법부에 주어진 합리적인 재량의 범위를 벗어난 것으로 볼 수 없다하여 기각하였다.

④ 헌법재판소는 정당 또는 같은 정당의 추천을 받은 후보자들에게만 2 이상의 구·시·군 또는 선거구에 걸쳐 한 장소에서 공동으로 연설회(공동연설회)를 개최할 것을 허용하고 무소속후보자들에게는 이를 허용하지 않는 공선법 제77조 제3항에 대하여 합리성이 인정된다고 하여 합헌이라고 하였다.

⑤ 헌법재판소는 선거범과 다른 죄의 경합범을 선거범으로 간주하도록 한 공직선거및선거부정방지법 제18조 제3항에 대한 위헌심판사건에서, 공정한 선거문화를 정착시킬 목적으로 선거범과 다른 죄와의 경합범을 선거범으로 의제하는 규정을 두었는데, 합리적인 이유와 근거가 있다 할 것으로, 입법부에 주어진 합리적인 재량의 한계를 벗어난 것으로 볼 수도 없다고 하였다.

⑥ 공직선거및선거부정방지법 제53조 제3항 위헌소원사건
단체장의 지역구 국회의원선거 입후보시 선거일 전 180일까지 사퇴하도록 하는 규정은 평등권과 공무담임권을 침해하므로 위헌 결정을 받았다(헌재 2003.9.25, 2003헌마106).

6. 선거에 관한 소송

(1) 선거소청

지방의회의원 및 자치단체장선거에 있어 선거의 효력을 다투는 경우에는 선거인, 정당, 후보자는 14일 이내에 당해 선거관리위원회위원장을 피소청인으로 하여 지역구시·도의원선거, 자치구·시·군의원선거 및 자치구·시·군의장 선거에 있어서는 시·도선거관리위원회에, 비례대표시·도의원선거 및 시·도지사선거에 있어서는 중앙선거관리위원회에 소청할 수 있고, 당선의 효력을 다투는 경우에는 정당, 후보자는 14일 이내에 당선인 또는 선거관리위원회위원장을 피소청인으로 하여 지역구시·도의원선거, 자치구·시·군의원선거 및 자치구·시·군의 장 선거에 있어서는 시·도선거관리위원회에, 비례대표시·도의원선거 및 시·도지사선거에 있어서는 중앙선거관리위원회에 소청할 수 있다(공직선거법 제219조).

(2) 선거소송

선거의 효력을 다투는 경우에는 선거인, 정당, 후보자는 선거구선거관리위원회위원장을 피고로, 대통령선거와 국회의원선거의 경우는 30일 이내에(기타는 10일 이내), 대통령선거, 국회의원선거, 시·도지사선거소송, 시·도의원(비례대표)선거소송은 대법원에(기타 선거소송은 고등법원에) 선거소송을 제기할 수 있다(제222조).

(3) 당선소송

당선소송은 당선의 효력을 다투는 것이므로 선거소송과 달리, <u>선거인에게 원고적격을 인정하지 않는다.</u>

정당, 후보자는 대통령선거의 경우에는 당선인 또는 중앙선거관리위원회위원장 또는 국회의장을 피고로, 국회의원선거의 경우에는 당선인(또는 선거관리위원회위원장)을 피고로, 대법원에 소를 제기할 수 있다(제223조).

▶ 대통령선거, 국회의원, 광역단체장선거, 광역의원(비례대표)선거의 선거(당선)소송은 대법원에서 단심으로 판단하고, 기초단체장선거, 기초의원선거, 광역의원(지역구)선거의 선거(당선)소송은 고등법원으로 갔다가 불복하면 대법원으로 가는 2심제이다.

(4) 선거에 관한 소송

선거에 관한 소송은 사유가 발생한 날로부터 10일 또는 30일(대통령, 국회의원의 경우) 이내에 제소하여야 하며, 관할법원은 제소일로부터 180일 이내에 처리하여야 한다.

선거관리위원회 또는 법원은 선거쟁송에 있어서 <u>선거에 관한 규정에 위반된 사실이 있는 때에도, 선거결과에 영향을 미쳤다고 인정하는 때에 한하여, 선거의 무효 또는 당선의 무효를 결정하거나 판결한다</u>(사정판결)(공직선거법 제224조).

제12절   지방자치제도

1. 서 설

(1) 지방자치의 의의

지방자치란 일정한 지역을 단위로, 그 지역의 주민이, 그 지역의 사무를, 자신의 책임하에 자신들이 선출한 기관을 통해 직접 처리하는 것을 말한다(헌재 1996.6.26, 96헌마200).

(2) 기 능

지방자치제도는 주민의 직접참여 민주주의의 실현, 권력분립의 지방차원에서의 실현, 국민의 기본권신장, 정치적 다원주의 실현의 제도적 장치이다. 따라서 국민주권주의와 자유민주주의의 이념구현에 크게 이바지한다(헌재 1991.3.11, 91헌마21).

2. 본질과 법적 성격

(1) 본 질

① 자치고유권설: 지방자치권은 국가성립 이전의 지역주민의 고유한 권리이다.
② 자치위임권설(통설): 지방자치권은 국가가 승인하는 한도 내에서 행사할 수 있는 권리이다.

(2) 법적 성격

제도보장으로 보는 설과 기본권보장으로 보는 설이 있다.

3. 우리나라의 지방자치제도

(1) 지방자치단체의 종류

일반지방자치단체로 상급(광역)단체로는 특별시·광역시·도 및 특별자치도·특별자치시가 있고, 하급(기초)단체로는 시·군·구가 있다.

(2) 지방자치단체의 권한

① 자치입법권

⊙ 조례제정권의 범위: ⓐ 고유사무의 경우 법령의 수권이나 위임이 없더라도 조례제정이 가능하고, ⓑ 단체위임사무의 경우는 법령의 수권이나 위임이 있어야 가능하며, ⓒ 기관위임사무는 원칙적으로 조례규율 대상이 아니다. 다만, 기관위임사무에 있어서도 그에 관한 개별법령에서 일정한 사항을 조례로 정하도록 위임하고 있는 경우에는 위와 같은 지방자치단체의 자치조례제정권과 무관하게 이른바 위임조례를 할 수 있다고 하겠으나 이때에도 그 내용을 개별법령에 위임하고 있는 사항에 관한 것으로서 개별법령의 취지에 부합하는 것이라야만 한다(대판 1999.9.17, 99추30).

⊙ 조례에 의한 기본권제한

헌법 제117조 제1항은 '법령의 범위' 안의 규칙제정권을 규정하고 있는데, 지방자치법은 제22조 단서에서 조례가 "주민의 권리 제한 또는 의무 부과에 관한 사항이나 벌칙을 정할 때에는 법률의 위임이 있어야 한다"고 규정하고 있다.

② 조례에 대한 통제: 조례제정행위는 지방자치단체의 자치입법권의 행사로서 입법작용의 일종이라 할 것이므로, 시가 제정한 조례도 당연히 헌법소원심판청구의 대상이 된다고 할 것이다(헌재 1995.4.20, 92헌마264·279).

【법률과 조례의 유사성】

기 준	법 률	조 례
제 안	정부, 국회의원 10인 이상	지방자치단체의 장, 재적의원 5분의 1 이상 또는 의원 10인 이상
의 결	국회의결(재 1/2, 출 1/2 찬성)	지방의회의결(좌동)
이 송	정 부	단체장
재의요구기간	정부이송 후 15일 이내	이송받은 날로부터 20일 이내
재의결정족수	재적과반수 출석, 출석 2/3 찬성	좌 동
의장의 예외적 공포권	○	○

발 효	공포일로부터 20일 경과	좌 동
추상적 규범통제	×	○(지방자치단체장 또는 상급기관)

(3) 지방의회

> **제118조** ① 지방자치단체에 의회를 둔다.
> ② 지방의회의 조직·권한·의원선거와 지방자치단체의 장의 선임방법 기타 지방자치단체의 조직과 운영에 관한 사항은 법률로 정한다.

① **지방의회의 지위와 구성**: 지방자치단체에는 주민의 대표기관으로 지방의회를 둔다. 지방의회는 주민이 선출하는 임기 4년의 지방의회의원으로 구성된다. 현재 지방의원도 유급화 되었다(명예직이 아님).

② **지방의회의원의 선출**: 25세 이상의 주민으로서 당해 지역에 60일 이상 거주한 주민은 지방의회의원의 피선거권을 갖는다. 지방의원의 총선거는 임기만료 전 30일 이후 첫째 수요일에 실시한다.

③ **지방의회의 운영**: 지방의회의 회의는 정기회와 임시회로 나누어지며, 연간 회의총일수와 정례회 및 임시회의 회기는 당해 지방자치단체의 조례로 정한다(지방자치법 제47조).

④ **지방의회의 권한**

  ㉠ **의결권**(조례의 제정과 개폐, 예산의 성립, 지방세 등의 부과·징수)

  ㉡ **지방자치단체에 대한 통제권**

    ⓐ **감사 및 조사권**: 지방의회는 매년 1회 당해 지방자치단체의 사무를 감사할 수 있고, 특정사안에 관하여 조사할 수 있다(재적 1/3 이상의 연서). 위임사무(단체위임과 기관위임) 중 국가사무에 대하여는 국회가, 시·도사무에 대하여는 시·도의회가 직접 감사하기로 한 사무를 제외하고는 시·도의회나 시·군·구의회가 각각 감사할 수 있다.

    ⓑ **자치단체장에 대한 출석·답변요구권**: 지방의회는 자치단체장이나 관계공무원의 출석·답변을 요구할 수 있다. 특별한 사유가 있는 경우에 한하여 장은 관계공무원에게 출석·답변하게 할 수 있다.

  ㉢ **자율권**으로 내부조직권, 회기결정, 의회규칙제정권이 있다.

  ㉣ 의장·부의장 선출, 위원회의 위원 선출권이 있다.

구 분	국회의원	지방의회의원
면책 · 불체포 특권	○	×
세비수령권	○	○
공무원인 보좌관	○	×
징계에 대한 법원제소권	×(헌법 제64조 제4항)	○

4. 지방자치단체의 장

① 지방자치단체의 장의 지위: 지방자치단체의 장은 지방자치단체의 의사를 집행하는 기관으로서 지방자치단체를 대표하는 지위와 국가사무를 수임하여 처리하는 범위 안에서는 국가기관으로서의 지위를 동시에 가진다.

② 지방자치단체의 장의 선임: 지방자치단체의 장의 선임방법은 법률에 정하며, 법률의 규정에 의할 때 주민들의 보통 · 평등 · 직접 · 비밀선거에 의해서 선출된다. 임기는 4년으로 하며, 계속 재임은 3기에 한한다.

③ 지방자치단체의 장의 권한

　㉠ 지방자치단체의 장은 지방자치단체의 대표권, 자치사무의 관리 · 집행권, 자치사무의 감시 · 감독권, 소속직원의 임면 및 지휘 · 감독권, 규칙제정권 및 조례공포권을 가진다.

　㉡ 선결처분권: 지방자치단체 장은 긴급히 처리할 사무, 즉 주민의 생명 · 재산보호를 위하여 긴급하게 필요한 사항이나 지방의회가 성립되지 않은 경우이거나 지방의회 소집의 시간적 여유가 없을 때 또는 지방의회의 의결이 지체되어 의결되지 않은 때에는 지방의회의 의결없이 선결처리하고 사후에 지방의회의 승인을 받아야 한다. 선결처분을 행한 후 승인을 얻지 못하면 **그때부터** 선결처분은 그 효력을 상실한다(지방자치법 제109조).

　㉢ 지방의회의 의결에 대한 재의요구권: 지방자치단체의 장은 지방의회의 의결이 월권 또는 법령에 위반하거나 공익을 현저히 해한다고 인정되는 때에는 그 의결사항을 이송받은 날로부터 20일 이내에 이유를 붙여 재의를 요구할 수 있다. 재의결은 재적의원 과반수의 출석과 출석의원 3분의 2 이상의 찬성을 얻은 때에는 그 의결사항이 확정된다(지방자치법 제107조).

5. 지방자치단체에 대한 국가의 통제

(1) 입법적 통제

국회는 법률에 의한 통제를 할 수 있고, 행정부는 행정입법(대통령령 등)을 통한 통제가 가능하다.

(2) 행정적 통제

① 지방자치단체의 장의 권한행사에 대한 통제권

ⓐ 위법·부당한 명령·처분의 시정(지방자치법 제169조): 자치단체장의 명령이나 처분이 법령위반이나 현저한 부당(자치사무는 위법의 경우에 한함)을 이유로, 시·도에 대하여는 주무부장관이, 시·군 및 자치구에 대하여는 시·도지사가 시정을 명하고, 이의 불이행시에 직접 취소·정지할 수 있으며, 이에 이의가 있는 자치단체장은 취소·정지처분을 받을 날부터 15일 이내에 대법원에 제소할 수 있다.

ⓑ 직무이행명령권(지방자치법 제170조): 자치단체의 장이 국가위임사무의 관리 및 집행을 명백히 해태(懈怠)하고 있는 때에, 시·도에 대하여는 주무부장관이, 시·군 및 자치구에 대하여는 시·도지사가 그 이행할 사항을 명령하고, 이의 불이행시에는 대집행하거나 필요한 조치를 할 수 있으며, 이에 이의가 있는 자치단체의 장은 이행명령서를 접수한 날부터 15일 이내에 대법원에 소를 제기할 수 있다(이행명령의 집행정지결정의 신청도 가능).

② 지방의회 의결의 재의와 제소(지방자치법 제172조): 지방의회의 의결이 법령위반이나 현저한 공익위반을 이유로, 시·도에 대하여는 주무부장관이, 시·군 및 자치구에 대하여는 시·도지사가 자치단체의 장에게 재의를 요구하게 할 수 있다. 재의요구가 있는 경우에, 지방의회가 재적의원 과반수 출석과 출석의원 3분의 2 이상의 찬성으로 재의결을 하면 그 사항은 확정된다.

▶ 재의결사항이 법령에 위반된 때에는, 자치단체장은 재의결된 날로부터 20일 이내에 **대법원에 제소**할 수 있으며, 자치단체장이 제소하지 아니할 때에는 주무부장관 또는 시·도지사는 자치단체의 장에게 제소를 지시하거나, 직접 제소 및 집행정지결정을 신청할 수 있다.

(3) 사법적 통제

지방의원·지방자치단체장의 선거관련소송, 기관소송(대법원에 제기) 등이 있다.

6. 주민의 권리

주민의 권리로는 선거권과 피선거권, 공공시설이용권, 조례의 제정·개폐청구권, 감사청구권, 주민투표권이 있다.

> **경기도 남양주시등 33개 도·농복합형태의 시설설치 등에 관한 법률에 대한 헌법소원(합헌)**
>
> 지방자치단체의 폐치·분합에 관한 것은 지방자치단체의 자치행정권 중 지역고권의 보장문제이나, 대상지역 주민들은 그로 인하여 인간다운 생활공간에서 살 권리, 평등권, 정당한 청문권, 거주이전의 자유, 선거권, 공무담임권, 인간다운 생활을 할 권리, 사회보장·사회복지수급권 및 환경권 등을 침해받게 될 수도 있다는 점에서 기본권과도 관련이 있어 헌법소원의 대상이 될 수 있다(헌재 1994.12.29, 94헌마201).

기본권론

PART 02

CHAPTER 01 기본권 총론

제1절 기본권의 연혁

1. 미국의 발전사

① 1776년 6월 버지니아권리장전: 생명·자유·재산·행복추구권(최초), 저항권, 신체의 자유, 언론·출판의 자유, 종교·신앙의 자유 등이 규정되어 있다.
② 1776년 7월 독립선언: 생명·자유·행복추구권이 규정되어 있다.
③ 1787년 미연방헌법: 전문, 7개 조문으로 규정되어 있다(기본권 규정은 없다).
④ 1791년 수정헌법: 10개조의 인권조항규정을 규정(수정헌법에서 처음으로 기본권이 규정됨)

2. 독일의 발전사

① 1919년 바이마르헌법: 전통적인 자유권 외에 사회적 기본권(최초)이 규정되었다.
② 1949년 서독기본법(Bonn기본법): 인권보장이 확립되었다. 사회적 기본권은 삭제(원리로 규정하는 방식을 택함)되었다.

제2절 기본권의 법적 성격

1. 이중적 성격(양면성)

(1) 의 의

기본권의 이중적 성격이란 기본권이 주관적 공권인 동시에 객관적 가치질서로서의 성격을 가지는 것을 의미한다.

(2) 독일의 경우

슈미트는 기본권의 주관적 공권성을 강조하여 제도적 보장을 기본권과 구별하였으나, 통합주의 헌법관에서는 기본권의 이중성을 강조한다. 다만, 통합주의 헌법관에서도 주장자에 따라 객관적 질서성을 강조하는 스멘트가 있고, 객관적 질서성과 더불어 주관적 공권성을 함께 강조하는 헤세가 있다.

(3) 우리나라의 경우

① 긍정설(다수설): 기본권은 주관적 공권인 동시에 객관적 가치질서로서의 성격을 가진다고 봄으로써 기본권의 이중적 성격을 긍정한다.
② 부정설: 독일기본법 제1조 제2항과 같은 규정이 없는 우리나라에서는 기본권이 헌법에 규정됨으로써 비로소 객관적 질서로서의 성격을 가지는 것이며 기본권 자체가 당연히 객관적 질서의 성격을 가지는 것이 아니다.

(4) 주관적 공권성과 객관적 가치질서의 관계

기본권의 이중적 성격(주관적 공권과 객관적 가치질서)은 서로 모순·대립하는 것이 아니라 기능적 보완관계를 이룬다. 즉, 개인의 주관적 공권의 행사를 통해 객관적 질서를 형성하는 관계에 있으므로 기본권의 임의적인 포기를 허용하지 않는다.

(5) 특 성

기본권의 객관적 가치질서성을 인정하게 되면 ① 기본권의 내재적 한계론 긍정, ② 기본권의 포기 금지, ③ 기본권의 대사인적 효력의 이론적 기초, ④ 법인의 기본권주체성 긍정, 그리고 ⑤ 기본권을 천부적인 것으로 보지 않는다.

> [헌재판례]
> 직업의 자유는 자유민주적 헌법질서 내에서 개성신장의 수단으로서 주관적 공권일 뿐만 아니라, 객관적 가치질서로서의 기능도 갖는다(헌재 1990.10.15, 89헌마178).

제3절 기본권보장의 현대적 특성

1. 유네스코(UNESCO)의 제3세대 기본권

① 개 념: 국가공동체가 당면한 다양한 요구에 대처하고 상호협력의 필요성에

서 새로운 인권개념의 요망으로 박애정신에 입각한 새로운 인권을 제3세대 인권이라 한다.

② 바작(Vasak)의 인권의 세대 분류

ㄱ 제1세대 기본권(개인): 시민적·정치적 권리(자유)

ㄴ 제2세대 기본권(국가): 경제·사회적·문화적 권리(평등)

ㄷ 제3세대 기본권(국제): 연대권(박애)

▶ 연대권이란 개발권, 평화권, 의사소통권, 환경권, 소비자권, 인류 공동의 유산으로부터 이익을 받을 권리, 국제적 평등보호청구권 등이다. 이러한 연대권은 프랑스 혁명사상 중 박애의 이념에 기초한 것이다.

제4절　기본권보장과 제도적 보장

1. 제도적 보장의 의의 및 연혁

(1) 의 의

제도보장이란 국가 자체의 존립에 기초가 되는 객관적 제도(ⓔ 직업공무원제 등)를 헌법에 규정함으로써 당해 제도의 본질을 보장하려는 것으로서 입법에 의한 폐지나 본질의 훼손으로부터 이를 보장하고 유지하기 위한 헌법적 보장이다.

(2) 연 혁

바이마르헌법의 재산권 규정과 관련하여 볼프에 의해 주창되고 슈미트에 의해 체계화된 이론이다. 슈미트는 공법상 제도 또는 전통적 사법제도의 헌법상 보장을 자유권으로서의 기본권과 구별하였으나, 헤세에 의하여 오늘날의 제도보장은 제도보장과 기본권이 결합되는 경우가 있다거나 또는 기본권 자체에 객관적 질서의 근본요소가 있다는 기본권의 이중성(특히 객관적 질서)을 긍정하는 이론으로 발전되었다.

2. 법적 성격

(1) 보장의 대상

역사적으로 형성된 기존의 객관적 제도 그 자체(사유재산제·직업공무원제 등)에 한하고 헌법규정에 의하여 비로소 형성된 제도(대통령제·의원내각제)는 대상이 아니다. 제도적 보장은 특정제도의 본질·핵심의 침해를 금지하려는 것이므로 동일성을 유지하는 범위에서 부분적으로 변경하는 것은 가능하다.

(2) 보장의 정도

제도적 보장은 그 본질적 내용을 침해하지 않는 범위 안에서 입법자에게 제도의 구체적 내용과 형태의 형성권을 폭넓게 인정한다는 의미에서 최소한 보장의 원칙이 적용된다.

(3) 보장의 효과

제도적 보장은 모든 국가권력을 구속, 즉 행정권·사법권은 물론 입법권까지도 구속하지만 헌법개정권력은 구속하지 못한다. 즉, 헌법개정의 대상이 된다. 방침적 규정이 아닌 직접적 효력을 갖는 재판규범의 성격을 갖는다. 다만, 제도보장의 침해를 이유로 개인이 헌법소원을 제기할 수는 없다.

▶ 기본권은 주관적 권리이므로 침해된 경우 소권이 인정되지만 제도적 보장은 객관적 질서이므로 침해된 경우에도 소권이 인정되지 않는다. (○)

3. 제도적 보장과 기본권보장과의 관계

(1) 엄격히 구별하는 견해

슈미트에 따르면 기본권을 자유권으로 이해하는 입장에서 전국가적인 기본권(자유권)과 국가내적인 제도적 보장을 엄격히 구별한다.

(2) 구별지양론 또는 융합론

헤세의 양면성 이론은 기본권을 바로 제도로 보는 것은 아니나 헌법에 의해 형성되는 질서 속에 기본권과 제도보장이 융합되어 있으므로 양자를 엄격히 구별하는 것은 지양되어야 한다.

(3) 동일론

헤벌레의 제도적 기본권론은 기본권을 제도를 통하여 실현되고 제도일 수밖에 없다고 보므로 제도적 보장과 기본권은 동일시된다.

4. 현재의 다수설의 견해

제도적 보장은 기본권을 보충·강화하는 기능을 하므로 제도적 보장과 기본권은 보충적 내지 중복적으로 보장될 수 있다.

> **제도보장과 최소보장의 원칙**
> '직업공무원제도'는 지방자치제도, 복수정당제도, 혼인제도 등과 함께 '제도보장'의 하나로서 이는 일반적인 법에 의한 폐지나 제도본질의 침해를 금지한다는 의미의 '최소보장'의 원칙이 적용되는바, 이는 기본권의 경우 헌법 제37조 제2항의 과잉금지의 원칙에 따라 필요한 경우에 한하여 '최소한으로 제한'되는 것과 대조되는 것이다(헌재 1994.4.28, 91헌바15등).

5. 우리 헌법상 제도적 보장

우리 헌법상 제도적 보장으로 드는 것은 다음과 같다.
직업공무원제도의 보장(제7조 제2항), 복수정당제의 보장(제8조 제1항), 언론·출판·집회·결사의 자유(제21조), 재산권의 보장(제23조 제1항), 교육의 자주성·전문성·정치적 중립성, 대학의 자율성 보장(제31조 제4항), 혼인과 가족제도의 보장(제36조제1항), 지방자치제도의 보장(제117조 제1항)을 들 수 있다.

제5절 기본권의 주체

1. 국 민

(1) 일반국민

① 의 의: 국민이란 대한민국 국적을 지닌 개개의 자연인(제2조 제1항)을 말한다.

② 기본권 보유능력과 기본권 행사능력: 기본권의 주체가 될 수 있는 기본권 보유(향유)능력과 기본권을 행사할 수 있는 기본권 행사(행위)능력은 일반적으로 일치하나 기본권 행사의 요건을 특히 규정한 경우(선거권, 공무담임권 등)에는 양자가 일치하지 않는다.

③ 민법상의 권리·행위능력과의 관계: 헌법상 기본권 보유·행사능력과 민법상 권리·행위능력이 반드시 일치하는 것은 아니고, 헌법과 민법의 법목적

상의 차이로 권리능력이 없는 사단의 기본권 보유능력과 미성년자의 기본권 행사능력이 인정된다.

(2) 특별권력관계에 있는 국민

① 의   의: 특별한 행정목적(교육·국방의무 등)을 달성하기 위하여 포괄적인 지배·복종관계를 설정하는 공법상의 특수한 법률관계를 의미한다.

② 기본권 제한의 변화: 과거에는 특별권력관계에 있는 국민(공무원·군인·군무원 등)에 대하여 그들의 기본권을 법률의 근거 없이 제한할 수 있다고 보았으나, 현대에서는 법치주의가 특별권력관계에 있는 자에게도 미치므로 특정한 행정목적의 달성을 위해 공무원의 권리제한은 불가피하나 반드시 법률의 근거가 있어야 하며 그 본질적 내용은 침해할 수 없다.

③ 제한이 가능한 경우
헌법상 제한으로 정치적 중립(제7조 제2항), 이중배상금지(제29조 제2항), 노동3권(제33조 제2항) 등이 있다.

2. 외국인

(1) 외국인의 기본권 주체의 범위

① 인간으로서의 존엄과 행복추구권은 외국인에게도 인정된다.

② 평등권에서 정치적 기본권, 재산권에서는 외국인의 평등권은 제한될 수 있다.

③ 자유권적 기본권
전통적 자유권은 원칙적으로 보장된다. 다만, 거주이전의 자유와 언론·출판·집회·결사의 자유, 그리고 입국의 자유는 제한이 가능하다. 입국을 허가한 외국인에게는 출국의 자유는 보장된다.

④ 경제적 기본권은 상당한 제한이 가능하나, 다만 소비자의 권리는 인정하려는 입장이다.

⑤ 정치적 기본권에서 선거권, 피선거권, 공무담임권 등은 인정되지 않는다.

⑥ 청구권적 기본권에서, 청원권, 재판청구권, 형사보상청구권은 인정된다. 그러나 국가배상청구권, 범죄피해자구조청구권에서는 상호(보증)주의가 적용된다.

⑦ 사회적 기본권에서, 인간다운 생활을 할 권리, 근로의 권리, 무상교육을 받을 권리 등은 원칙적으로 인정되지 않으나, 노동3권, 환경권, 보건권은 제한적으로 인정된다.

3. 법 인

(1) 유형별 고찰

헌재 판례 중심으로 유형별로 고찰하면 다음과 같다.

① 사법상의 법인: 자연인에게 적용되는 기본권 규정이라도 성질상 법인(사단법인·재단법인·영리법인·비영리법인 불문)이 누릴 수 있는 기본권은 당연히 법인에게도 적용된다. 따라서 사단법인 한국영화인협회는 기본권의 주체가 된다. 그러나 한국영화인협회 감독위원회는 내부의 분과위원회에 지나지 않으며, 달리 단체로서 실체를 갖추어 당사자능력이 인정되는 법인 아닌 사단으로 볼 수 없다고 한다(헌재 1991.6.3, 90헌마56).

② 공법상의 법인

　㉠ 원칙적 부인

　　ⓐ 국회노동위원회: 국가나 국가기관 또는 국가조직의 일부나 공법인은 기본권의 수범자(Adressat)이지 기본권의 주체로서 그 소지자(Träger)가 아니고 오히려 국민의 기본권을 보호 내지 실현해야 할 '책임'과 '의무'를 지니고 있는 지위에 있을 뿐이므로, 국가기관인 국회의 일부조직인 국회의 노동위원회는 기본권의 주체가 될 수 없고, 따라서 헌법소원심판을 제기할 수 있는 적격이 없다(헌재 1994.12.29, 93헌마120).

　　ⓑ 지방자치단체: 기본권의 보장에 관한 각 헌법규정의 해석상 국민(또는 국민과 유사한 지위에 있는 외국인과 사법인)만이 기본권의 주체라 할 것이고, 국가나 국가기관 또는 국가조직의 일부나 공법인은 기본권의 '수범자'이지 기본권 주체로서 그 '소지자'가 아니고 오히려 국민의 기본권을 보호 내지 실현해야 할 지위에 있을 뿐이므로 공법인인 지방자치단체의 의결기관인 지방의회는 기본권의 주체가 될 수 없고 따라서 헌법소원을 제기할 수 있는 적격이 없다(헌재 1998.3.26, 96헌마345).

　㉡ 예외적 인정: 대학의 학문의 자유와 같이 기본권에 의하여 보호될 생활영역에 속하는 법인체들에 있어서는 특정한 기본권은 인정된다고 할 것이다. 헌재는 "서울대학교는 학문의 자유와 대학의 자율권이라는 기본권의 주체로서 청구인들과는 기본권 주체와 공권력 주체의 관계뿐만 아니라 기본권 주체 상호간의 관계이기도 하다"라고 판시하였다(헌재 1992.10.1, 91헌마68등 병합).

③ 정　당: 정당은 단순한 시민도 아니고 국가기관도 아니나 국민과 국가 간
　　의 정치적 의사형성의 중개적 기관으로서 지위를 갖는 헌법제도와 결사의
　　혼성체로서 선거에 있어서의 평등권이나 언론·출판·결사의 자유와 재판
　　청구권 등이 인정된다(헌재 1996.3.28, 96헌마9등 병합). 지방의회의원선거
　　법 제36조 제1항의 헌법불합치결정에서 민중당은 시·도의회의원 선거에
　　있어서 직접적인 이해관계를 갖고 있다고 보아 헌법소원의 청구인적격을
　　인정한 바 있다(헌재 1991.3.11, 91헌마21).

제6절　기본권의 효력

1. 기본권의 대국가적 효력

기본권은 직접적으로 모든 국가권력을 구속하는 직접적 효력을 가지고 있는데, 이
를 기본권의 대국가적 효력이라고 한다. 기본권이 모든 국가권력을 구속하는 것에
대하여 헌법이론적으로 이의가 있을 수 없다.

2. 기본권의 대사인적 효력

(1) 의　의

기본권은 전통적으로 국가권력에 대해 개인의 자유와 권리를 보장하기 위한
대국가적 방어권으로서 이해되었는데, 현대사회에 이르면서 기본권의 대사인
적 효력이 등장하였다. 대사인적 효력이란 주관적 공권인 기본권의 효력을 제
3자인 사인 상호간의 관계에 확대하여 사인으로부터의 법익침해에 대해서도
기본권의 보장효력을 인정하려는 이론을 의미한다(예 여성이 결혼하는 경우 퇴
직한다는 기업체의 퇴직 내규 등).

(2) 미국의 판례

기본권은 국가에 대해서만 효력을 갖는다고 보았으나 흑인에 대한 사적 차별
을 중심으로 기본권의 사인 간의 차별을 인정하기 시작하였다. 즉, 사인에게
도 기본권의 효력을 미치게 하려면 사인의 행위를 국가의 행위와 동일시하거
나 적어도 국가의 작용인 것처럼 국가행위화할 필요가 있다.

구 분	내 용
국가재산이론	사인이 국가의 재산을 사용하는 경우 사인의 행위를 국가작용으로 의제해서 기본권의 제3자적 효력을 인정하고 있다(Turner v. City of Memphis).
국가원조이론	사인이 국가의 원조에 의해서 운영하는 경우 그 사인인 제3자를 침해적 국가작용을 의제한다(Steele v. Louisville and Nashville R. R. co).
통치기능이론	사인(정당 또는 사립대학)이 국가의 통치기능에 해당하는 행위를 하는 경우 이를 국가작용으로 의제해서 기본권의 제3자적 효력을 인정한다(Smith v. Allwright).
사법적 집행이론	사인 간의 인권침해행위가 쟁송의 대상이 되어 사법부가 개입하여 이를 집행하는 경우 이를 국가작용으로 의제한다(Shelly v. Kraemer).

(3) 독일에서의 이론

① 효력부인설(무관계설): 기본권은 대국가적인 방어권이므로 국가권력만을 대상으로 하고, 사인 간의 합의에 따라 스스로 자유를 제한하는 것은 반드시 부당하지 않다는 점 등을 이유로 사인 간에 적용을 부인한다.

② 직접효력설: 기본권 규정 중 일정한 기본권 규정은 직접 적용된다는 견해로서 기본권은 공권력에 대한 주관적 공권뿐만 아니라 사인에 대한 주관적 사권의 성질도 지니므로 사법상 일반조항이라는 매개물 없이도 사인 간에 직접 적용된다고 한다.

▸ 직접효력설의 문제점은 공법과 사법의 이원적 체계를 무너뜨리게 되며 사적자치의 원칙을 배제하게 된다는 것이다.

③ 간접효력설(공서양속설): 현행 법체계상 사인 간의 사적인 법률관계를 규율하는 것은 우선은 사법이므로 기본권은 사법의 일반원칙이라는 매개물을 통해서 간접적으로 사인 상호간에 작용될 수 있다는 이론이다(통설).

(4) 우리나라의 이론

기본권은 그 성질상 사인 간에 적용될 수 없는 것을 제외하고는 원칙적으로 사법상의 일반원칙을 통하여 간접적으로 사인 간에 효력을 미치는 것이지만 직접효력을 미치는 명문규정이 있거나 그 성질상 직접 적용될 수 있는 기본권(인간의 존엄과 가치, 노동3권) 등은 사인 간에도 직접 효력이 미친다고 한다(다수설).

3. 기본권의 갈등

기본권의 갈등은 기본권의 경합과 기본권의 충돌로 분류된다. 자세한 내용은 다음과 같다.

(1) 기본권의 경합(경쟁)

① 의 의: 단일의 기본권 주체가 국가에 대하여 동시에 여러 기본권의 적용을 주장하는 경우를 말한다.

② 유 형: 집회에 참석하려는 사람을 체포한 경우의 집회의 자유와 신체의 자유, 제작 중인 예술품을 강제 철거한 경우의 재산권과 예술의 자유, 정치단체에 가입했다는 이유로 교사를 파면한 경우의 결사의 자유와 직업수행의 자유 및 수업권, 성직자의 설교(직업음악가의 연주회)를 방해한 경우의 종교의 자유(예술의 자유)와 직업수행의 자유 등이 있다.

③ 기본권 경합의 해결이론

  ㉠ 기본권 경합의 원칙: 기본권이 경쟁하게 되면 보통은 상호보완 또는 상승작용에 의하여 기본권의 효력이 강화된다. 그러나 경합하는 기본권의 성질상 상호보완관계가 성립하지 않으면 기본권의 효력이 강화되지 않을 수도 있다.

  ㉡ 택일관계인 경우

    ⓐ **최약효력설**: 경합하는 기본권 중에서 가장 약한 기본권의 효력만큼 기본권의 효력이 나타난다고 한다.

    ⓑ **최강효력설(다수설)**: 경합하는 기본권 중에서 가장 강한 기본권의 효력을 인정하는 견해로서 특정사안과 가장 직접적 관계가 있는 기본권을 중심으로 최강효력설에 따라 기본권 효력이 강화되는 방향으로 해결되어야 한다.

(2) 기본권의 충돌(상충)

① 의 의: 복수의 기본권 주체가 서로 충돌하는 권익을 실현하기 위하여 국가에 대해 각기 대립되는 기본권의 적용을 주장하는 경우를 말한다. 대립되는 기본권이란 반드시 상이한 기본권이어야만 하는 것은 아니며 동일한 기본권을 각각 대립적으로 주장하는 경우에도 포함된다.

② 기본권의 충돌의 해결이론

  ㉠ 이익형량의 원칙: 둘 이상의 법익을 비교하여 우열을 결정해야 한다는

입장으로서 이익형량의 전제로서 무제한의 기본권을 주장하지 않아야 하고, 기본권 상호간에는 일정한 위계질서가 있다.

ⓐ 상하기본권의 충돌의 경우: 이 경우에는 상위기본권이 우선하며 인간의 존엄과 가치 또는 생명권을 기본권의 핵으로서 다른 기본권의 상위에 있다고 한다.

ⓑ 동위기본권의 충돌의 경우: 이 경우에는 인격적 가치우선의 원칙(재산적 가치에 대한), 자유우선의 원칙(평등의 가치에 대한), 공익우선의 원칙(사익의 가치에 대한)에 따른다고 한다.

ⓛ 규범조화적 해석에 의한 원칙: 두 기본권이 충돌하는 경우 이익형량에 의해 어느 하나의 기본권만을 타 기본권에 우선시키지 않고, 헌법의 통일성 유지를 위해 충돌하는 기본권 모두 최대한으로 기능과 효력을 나타낼 수 있는 조화의 방법을 추구하는 입장을 말한다.

ⓐ 과잉금지의 방법: 상충하는 기본권 모두에 일정한 제약을 가하되 필요한 최소한에 그치게 하는 방법을 택한다. 헌재는 정정보도청구사건에서 이를 인정했다. 공평한 제한의 원칙이라고도 한다.

ⓑ 대안식 해결방법: 대립되는 기본권 중 어느 한 쪽을 배제하지 않으면 안 되는 경우 제3의 대안을 찾아서라도 양립을 모색하는 방법이다.

ⓒ 최후수단의 억제방법: 유리한 위치에 있는 기본권을 보호하기 위한 수단이라도 최후의 수단까지 동원해서는 안 된다(독일연방헌법재판소가 종교적 이유로 수혈을 거부하여 자기 부인을 사망케 한 남편에게 형법상 구조부작위죄를 적용하지 아니한 경우).

ⓒ 헌법재판소의 경우: 이와 같이 두 기본권이 상충하는 경우에는 헌법의 통일성을 유지하기 위하여 상충하는 기본권 모두가 최대한으로 그 기능과 효력을 나타낼 수 있도록 하는 조화로운 방법이 모색되어야 할 것이고 정기간행물의 등록에 관한 법률 제16조 제3항, 제19조 제3항의 위헌여부에 관한 헌법소원사건에서 헌법재판소는 피해자의 반론권과 보도기관의 언론의 자유가 상충하는 경우 동법 제16조는 기본권 상충에 관한 규범조화적 해석방법에 따른 과잉금지의 원칙에 위배되지 아니한다(헌재 1991.8.16, 89헌마165)고 하여 규범조화적 해석방법에 따르고 있다.

제7절 기본권의 제한

1. 기본권 제한의 유형

기본권 제한의 유형으로는 헌법유보(헌법 직접적 효력제한), 법률유보(헌법 간접적 효력제한)로 나눌 수 있다. 헌법유보란 헌법 자체에 의하여 직접 기본권을 제한하는 경우를 말하며, 법률유보란 법률의 형식에 의하여 기본권을 제한하는 경우를 말한다.

(1) 헌법유보(헌법 직접적 효력제한)

① 일반적 헌법유보: 우리 헌법에는 그 예가 없다.
② 개별적 헌법유보: 공무원의 노동3권 제한(제33조 제2항), 군인·군무원 이중배상금지(제29조 제2항), 정당의 목적과 활동(제8조 제4항), 언론·출판의 자유(제21조 제4항), 재산권 행사의 공공복리 적합(제23조 제2항)이 있다.

(2) 법률유보(헌법 간접적 효력제한)

법률유보란 국민의 기본권을 제한하고자 할 때 입법권자가 제정한 법률의 형식을 요구하는 것으로 국민의 기본권을 제한하는 가장 원칙적 방법이다.
① 일반적 법률유보(헌법 제37조 제2항): "국민의 모든 자유와 권리는 국가안전보장·질서유지 또는 공공복리를 위하여 필요한 경우에 한하여 법률로써 제한할 수 있으며, 제한하는 경우에도 자유와 권리의 본질적인 내용을 침해할 수 없다"고 규정하고 있다. 일반적 법률유보의 의미를 표로 설명하면 다음과 같다.

【일반적 법률유보】

구 분	내 용
제한대상	헌법상의 모든 권리가 대상이 된다.
제한기준 (목적)	국가안전보장, 질서유지, 공공복리
제한형식	법률(국회가 만든 법 형식)
제한정도	필요한 경우에 한다. 이로부터 과잉금지원칙이 도출된다. 과잉금지의 원칙: 목적의 정당성, 방법의 적정성, 피해의 최소성, 법익의 균형성으로 나뉜다.

▶ 헌재는 헌법 제37조 제2항이 기본권 제한입법의 수권규정인 동시에 기본권 제한입법의 한계규정이기 때문에 입법부도 수권의 범위를 넘어 자의적인 입법을 할 수 있는 것은 아니라고 판시하였다(헌재 1989.12.22, 88헌가13).

② 과잉금지원칙(비례원칙): 국가의 권력은 무제한적으로 행사되어서는 아니 되고, 이는 반드시 정당한 목적을 위하여 그리고 또한 이러한 목적을 달성하기 위하여 필요한 범위 내에서만 행사되어야 한다는 의미로 이해되고 있다. 따라서 과잉금지원칙은 기본권 제한에 있어서 국가작용의 한계를 명시하는 원칙이다. 우리 헌법재판소는 제37조 제2항과 법치국가원리로부터 과잉금지원칙을 도출하고 있다.

㉠ 목적의 정당성: 기본권 제한 입법목적이 헌법상 그 정당성이 인정되어야 한다는 원칙이다.

㉡ 방법(수단)의 적정성: 방법이라는 기본권 제한조치를 뜻하며 방법의 적정성이란 기본권 제한 입법의 목적을 달성하기 위한 수단을 선택함에 있어 필요하고도 효과적인 수단을 선택해야 한다는 뜻이다.

㉢ 피해(침해)의 최소성: 피해의 최소성 원칙은 기본권을 적게 제한하는 방법을 통해 목적을 달성해야 한다는 원칙이다. 피해의 최소성 원칙은 목적달성에 적합한 수단 중에서 기본권 침해를 최소화하는 수단을 선택해야 한다는 원칙이므로 피해의 최소성 원칙이 충족된 수단이라면 방법의 적정성은 당연히 인정되나 방법의 적정성이 인정된다 하여 피해의 최소성 원칙을 준수했다고 할 수는 없다.

㉣ 법익의 균형성(좁은 의미의 비례원칙): 입법자가 기본권 제한을 통해 실현하려는 공익과 제한되는 기본권의 법익 간에 균형이 이루어져야 한다는 원칙이다. 즉 공익이 사익(기본권)보다 커야 하지 사익이 커서는 안 된다는 원칙이다.

③ 기본권의 본질적 내용 침해금지: 본질적 내용 침해금지 원칙은 법률에 의해 기본권을 제한하더라도 기본권의 본질적 내용을 법률로 침해해서는 안 된다는 원칙이다. 기본권의 본질적 내용이 무엇이냐에 대해 학설이 갈리는데, **상대설**은 본질적 내용을 고정적인 것이 아니라 가변적인 것으로 보는 것으로 본질적 내용의 상대화를 인정하는 입장을 말하고, **절대설**은 모든 기본권은 절대적으로 침해할 수 없는 핵심영역이 있고 침해할 수 없는 한계가 본질적 내용이다. 이 침해할 수 없는 내용을 인간의 존엄성으로 보는 견해가 있고 기본권이 공권력에 의한 제한으로 그 핵심영역이 손상되거나 그 실체의 온전성을 상실하는 경우 본질적 내용이 침해되었다고 보는 핵심

영역설이 있다.

우리나라는 절대설이 다수설이나 절대설 중 인간의 존엄성설을 취하는 입장과 핵심영역설을 취하는 입장이 있다. 헌법재판소 판례는 일관성이 없으나 절대설에 가까운 판례가 많다고 할 수 있다. 다만, 사형제도에 대한 헌재판례는 비례원칙을 적용하여 생명권의 본질인 생명의 유지를 박탈할 수 있다고 보았으므로 상대설에 가까운 판례이다.

(3) 내재적 한계이론

① 긍정설: 타인과 접촉을 전제로 하는 사회 공동생활에서의 모든 기본권(순수한 내심의 작용을 제외한)은 당연히 그 내재적 한계를 갖는다.

② 부정설(다수설): 우리 헌법은 제37조 제2항에서 일반적 법률유보를 두고 있기 때문에 독일의 경우와 같이 절대적 기본권은 인정될 여지가 없어 기본권의 내재적 한계이론이 적용될 여지가 거의 없고, 내재적 한계를 일반화시킬 때는 기본권의 본질적 내용의 침해금지조항을 공허하게 만들 우려가 있다.

③ 헌재의 견해(긍정설): 개인의 성적 자기결정권도 국가적·사회적 공동생활의 테두리 안에서 타인의 권리·공중도덕·사회윤리·공공복리 등에 의한 내재적 한계가 있는 것이며 절대적으로 보장되는 것이 아니다(헌재 1990.9.10, 89헌마82).

제8절   국가인권위원회

국가인권위원회는 국가인권위원회법에 근거하여 인권을 보호하고 그 수준을 향상시키기 위해 설립된 독립된 국가기관이다. 국가인권위원회의 설립으로 인권보호의 획기적인 계기가 마련되었다. 유엔 등 국제기구는 국가인권기구 설립을 위해 많은 노력을 경주하여 왔고 1995년에 '국가인권기구 설립권고안'이 제정되었다. 이를 계기로 여러 나라가 국가인권기구를 설립하게 되었다.

1. 국가인권위원회법의 적용범위

대한민국 국민과 대한민국 영역 안에 있는 외국인에게 적용된다(제4조).

2. 국가인권위원회의 구성

위원은 국회선출 4인, 대통령이 지명하는 4인, 대법원장이 지명하는 3인을 대통령이 임명한다. 위원회는 위원장 1인과 3인의 상임위원을 포함한 11인의 인권위원으로 구성하며, 정당에 가입할 수 없다(동법 제5조, 제9조).

3. 업무와 권한

(1) 업 무

인권에 관한 법령(입법과정 중에 있는 법령안을 포함)·제도·정책·관행의 조사와 연구 및 그 개선이 필요한 사항에 관한 권고 또는 의견의 표명, 인권침해행위에 대한 조사와 구제, 차별행위에 대한 조사와 구제, 인권상황에 대한 실태조사, 인권에 관한 교육 및 홍보, 인권침해의 유형·판단기준 및 그 예방조치 등에 관한 지침의 제시 및 권고, 국제인권조약에의 가입 및 그 조약의 이행에 관한 연구와 권고 또는 의견의 표명, 인권의 옹호와 신장을 위하여 활동하는 단체 및 개인과의 협력, 인권과 관련된 국제기구 및 외국의 인권기구와의 교류·협력, 그 밖에 인권의 보장과 향상을 위하여 필요하다고 인정하는 사항이 해당한다.

(2) 법원 및 헌법재판소에 대한 의견 제출(제28조)

위원회는 재판이 계속 중인 경우 법원 또는 헌법재판소의 요청이 있거나 필요하다고 인정하는 경우 의견을 제출할 수 있다.

4. 인권침해의 조사와 구제

(1) 위원회의 조사대상(제30조)

㉠ 진정에 의한 조사

ⓐ 진정할 수 있는 자: 인권을 침해당한 자 뿐 아니라 그 사실을 알고 있는 사람이나 단체는 위원회에 진정할 수 있다.

ⓑ 국가나 공공단체에 의해 침해된 인권: 국가기관, 지방자치단체 또는 구금·보호시설의 업무수행과 관련하여 헌법 제10조 내지 제22조에 보장된 인권을 침해당한 경우 진정할 수 있다. 따라서 참정권, 청구권, 사회

적 기본권 침해를 이유로 진정할 수 없다. 또한 국회의 입법 및 법원·헌법재판소의 재판에 의한 인권침해의 경우에는 진정할 수 없다.

ⓒ 단체·사인에 의한 평등권 침해: 법인·단체·사인에 의하여 평등권 침해의 차별행위를 당한 경우 진정할 수 있다.

ⓛ 직권에 의한 조사: 위원회는 진정이 없는 경우에도 인권침해가 있다고 믿을 만한 상당한 근거가 있고 그 내용이 중대하다고 인정될 때에는 직권으로 조사할 수 있다.

(2) 구제조치 등 권고(제44조)

진정을 조사한 결과 인권침해가 일어났다고 판단하는 때에는 구제조치 등을 권고할 수 있다.

(3) 고발 및 징계권고(제45조)

진정조사결과 형사처벌이 필요하다고 인정할 때에는 검찰총장에게 고발하거나 피고발인이 군인·군무원인 경우 각군 참모총장과 국방부장관에게 고발할 수 있다. 조사결과 피진정인과 인권침해에 책임이 있는 자에 대한 징계를 소속기관 등의 장에게 권고할 수 있다.

(4) 조사와 조정 등의 비공개(제49조)

위원회의 진정에 대한 조사·조정·심의는 비공개로 한다. 다만 위원회의 의결이 있는 때에는 공개할 수 있다. 조사 및 조정의 처리결과는 공개한다(제50조).

인권위원회 위원은 퇴직 후 2년간 교육공무원이 아닌 공무원으로 임명되거나 선거에 입후보할 수 없도록 한 국가인권위원회법 제11조 위헌확인

이 사건 법률은 인권위원회 위원의 직무수행의 독립성, 공정성을 확보함을 목적으로 한다. 이 사건 법률조항은 퇴직인권위원회이 취임하고자 하는 공직이 인권보장 업무와 무관한 직종까지도 공직에 취임할 수 없도록 하였으므로 최소성 원칙에 위반되어 공무담임권을 침해한다(헌재 2004.1.29, 2002헌마788).

법원의 재판을 진정대상에서 제외한 국가인권위원회법 제30조 위헌확인

법원의 재판을 인권위원회가 진정대상으로 삼는다면 법적 분쟁이 무한정 반복되고 지연될 가능성이 크므로 이를 진정의 대상에서 제외한 것은 헌법에 위반되지 않는다(헌재 2004.8.26, 2002헌마302).

CHAPTER 02 인간의 존엄과 평등

제1절 인간의 존엄과 행복추구권

1. 인간의 존엄과 가치

(1) 의 의

인간의 존엄이란 인간의 본질로 간주되고 있는 인격의 내용을 말하고, 인간의 가치란 이러한 인간에 대한 총체적인 평가를 의미한다.

(2) 법적 성격

최고규범성을 가지므로 기본권 규정의 해석기준이고 기본권 제한의 한계로서 기능한다. 또한 최고의 헌법적 원리로 기능한다. 한편 기본권성 인정 여부에 대하여는 학설이 갈리나 헌재는 최고원리인 동시에 기본권성을 긍정한다. 전국가적 자연권성을 지니며 반전체주의적 성격을 갖는다.

(3) 주 체

모든 국민·외국인·태아와 같은 자연인이 주체로 인정된다.

(4) 내 용

생명권, 일반적 인격권(명예권, 성명권, 초상권), 자기결정권, 알 권리 등이 이에 속한다.

[헌재판례]

헌법재판소는 인간으로서의 존엄과 가치를 인격권이라고 부르면서 인간의 존엄·가치·행복추구권에는 개인의 자기운명결정권이 전제되는 것이고 이 자기운명결정권에는 성행위 여부 등을 결정할 수 있는 성적 자기결정권이 포함되어 있다(헌재 89헌마82). 인간의 존엄과 가치에서 일반적 인격권 등이 유래한다(헌재 89헌마165)고 봄으로써 인간의 존엄과 가치의 기본권성을 인정하고 있다.

---

2. 행복추구권

(1) 연 혁

버지니아권리장전(제1조)에서 기원하였으며 미국독립선언(1776), 일본헌법(1947) 등에 영향을 미쳤고, 우리나라는 미국헌법의 영향으로 제8차 헌법개정시에 신설되었다.

(2) 법적 성격

① 독자적 기본권성 인정 여부

일반원리설(독자적 기본권성 부인)과 주관적 공권설(독자적 기본권성 인정: 다수설)이 나뉘나 헌법재판소는 무혐의자에 대한 군검찰관의 기소유예처분을 평등권, 재판을 받을 권리, 그리고 행복추구권을 침해한 것으로 보아 행복추구권을 구체적 권리(독자적 기본권성 인정)의 하나로 파악하고 있다(헌재 1989.10.27, 89헌마56).

② 개별적 기본권과의 관계(권리성을 인정하는 경우): 행복추구권은 독자적 권리성을 갖는 포괄적 권리다. 우리 헌재도 행복추구권 그 자체로서도 하나의 개별적 기본권이 됨과 동시에 이에 일반적 행동의 자유, 개성의 자유로운 발현권 등이 함축되어 있다고 보고, 또한 일반적 행동자유권에서 계약의 자유 등이 파생된다고 보아 포괄적 기본권성을 인정하고 있다(헌재 1991.6.3, 89헌마204).

③ 절대적 기본권 여부: 인간의 존엄과 가치는 절대적 기본권이나 행복추구권은 국가안전보장, 질서유지 또는 공공복리에 의해 제한될 수 있는 것이므로(헌재 1996.2.29, 94헌마13) 절대적 기본권으로 볼 수 없다고 한다.

④ 헌법 제10조의 행복추구권은 국민이 행복을 추구하기 위하여 필요한 급부를 국가에게 적극적으로 요구할 수 있는 것을 내용으로 하는 것이 아니라, 국민이 행복을 추구하기 위한 활동을 국가권력의 간섭없이 자유롭게 할 수 있다는 포괄적인 의미의 자유권으로서의 성격을 가지는 것이다(헌재 1995.7.21, 93헌가14).

(3) 주 체

모든 국민, 외국인이 향유할 수 있는 인간의 권리이며, 학설상 법인은 제외된다.

(4) 내용(헌재 판례중심으로)

일반적 행동의 자유권(헌재 1991.6.3, 89헌마204)에서 도출되는 계약의 자유, 개성의 자유로운 발현권(헌재 1991.6.3, 89헌마204), 자신이 마실 물을 선택할 자유권(헌재 1998.12.24, 98헌가1), 소비자자기결정권(헌재 1999.7.22, 98헌가5) 등이 있다.

3. 국가의 기본권보장의무(제10조 제2문 후단)

기본권 보호의무란 기본권에 의하여 보호되는 기본권적 법익을 사인인 제3자의 위법적 침해로부터 보호하여야 할 국가의 의무를 말한다. 기본권 제한시에는 과잉금지원칙이 적용되고, 기본권 보호의무에는 국가가 국민의 법익보호를 위하여 적어도 적절하고 효율적인 최소한의 보호조치를 취했는가를 기준으로 하는 **과소보호금지원칙**에 따라 심사한다.

4. 생명권

(1) 생명의 개념

생명이라 함은 비생명적인 것 또는 사(死)에 반대되는 인간의 인격적·육체적 존재형태, 즉 생존을 의미한다. 생존의 의미는 자연적 인식방법으로 보아야 하며 법적·사회적 평가는 허용되지 아니한다. 다만, 타인의 생명을 부정하거나 둘 이상의 생명이 양립할 수 없는 경우에는 예외적으로 사회적·법적 평가가 허용될 수 있다.

(2) 생명권의 헌법적 근거

미국은 버지니아권리장전, 미국독립선언에 규정되어 있고, 독일기본법에도 명문의 근거가 있다. 우리나라는 명문의 근거가 없으나, 통설·판례는 인정한다.

(3) 생명권의 주체

인간의 권리이며 내·외국인을 불문한다. 태아의 생명권 인정 여부가 문제되나 통설·판례는 인정한다.
초기배아에 대해서는 헌재가 기본권 주체성을 부정했다.

(4) 생명권의 제한

① 과잉금지의 원칙: 생명권은 절대적 기본권이 아니기 때문에 헌법 제37조 제2항의 일반적 법률유보에 의하여 제한이 가능하다. 그러나 헌법재판소의 판시에 따를 경우 "정당한 이유 없이 타인의 생명을 부정하거나 그에 못지 아니한 중대한 공공이익을 침해한 경우에" 하여야만 비례의 원칙에 따라 법률에 의하여 제한할 수 있다.

② 헌재 판례: 형법 제250조 사형제도(헌재 1996.11.28, 95헌바1)

　　㉠ 생명권의 성질: 생명에 대한 권리는 비록 헌법에 명문의 규정이 없다 하더라도 인간의 생존본능과 존재목적에 바탕을 둔 선험적이고 자연적인 권리로서, 헌법에 규정된 모든 기본권의 전제로서 기능하는 기본권 중의 기본권이라 할 것이다.

　　㉡ 생명권의 제한: 정당한 이유 없이 타인의 생명을 부정하거나 그에 못지 아니한 중대한 공공이익을 침해한 경우에 국법은 그 중에서 타인의 생명이나 공공의 이익을 우선하여 보호할 것인가의 규준을 제시하지 않을 수 없게 되고, 이러한 경우에는 비록 생명이 이념적으로 절대적 가치를 지닌 것이라 하더라도 생명에 대한 법적 평가가 예외적으로 허용될 수 있다고 할 것이므로, 생명권 역시 헌법 제37조 제2항에 의한 일반적 법률유보의 대상이 될 수밖에 없다 할 것이다.

　　㉢ 사형제도의 합헌성: 우리 헌법은 사형에 대하여 정면으로 이를 허용하거나 부정하는 명시적인 규정을 두고 있지 아니하지만, 헌법 제12조 제1항이 "모든 국민은 … 법률과 적법절차에 의하지 아니하고는 처벌·보안처분 또는 강제노역을 받지 아니한다."고 규정하는 한편, 헌법 제110조 제4항이 "비상계엄하의 군사재판은 … 법률이 정하는 경우에 한하여 단심으로 할 수 있다. 다만, 사형을 선고한 경우에는 그러하지 아니하다."고 규정함으로써 문언의 해석상으로는 간접적이나마 법률에 의하여 사형이 형벌로서 정해지고 또 적용될 수 있음을 인정하고 있는 것으로 보인다. 인간의 생명을 부정하는 등의 범죄행위에 대한 불법적 효과로서 지극히 한정적인 경우에만 부과되는 사형은 죽음에 대한 인간의 본능적인 공포심과 범죄에 대한 응보욕구가 서로 맞물려 고안된 '필요악'으로서 불가피하게 선택된 것이며 지금도 여전히 제 기능을 하고 있다는 점에서 정당화될 수 있으므로, 사형은 이러한 측면에서 헌법상의 비례의 원칙에 반하지 아니한다 할 것이고, 적어도 우리의 현행 헌

법이 스스로 예상하고 있는 형벌의 한 종류이기도 하므로 아직은 우리의 헌법질서에 반하는 것이라고는 판단되지 않는다.

③ 안락사: 안락사는 사회적으로 생존할 가치가 없는 자에 대한 인위적인 생명단절행위인 도태적 안락사, 적극적으로 생명을 단축하는 적극적 안락사와 생명연장조치를 취하지 않음으로써 생명을 단축하는 소극적 안락사가 있다. 소극적 안락사는 일정한 요건하에서 허용될 수 있다는 견해가 유력하며, 적극적 안락사는 촉탁승낙에 의한 살인죄에 해당한다는 것이 대법원과 다수 견해이다. 최근에 소극적 안락사(=존엄사)를 인정하는 대법원 판례가 나왔다(대판(전) 2009.5.21, 2009다17417).

5. 인격권

(1) 인격권의 의의

인격권이란 일반적으로 자신과 분리할 수 없는 인격권 이익의 향유를 내용으로 하는 권리 내지 인격의 자유로운 발현에 관한 권리로서 인격을 형성·유지하고 보호받을 수 있는 권리를 말한다(일반적 인격권). 헌재는 제10조의 인간의 존엄과 가치를 인격권이라고 부르기도 한다(헌재 1990.9.10, 89헌마82).

(2) 인격권의 성질

전국가적 자연권이자 일신전속적 권리이다.

(3) 인격권의 주체

인간의 권리이므로 외국인도 가능, 법인은 성질상 인정 안 된다는 것이 다수설이나, 헌재는 사죄광고 판례에서 법인의 인격권 주체를 긍정했다(헌재 1991.4.1, 89헌마160).

(4) 인격권의 근거

인격권의 근거에 대해서는 학설의 대립이 있으나, 헌재는 개인의 일반적 인격권이 인간의 존엄성에서 유래한다고 본다(헌재 1991.9.16, 89헌마165).

(5) 인격권의 내용

인격권에는 명예권, 초상권, 알 권리, 정정보도청구권(헌재 1991.9.16, 89헌마165) 등이 있다.

제2절 평등권

1. 의 의

헌재는 평등권을 기본권 보장의 최고원리이자 기본권 중의 기본권으로 보고 있다 (헌재 88헌가15).

2. 내 용

(1) 법 앞의 평등의 의미

① 법의 의미: 국회에서 제정한 형식적 의미의 법률과 명령·규칙·조례 등 성 문법과 관습법 등과 같은 불문법(국제조약·국제법) 등 모든 법을 의미한다.

② 법 앞에의 의미: '법 앞에'란 행정과 사법만을 의미하는가, 입법까지도 포 함하는가에 따라 입법비구속설(법적용평등설)과 입법구속설(법내용평등설)이 대립한다. 통설과 판례는 법내용의 평등을 의미하고, 입법까지도 구속한다 고 한다.

③ 평등원칙의 의의와 기준

    ㉠ 평등의 전제조건과 비교 기준: 평등이란 비교의 결과 동일하게 취급되는 것을 말한다. 평등은 비교가 가능한 둘이상의 대상과 그 대상이 다르다 는 것이 전제되어야 하며 둘 이상을 비교할 수 있는 비교의 관점이 요 구된다. 일반적으로 비교되는 두 관계는 모든 관점에서 동일할 수 없고 일정한 관점에서만 동일하게 된다.

    ㉡ 절대적 평등과 상대적 평등: 절대적 평등은 모든 사람이 모든 면에서 동 등하다는 것인데, 어떤 사람도 다른 사람과 똑같지 않으며 어떤 상황도 다른 상황과 동일하지 않기에, 모든 사람을 모든 상황에서 동일하게 다 룬다는 절대적 평등은 존재할 수 없다. 상대적 평등은 모든 사람을 동 등하게 취급하되 정당한 사유가 있는 경우에는 합리적 차별을 인정하 는 입장이다. 평등은 상대적 평등을 의미할 수밖에 없다.

    ㉢ 형식적 평등과 실질적 평등: 정치적 영역(선거권이나 피선거권)에서는 모 든 사람을 동등하게 다루어야 한다. 그가 처한 위치에 따라 달리 취급 될 수 없다. 다만 사회국가원리를 기본원리로 삼는 헌법에서는 정의를 실현하고자 경제·사회적 약자를 보호하는 실질적 평등이 강조된다.

    ㉣ 완화된 심사척도와 엄격한 심사척도: 헌법재판소는 헌법에서 특별히 평

등을 요구하고 있는 경우(차별의 근거로 삼아서는 아니 되는 기준을 제시하거나, 차별을 금지하는 특별한 영역을 제시하고 있는 경우)나 차별적 취급으로 기본권에 대한 중대한 제한을 초래하게 되는 경우에는 엄격한 심사척도가 적용되어야 한다고 한다. 엄격한 심사란 자의금지원칙에 따른 심사(합리적 유무를 심사하는 것)에 그치지 아니하고 비례성원칙에 따른 심사(차별취급의 목적과 수단 간에 엄격한 비례관계가 성립하는가를 기준으로 하는 심사)를 의미한다. 이와 같은 헌재결정은 일률적으로 엄격한 심사요건을 충족하여야 하는 것으로 보는 견해를 보완한 것으로서 타당하다고 본다. 엄격한 심사인 경우에는, 합리적 차별인가의 여부판단은 차별취급이 정당한 목적을 추구하고 있는지, 정당한 목적을 추구하더라도 헌법이 허용하고 있는 정당한 사유에 의한 차별취급인지, 차별취급이 목적달성에 적합하고 반드시 필요한 것인가를 검토하여야 한다. 우리 헌법재판소도 제대군인가산점과 관련된 판례에서 이 기준을 원용하여 심판한 예가 있다.

ⓜ 비례의 원칙의 차별적 적용: 비례의 원칙을 적용함에 있어서도 엄격하게 적용할 수도 있고, 완화된 비례의 원칙을 적용해야 할 경우도 있다. 즉, 헌법 스스로가 평등권을 구체화하고 있거나 또는 차별로 인해 기본권에 대한 중대한 제한을 초래하는 경우에는 원칙적으로 엄격한 비례의 원칙을 적용하지만, 차별취급이 헌법에 근거하거나 헌법이 요구하는 경우에는 완화된 비례의 원칙을 적용한다. 헌법재판소도 제대군인에게 가산점을 부여하는 것에 대해서는 비례의 원칙을 엄격하게 적용하여 평등권을 침해한다고 위헌결정했다. 한편, 국가유공자에게 가산점을 부여하는 것에 대해서는 완화된 비례의 원칙을 적용하여 합헌결정을 하였다가, 그 이후 엄격한 비례원칙을 적용하여 판례를 변경하여 헌법불합치 결정을 하였다.

(2) 차별금지사유(제11조 제1항)

① 성별에 의한 차별금지
  ㉠ 남녀평등을 의미, 여자의 근로·고용·임금·근로조건에서 여성차별금지(제32조 제4항)
  ㉡ 합리적·생리적 차이에 의한 차별은 인정된다(예 생리휴가 주체(여), 병역의무 주체(남))
② 종교에 의한 차별금지: 특정 종교 또는 신앙의 유무에 의한 차별은 금지된다.

③ 사회적 신분에 의한 차별금지: 헌법에 규정된 사회적 신분이란 사람이 사회에 있어서 장기적으로 차지하고 있는 지위로서 선천적 신분과 후천적 신분을 포함한다(例 귀화인, 전과자, 파산자, 사용인, 노동자, 공무원, 부자, 빈자).

3. 우리 헌법상 개별적 평등조항

일반적으로 평등권조항(제11조)을 두고 그 밖의 헌법조항에서도 평등에 관한 규정을 찾아볼 수 있다.
평등권(제11조 제1항), 사회적 특수계급제도 금지(제11조 제2항), 영전일대원칙(제11조 제3항), 혼인과 가족제도(제36조), 교육을 받을 권리(제31조 제1항), 선거권(제41조 제1항, 제67조 제1항), 경제질서(제119조 제2항, 제123조 제2항) 등이 있다.

4. 평등의 원칙에 대한 예외

(1) 헌법상의 예외

① 일반결사는 헌법 제21조가 적용되는 데 비하여 정당은 제8조가 적용된다.
② 일반법원에 비하여 군사법원은 헌법 제110조가 적용된다.
③ 대통령의 형사상 특권(제84조), 국회의원의 불체포특권, 면책특권(제44조, 제45조)이 있다.
④ 공무원의 노동3권 제한, 방위산업체 근로자의 단체행동권 제한(제33조 제2항, 제3항)이 있다.
⑤ 군인·군무원·경찰 등의 국가배상청구권의 제한 규정(제29조 제2항)이 있다.
⑥ 현역 군인의 국무총리 임명 제한(제86조 제3항), 현역 군인의 국무위원 임명제한(제87조 제4항) 규정이 있다.
⑦ 국가유공자 등의 유가족의 우선취업기회 보장(제32조 제6항) 규정이 있다.

➡ 잠정적 우대조치(Affirmative Action)
  Ⅰ. 잠정적 우대조치의 개념: 잠정적 우대조치는 종래에 사회로부터 차별을 받아온 일정집단에 대해 그러한 차별로 인한 불이익을 보상해 주기 위하여 그 집단의 구성원이라는 것을 이유로 취업이나 학교입학, 기타 사회적 이익을 직접 또는 간접으로 부여하는 정부의 정책을 말한다. 이는 소수집단에 대한 평등보호의 문제는 단순히 현재의 법의 평등한 보호만으로는 실질적 평등의 실현이 이루어지지 않는다는 점에서 과거의 불이익한 지위를 보상해 줌으로써 사실상 평등한 지위를 보장하려는 것이다(헌재).

Ⅱ. 잠정적 우대조치의 특성: 이러한 정책이 개인의 자격이나 실적에 의해서
라기보다 어떤 집단의 일원이라는 것을 근거로 혜택을 주는 것이라는 점,
성·인종 등과 관계없이 개인의 평등한 처우를 보장하는 ① 절차에 대해
서가 아니라 **절차의 결과**에, ② 개인보다는 **집단개념**에, 그리고 ③ 기회평
등보다는 **결과의 평등**을 추구하는 정책이다. 또한 잠정적 우대조치는 항
구적 정책이 아니라 여성·소수인종이 사실상 평등한 보호를 받게 되어
구제목적을 달성하게 되면 종료하는 ④ **잠정적 조치**를 의미한다.

CHAPTER 03 자유권적 기본권

제1절 신체의 자유

구 분	실체적 보장	절차적 보장
연 혁	대륙법계	영미법계
의 의	법치주의, 즉 죄형법정주의와 법률유보 등 실체적 측면의 보장	법의 지배원리, 즉 적법절차 등 절차적 측면에서 보장
내 용	① 처벌 등 법률주의 ② 죄형법정주의 ③ 무죄추정의 원칙 ④ 연좌제금지 ⑤ 일사부재리의 원칙	① 적법절차 ② 진술거부권 ③ 영장주의, ④ 고지 · 통지제도 ⑤ 체포구속적부심사제도 ⑥ 자백의 증거능력 및 증명력제한 ⑦ 형사피해자 재판절차진술권 등

1. 적법절차의 원리(제12조 제1항)

(1) 헌법규정

제12조 제1항은 "누구든지 … 법률과 적법한 절차에 의하지 아니하고는 처벌 · 보안처분 또는 강제노역을 받지 아니한다"고 규정하고, 같은 조 제3항은 "체포, 구속, 압수 또는 수색을 할 때에는 적법한 절차에 따라 검사의 신청에 의하여 법관이 발부한 영장을 제시해야 한다"고 규정하고 있다.

(2) 연 혁

1215년 마그나 카르타(자연적 정의의 법리를 규범화)에 기원, 1628년 권리청원, 미연방헌법수정 제5조에서 입법화된 것으로 영미법상 제도에서 유래하였으며 영국에서는 이른바 자연적 정의라는 개념을 같은 의미로 사용한다(우리나라: 제9차 개헌시 신설).

▶ 일본에는 있으나 독일에는 명문의 규정이 없다.

(3) 판례의 변화 경향

① 형식적·절차적 적법성만의 보장원리에서 실체적 적법성까지의 보장원리로,

② 형사절차적 적법성의 보장원리에서 입법·사법·행정절차까지 포괄하는 경향으로,

③ 연방차원의 헌법원리에서 각 주(州)의 국가권력도 구속하는 방향으로,

④ 자유주의적 인권사상의 보호원리에서 사회국가적 사회정의 실현원리로,

⑤ 신체의 자유보장에서 모든 기본권의 보장으로 확대되었다.

(4) 적법절차의 내용

'적'이란 절차의 적법성뿐만 아니라 절차의 적정성, 정의에의 합치성을 요구하는 것이고 '법'이란 형식적 의미의 법률뿐만 아니라 실질적 의미의 법률도 포함하며, '절차'란 권리의 실질적 내용을 실현하기 위한 수단으로서 특히 집행절차에서 고지·청문·변명 등 방어기회의 제공절차를 말한다. 헌재는 적법절차를 절차의 적법성뿐만 아니라 절차의 적정성까지 보장하는 것을 말한다 (헌재 1993.7.29, 90헌바35). 보안관찰처분 취소 등을 구하는 행정소송절차에서 일률적으로 가처분을 할 수 없도록 한 법률조항은 적법절차원칙에 반한다. 보안관찰처분에는 법관의 판단이 반드시 필요하지 않으나 보호감호 부과에는 재범의 위험성이 있는지 여부에 대한 법관의 판단이 필요하다.

(5) 헌재판례

- 적법절차의 원리
    - ㉠ 헌법 제12조 제1항 후문과 제3항은 … 1987.10.29. 제9차 개정한 현행 헌법에서 처음으로 영미법계 국가에서 국민의 인권을 보장하기 위한 기본원리의 하나로 발달되어 온 적법절차의 원리를 도입하여 명문화한 것이며 … 역사적으로 볼 때 영국의 마그나 카르타(대헌장) 제39조, 1335년의 에드워드 3세 제정 법률, 1628년 권리청원 제4조를 거쳐 1791년의 수정헌법 제5조 제3문과 1868년의 수정헌법 제14조에 명문화되어 … 오늘날에는 독일 등 대륙법계의 국가에도 적용되는 일반적 법치국가원리 또는 기본권제한의 법률유보원리로 정립되었다.
    - ㉡ 헌법 제12조 제1항 및 제3항의 적법절차원리는 … 그 대상을 한정적으로 열거하고 있는 것이 아니라 그 적용대상을 예시한 것에 불과하다고 해석하는 것이 우리의 통설적 견해이다. … 대체로 적법절차의 원

칙이 독자적인 헌법원리로 수용되고 있으며 이는 형식적인 절차뿐만이 아니라 실질적 법률내용이 합리성과 정당성을 갖춘 것이어야 한다는 실질적 의미로 확대해석하고 있다.

ⓒ 헌법재판소 판례에서도 … 형사소송절차에 국한하지 않고 모든 국가작용, 특히 입법작용 전반에 대하여 문제된 법률의 실체적 내용이 합리성과 정당성을 갖추고 있는지 여부를 판단하는 기준으로 적용되고 있음을 보여주고 있다(헌재 1989.9.8, 88헌가6 ; 헌재 1990.11.19, 90헌가48등).

2. 진술거부권 및 고문을 받지 아니할 권리(제12조 제2항)

(1) 의 의

진술거부권이란 피고인 또는 피의자가 공판절차 또는 수사절차에서 법원 또는 수사기관의 심문에 대하여 진술을 거부할 수 있는 권리를 말한다. 수사기관인 검사 또는 사법경찰관은 진술을 들을 때에는 미리 피의자에 대하여 진술을 거부할 수 있음을 알려야 한다(형사소송법 제200조). 16세기 후반 영국에서 보통법상 권리로 확립되어 미연방헌법(수정 제5조) 자기부죄금지의 특권으로 발전하였다.

(2) 진술거부권의 주체

피고인, 피의자의 권리이다. 증인의 권리는 아니다. 법인의 경우에는 인정 안되고 법인대표자에게 인정되는 권리이며, 외국인도 피의자, 피고인인 경우에 인정된다.

▶ 재판장이 공판정에서 피고인에게 진술거부권을 고지하지 아니한 경우에도 공판심리절차는 유효하다.

(3) 진술거부권의 내용

① 진술을 강요당하지 않을 권리: 직접적 강요인 고문이나 간접적 강요의 형태인 법률에 의한 진술을 강요당하지 않을 권리이다.
② 진술을 하지 않을 권리가 보장된다.

(4) 진술거부권의 적용범위

① 모든 공권력 절차에 관한 진술: 구두진술·서면진술을 포함하며 형사·행정·

국회조사절차(헌재 1997.3.27, 96헌가11) 등에서도 보장한다.

② 자기에게 불이익한 경우에 한정된다. 제3자에게 불이익한 경우에는 원칙적으로 부정된다.

③ 형사상 불이익한 경우에 한정된다. 민사상·행정상 불이익한 경우에는 인정되지 않으며, 유죄판결의 기초가 될 사실과 양형에 있어서 불리하게 될 사실의 진술을 강요당하지 않을 권리이다.

(5) 판 례

① 음주측정 요구: 진술이라 함은 언어적 표출(생각·지식·경험사실을 정신작용의 일환인 언어를 통하여 표출하는 것)을 의미하는 데 반하여 호흡측정은 신체의 물리적·사실적 상태를 그대로 드러내는 행위에 불과하고 진술서와 같은 진술의 등가물로도 평가될 수 없는 것이며 호흡측정에 있어 결정적인 것은 측정결과 밝혀질 객관적인 혈중알코올농도로서 이는 당사자의 의식으로부터 독립되어 있고 당사자는 이에 대하여 아무런 지배력도 갖고 있지 않다. 따라서 호흡측정행위는 진술이 아니므로, 호흡측정에 응하도록(호흡측정기에 입을 대고 호흡을 불어넣도록) 요구하는 이를 거부할 경우 처벌한다고 하여도 진술강요에 해당한다고 할 수는 없다(1997.3.27, 96헌가11).

② 불고지죄가 진술거부권을 침해하는지 여부: 불고지죄의 고지의무의 대상이 되는 것은 자신의 범죄사실이 아니라 타인의 범죄사실이므로 자기에게 불리한 진술을 강요받지 아니할 진술거부권의 문제가 발생될 수 없다(헌재 1998.7.16, 96헌바35).

(6) 고문을 받지 아니할 권리

고문에 의한 자백은 증거능력이 없다. 고문을 한 공무원은 형법상의 권리남용죄로 처벌되고 피해자는 국가배상을 청구할 수 있다.

3. 영장제도(제12조 제3항)

(1) 의 의

영장제도란 사람을 체포·구속하는 데는 원칙적으로 수사기관의 임의가 아닌 제3자적인 법관이 발부한 영장에 의하도록 하는 것이다.

영장에는 체포영장, 구속영장, 압수·수색영장이 있다. 영장에는 체포·구속할 대상, 압수의 목적물 또는 수색의 장소 등이 구체적으로 명시되어야 하며, 구체적 사항이 명시되지 않은 이른바 일반영장은 금지된다. 그리고 형사소송법은 구속전 피의자심문제도(영장실질심사제도)를 규정하고 있는데, 체포된 피의자에 대하여 구속영장을 청구받은 판사로 하여금 피의자 등의 신청이 있을 때에 피의자를 심문할 수 있도록 하여 구속에 신중을 기하고 있다. 다만, 피의자 등의 신청이 없어도 영장실질심사를 할 수 있다(2007년 형사소송법 개정).

(2) 영장의 법적 성격

① **허가장설**: 강제처분의 권한행사를 허가한 것으로 보며, 검사의 신청에 의한 발부의 경우에 영장의 성격을 뜻한다. 원칙적인 경우에는 영장은 허가장의 성격을 갖는다.

② **명령장설**: 수사기관에 강제처분을 명령한 것으로 보며, 법원이 직권으로 발부한 경우에 영장의 성격을 뜻한다. 예외적인 경우에 해당한다.

(3) 내 용

① **사전영장주의의 원칙**: 수사기관이 형사절차에 따라 체포, 구속, 압수, 수색 등의 강제처분을 함에 있어 검사의 신청에 의하여 법관이 발부한 영장을 사전에 제시하여야 한다는 원칙을 말한다. 사전영장주의는 체포·구속의 필요성 유무를 공정하고 독립적 지위를 가진 사법기관으로 하여금 판단하게 함으로써 수사기관에 의한 채포·구속의 남용을 방지하는 데 그 의의가 있다.

② **발부절차**: 검사의 신청과 법관의 발부에 의한다.

형사소송법 제70조 제1항 및 제73조의 법원의 직권에 의한 구속
헌법 제12조 제3항이 영장의 발부에 관하여 "검사의 신청"에 의할 것을 규정한 취지는 모든 영장의 발부에 검사의 신청이 필요하다는 데 있는 것이 아니라 수사단계에서 영장의 발부를 신청할 수 있는 자를 검사로 한정함으로써 검사 아닌 다른 수사기관의 영장신청에서 오는 인권유린의 폐해를 방지하고자 함에 있으므로, 공정한 판단단계에서 법원이 직권에 의하여 구속영장을 발부할 수 있음을 규정한 구 형사소송법 제70조 제1항 및 제73조의 직권구속 및 영장발부의 부분은 헌법 제12조 제3항에 위반되지 아니한다(헌재 1997.3.27, 96헌바28, 31, 32 병합).

---

(4) 사전영장주의의 예외

① **현행범과 준현행범**: 현행범인과 준현행범인은 영장 없이 체포하고 사후에 영장을 발부 받으면 된다. 긴급체포는 검사·사법경찰관이 할 수 있으나

현행범인과 준현행범인은 누구든지 체포할 수 있다.

② 긴급체포의 경우: 검사 또는 사법경찰관은 피의자가 사형, 무기 또는 3년 이상의 징역형이나 금고에 해당되는 죄를 범하고 도피 또는 증거인멸이 있는 자는 영장 없이 체포할 수 있다. 체포 후 48시간 이내에 구속영장을 청구하지 아니하면 석방하여야 한다.

③ 비상계엄: 헌법 제77조 제3항의 비상계엄 하에서 영장제도에 대한 특별한 조치는 영장주의의 배제가 아니라 사후영장제도를 도입할 수 있다는 의미이다. 제1공화국 헌법위원회는 비상계엄 하에서도 영장주의가 배제될 수 없으므로 검사가 영장을 발부하는 것은 허용되지 않는다고 한 바 있다.

(5) 행정절차(사전영장주의가 행정상 즉시강제의 경우에도 적용되는가?)

행정상의 즉시강제(임검, 위험방지를 위한 출입 등)는 순수히 행정목적 달성을 위한 것이기 때문에 영장제도가 적용될 여지가 없는 것이지만 그것이 형사소추와 관련이 있을 때에는 영장을 발부받아야 한다는 절충설이 학설의 다수설이나, 헌법재판소는 영장주의가 행정상 즉시강제에도 적용되는지에 관하여 행정상 즉시강제는 상대방의 임의이행을 기다릴 시간적 여유가 없을 때 하명 없이 바로 실력을 행사하는 것으로서, 그 본질상 급박성을 요건으로 하고 있어 법관의 영장을 기다려서는 그 목적을 달성할 수 없다고 할 것이므로, 원칙적으로 영장주의가 적용되지 않는다고 한다(헌재 2002.10.31, 2002헌가12).

4. 변호인의 조력을 받을 권리(제12조 제4항)

(1) 의 의

무죄추정을 받는 피의자·피고인에 대하여 신체구속의 상황에서 발생하는 갖가지 폐해를 제거하고 구속이 악용되지 않도록 하기 위하여 인정된 권리를 말한다.

(2) 내 용

① 변호인선임권
② 변호인 접견 교통권: 변호인의 조력을 받을 권리의 실질적 보장을 말한다.
  ㉠ 주 체: 구속당한 피의자·피고인에만 한정된다.
  ㉡ 제 한: 변호인과의 접견교통권은 변호인의 조력을 받을 권리의 필수적 내용으로 국가안전보장·질서유지·공공복리 등 어떠한 명분으로도 제한할 수 없다.

(3) 국선변호인의 조력을 받을 권리

① 국선변호인: 형사피고인의 이익을 위하여, 법원이 직권으로 선임하는 변호인을 말한다.

② 주 체: 원칙적으로 형사피고인의 권리이므로, 형사피의자는 국선변호인의 조력을 받을 권리를 누릴 수는 없으나, 체포·구속적부심사에는 변호인의 참여가 요구되므로 예외적으로 누릴 수는 있다.

③ 사 유

  ㉠ 피고인(형사소송법 제33조): 미성년자, 70세 이상인 자, 농아자, 심신장애의 의심이 있는 자, 빈곤 기타의 사유로 변호인을 선임할 수 없는 자 (이 경우는 피고인의 청구가 있는 때에 한함)

  ㉡ 사형·무기 또는 단기 3년 이상의 징역이나 금고에 해당하는 사건에서 변호인이 없는 때(형사소송법 제282조, 제283조)

  ㉢ 체포·구속적부심사에 있어 구속된 피의자에게 변호인이 없는 때(형사소송법 제214조의2 제10항)

(4) 변호인의 조력을 받을 권리에 대한 헌재 판례

① 의의 및 본질적 내용: 헌법 제12조 제4항이 보장하고 있는 신체구속을 당한 사람이 변호인의 조력을 받을 권리는 … 여기의 "변호인의 조력"이라 함은 변호인의 충분한 조력을 의미한다. … 변호인과의 자유로운 접견은 신체의 구속을 당한 사람에게 보장된 변호인의 조력을 받을 권리의 가장 중요한 내용이어서 국가안전보장, 질서유지, 공공복리 등 어떠한 명분으로도 제한될 수 있는 성질의 것이 아니다(헌재 1992.1.28. 91헌마111).

② 변호인의 권리인가의 여부: 헌법상 변호인과의 접견교통권은 체포 또는 구속을 당한 피의자·피고인 자신에만 한정되는 신체적 자유에 관한 기본권이고, 변호인 자신의 구속된 피의자·피고인과의 접견교통권은 헌법상 권리라고 말할 수 없으며, 단지 형사소송법 제34조에 의하여 비로소 보장되는 권리임에 그친다(헌재 1991.7.8. 89헌마181).

③ 적용례

• 서신교환의 보호 여부: 헌법 제12조 제4항 본문은 신체구속을 당한 사람에 대하여 변호인의 조력을 받을 권리를 규정하고 있는바, 이를 위하여서는 신체구속을 당한 사람에게 변호인과 사이의 충분한 교통접견을 허용함은 물론 교통내용에 대하여 비밀이 보장되고 부당한 간섭이 없어야 하는 것이

며, 이러한 취지는 접견의 경우뿐만이 아니라 변호인과 미결수용자 사이의 서신에도 적용되어 그 비밀이 보장되어야 할 것이다(헌재 1995.7.21, 92헌마 144).

5. 체포 · 구속이유 등 고지 · 통지 제도(제12조 제5항)

(1) 의 의

영미법상 제도로서 현행헌법에서 신설되었으며 피의자와 피고인의 적절한 방어수단을 보장하기 위한 제도이다. 고지받을 자는 체포 또는 구속을 당하는 피의자이고 통지받을 자는 가족 등 법률이 정하는 자이다.

(2) 연 혁

① 영 · 미에서 인신보호를 위한 형사절차로 발전하였다.
② 영국(구속이유표시제도), 미국(영장주의, 적법절차의 일부)
③ 우리나라는 제9차 개정헌법에서 신설되었다.

(3) 내 용

구 분	고 지	통 지
주 체	체포 · 구속을 당하는 자	그의 가족 등 법률이 정한 자
사 유	체포 · 구속의 이유와 변호인의 조력을 받을 권리	체포 · 구속의 이유, 일시, 장소, 변호인의 조력을 받을 권리
시 기	체포 · 구속 당시에 구두	체포 · 구속 후에 지체없이 서면

6. 체포 · 구속적부심사제도(제12조 제6항)

(1) 의 의

체포 · 구속적부심사제란 체포 또는 구속된 피의자가 체포 · 구속의 적부 여부 심사를 청구하여 심사결과 적법한 것이 아닌 경우 법관이 직권으로 피의자를 석방하는 제도이다.

(2) 연 혁

1679년 영국의 인신보호법에서 유래하였으며, 미국에서 적법절차제도로 확립되었다. 우리나라에서는 1948년 미군정법령 제176호에 의해 도입, 건국헌법에서부터 실시하다가 유신헌법에서 삭제, 제5공화국에서 다시 부활하였으며, 제8차 개정헌법은 법률유보조항을 두었으나 현행헌법에서는 제8차 개정시의 법률유보조항을 삭제하였다. 현행 형사소송법은 피의자에게만 인정하여 피고인에게는 인정하고 있지 않다.

(3) 주 체

① 헌 법: 누구든지 체포·구속을 당한 자에게 인정된다고 규정하고 있다.
② 형사소송법: 체포·구속된 피의자에게만 인정하고 있다.

- ▶ 형사소송법 제214조의2: 체포·구속영장에 의하여 체포 또는 구속된 피의자, 변호인, 법정대리인, 배우자, 직계친족, 형제자매, 가족, 동거인 또는 고용주는 관할법원에 구속의 적부심사를 청구할 수 있다.
- ▶ 영장없이 긴급체포된 피의자도 적부심사를 청구할 수 있는지 여부에 대해 학설대립이 있었으나 최근 대법원 판례와 다수설은 긍정적이다.

(4) 청구사유

모든 범죄(제9차 개헌시 제8차시의 법률유보를 삭제)에 대한 체포·구속의 적부심이 가능해졌다.

(5) 심사기관

체포영장 또는 구속영장을 발부한 법관은 제3항의 심문·조사·결정에 관여하지 못한다. 다만, 체포영장 또는 구속영장을 발부한 법관외에는 심문·조사·결정을 할 판사가 없는 경우에는 관여할 수 있다(형사소송법 제214조의2 제12항).

(6) 심사절차

동일한 영장발부에 대하여 적부심사를 재청구할 때, 수사방해의 목적이 명백한 때에는 심문 없이 기각할 수 있다. 법원은 청구가 이유 없다고 인정한 때 기각하고, 이유가 있다고 인정한 때 피의자의 석방을 명하여야 한다(형사소송법 제214조의2 제3항, 제4항).

(7) 법원의 결정에 대한 불복

법원의 적부심사에 대한 기각이나 인용결정에 대해 검사나 피의자는 항고할 수 없다(형사소송법 제214조의2).

(8) 우리나라의 특징

① 재심청구·항고적 성격: 우리나라의 구속적부심사제는 인신보호영장제도라 기보다는 사후구제제도로서 단독판사의 구속영장발부에 대한 재심청구 내 지는 항고적 성격을 띠고 있다.

② 국선피고인선임제도: 일반적으로 형사피고인에 한정되나, 구속적부심사시는 피의자에게 변호인이 없을 때 예외적으로 국선변호인의 선정이 가능하다.

7. 자백의 증거능력 및 증명력 제한(제12조 제7항)

(1) 의 의

임의성 없는 자백의 증거능력을 제한하고, 보강증거가 없는 유일한 자백의 증 명력을 정식재판에서 제한함으로써 자백강요를 위한 인신침해를 방지하려는 데 그 의의가 있다.

(2) 내 용

① 자백의 증거능력 제한(전단): 피고인의 자백이 임의로 진술된 것이 아닌 경 우, 진실성 여부를 불문하고 증거능력을 부인한다(자백의 임의성).

▶ 자백의 임의성이 인정된다고 하더라도 이것은 그 자백의 증거능력이 있다는 것에 지나 지 않으며, 그 자백의 증명력까지 당연히 인정되는 것은 아니다(대판 1987.2.10, 86도 2399).

② 자백의 증명력 제한(후단): 자백의 임의성은 인정되나 유일한 증거인 경우, 유죄의 증거로 삼거나 이를 이유로 처벌은 불가하다. 정식재판에서만 인정 한다(자백의 신빙성).

▶ <u>즉결심판에서는 자백만으로 유죄판결을 할 수 있다.</u> 그러나 공판정에서의 자백은 강요 된 것이 아니라 하더라도 그것만으로는 유죄로 할 수 없다(대판(전) 1966.7.26, 66도 634). 따라서 공판정에서의 자백도 보강을 요하는 자백에 포함된다.

> ### ▶ Miranda원칙
>
> Miranda원칙이란 1966년 미국 연방대법원의 판결로 확립된 원칙으로서, "피의자가 진술거부권을 가지고 있다는 사실, 피의자의 진술이 그에게 불리한 증거로 사용될 수 있다는 사실, 피의자가 변호인의 조력을 받을 수 있다는 사실"을 피의자에게 고지하지 아니한 채 피의자를 구금한 상태에서 심문하여 얻은 피의자의 진술은 증거로 채택될 수 없다는 원칙을 말한다.

8. 죄형법정주의(제12조 제1항 후단, 제13조 제1항 전단)

(1) 의 의

이미 제정된 정의로운 법률에 의하지 아니하고는 처벌받지 아니한다는 원칙으로서 국가권력의 남용으로부터 국민의 자유와 안전을 보장하기 위한 근대 시민적 법치국가의 헌법원칙이다(1215년 마그나카르타).

(2) 파생원칙

① 형벌법률주의와 관습형법금지의 원칙: 범죄와 형벌은 형식적 의미의 법률로 규정되어야 한다. 명령이나 규칙은 원칙적으로 범죄와 형벌을 규정할 수 없으나 법률이 범죄구성요건의 구체적 기준, 형의 종류 및 최고한도를 구체적으로 정하여 위임하여 명령이 형벌을 규정하는 것은 허용된다. 법률의 효력을 갖는 긴급명령, 긴급재정경제명령, 조약에 의한 범죄와 형벌규정은 죄형법정주의에 위반되지 않는다.

② 형벌불소급의 원칙

  ㉠ 개　념: 행위시에 죄가 되지 아니하는 행위는 사후입법에 의해 처벌되지 아니한다는 원칙이다.

  ㉡ 공소시효와 소급효금지: 공소시효에 관한 규정은 소급효금지에 해당하지 아니한다는 것이 우리 헌법재판소와 독일 연방헌법재판소의 입장이다.

  ㉢ 보안처분과 소급효금지: 헌재 판례는 보호감호에 대한 형벌불소급원칙이 적용된다는 입장이다. 대법원 판례는 보호관찰처분에 대한 형벌불소급원칙이 적용되지 않는다는 입장이다.

③ 유추해석금지의 원칙: 유추해석금지의 원칙이란 특히 형벌관련사항에서 법 적용자가 법률에 규정이 없는 사항에 대해 유사한 사항의 법률조항을 적용시키는 것을 금지하는 원칙이다.

④ 절대적 부정기형의 금지: 절대적 부정기형이란 자유형에 대한 선고형의 기간을 재판에서 확정하지 않고 행형의 경과에 따라 사후에 결정하는 것이다. 절대적 부정기형은 장기와 단기가 전혀 특정되지 않은 것이고, 상대적 부정기형은 장기와 단기가 법정되어 있는 것이다. 상대적 부정기형은 소년범의 교화나 갱생을 위해 허용될 수 있다.

⑤ 명확성의 원칙(헌재 1989.12.12. 88헌가13)

  ㉠ 명확성의 의미: 누구나 법률이 처벌하고자 하는 행위가 무엇이며 그에 대한 형벌이 어떠한 것인지를 예견할 수 있고 그에 따라 자신의 행위를

결정지을 수 있도록 구성요건이 명확할 것을 의미하는 것이다.

ⓛ **명확성 요구의 정도**: 다소 광범위하고 어느 정도의 범위에서는 법관의 보충적인 해석을 필요로 하는 개념을 사용하여 규정하였다고 하더라도 그 적용단계에서 다의적으로 해석될 우려가 없는 이상 그 점만으로 헌법이 요구하는 명확성의 요구에 배치된다고는 보기 어렵다.

⑥ **형벌법규 포괄적 위임금지원칙**: 법률에 의한 처벌법규의 위임은 바람직하지는 않지만 부득이한 경우에 허용될 수 있다. 처벌법규의 위임은 '긴급한 필요가 있거나', 미리 법률로써 자세히 정할 수 없는 부득이한 사정이 있는 경우'에 한정되어야 하고, 형벌의 종류 및 상한과 폭을 명백히 규정하고 위임하여야 한다.

⑦ **형벌법규 적정성원칙**: 형벌을 정하는 형벌법규는 헌법상 제37조 제2항 또는 법치주의에서 파생되는 과잉금지원칙을 준수해야 하므로 죄형의 균형이 요구된다. 지나치게 가혹한 형벌 조항은 인간의 존엄과 가치에도 위반된다. 헌재에 따르면 법정형 결정시 입법자의 법정형의 종류와 범위 결정은 문화·역사·국민의 가치관, 형사정책적 측면 등을 고려해야 하므로 입법자가 광범위한 형성의 자유를 가진다고 한다(헌재 1995.4.20, 91헌바11).

(3) 벌칙규정의 위임문제

① 일반적·포괄적 위임금지. 그러나 긴급한 필요가 있거나 부득이한 사정시, 구성요건은 구체적으로 정하고, 형의 종류 및 그 상한과 폭을 규정하여 위임 가능(헌재 1995.10.26, 93헌바62)하다.

② 위임입법

㉠ **재위임의 한계**: 법률에서 위임받은 사항을 전혀 규정하지 않고 그대로 재위임하는 것은 허용되지 않으며 위임받은 사항에 대하여 대강을 정하고 그 중의 특정사항을 범위를 정하여 하위법령에 다시 위임하는 경우에만 재위임이 허용된다(헌재 1996.2.29, 94헌바213).

㉡ **수권법과의 관계**: 대통령령으로 규정한 내용이 헌법에 위반될 경우라도 그 대통령령의 규정이 위헌으로 되는 것은 별론으로 하고, 그로 인하여 정당하고 적법하게 입법권을 위임한 수권법률규정까지 위헌으로 되는 것은 아니다(헌재 1997.9.25, 96헌바18등 병합).

9. 일사부재리의 원칙(제13조 제1항)

(1) 의 의

일사부재리란 실체판결(유죄, 무죄, 면소, 집행유예 불문)이 확정되어 기판력이 발생하면 동일한 사건에 대하여 거듭 심판(처벌)할 수 없다는 형사상의 원칙을 말한다. 확정판결이 있는 사건에 대해 다시 공소가 제기되면 법원은 면소의 선고를 해야 한다(형사소송법 제326조 제1호). 일사부재리원칙은 죄형법정주의와는 구별되는 별개의 원칙이다.

(2) 이중위험금지의 원칙과의 관계

구 분	일사부재리의 원칙	이중위험금지의 원칙
연 혁	대륙법상의 원칙	영미법상의 원칙
내 용	실체적 효력(기판력이 있는 사건의 재차의 심판을 금지)	절차적 효력(공판절차가 일정한 단계에 이르면 다시 그 절차의 반복 금지)
효 력	판결이 확정되어야만 효력 발생	절차의 일정한 단계에서 효력 발생
범 위	기판력 범위와 일치	기판력의 범위보다 넓게 적용됨

▶ 이중위험금지원칙이란 미연방헌법 수정 제5조(누구든지 동일한 범행에 대하여 재차 생명 또는 신체에 대한 위협을 받지 아니한다)에 근거한 원칙으로 일정단계에 이르면 동일절차를 반복하여 다시 위험에 빠뜨릴 수 없다는 절차상 원리이다. 우리나라는 채택하고 있지 않다.

(3) 이중처벌에서 처벌의 의미

헌법 제13조 제1항에서 말하는 처벌은 원칙적으로 범죄에 대한 국가의 형벌권 실행으로서의 과벌을 의미하는 것이고 국가가 행하는 일체의 제재나 불이익처분을 모두 그 처벌에 포함시킬 수는 없다고 할 것이다(헌재 1994.6.30, 92헌바38).

(4) 적용범위

일사부재리의 원칙은 실체재판(유죄·무죄)과 실체관계적 형식재판(면소)에만 적용되며 실체적 확정력이 없는 형식재판(공소기각, 관할위반)에는 적용되지 아니한다. 이중처벌금지의 원칙은 이중처벌만을 금지하는 것이 아니라 반복적 형사절차의 금지를 의미한다. 따라서 유죄이든 무죄이든 확정판결을 받은 사건을 형사소송의 대상으로 할 수 없다. 즉결처분이 있을 때도 같다. 다만, 유죄의 확정판결에 대한 재심은 선고받은 자의 이익을 위해서만 가능하다(형사소송법 제420조). 따라서 무죄의 확정판결이 있는 경우 새로운 증거로 범죄의 확증이 생기더라도 선고받은 자의 불이익을 위한 재심절차는 허용되지 아니하므로 무죄를 유죄로 하는 재심은 금지된다.

이중처벌에 해당하지 않는 경우

① 공소기각, 관할위반의 형식적 재판
② 재심의 경우
③ 누범·경합범·상습범 가중
④ 검사가 불기소처분했다가 다시 공소를 제기한 경우
⑤ 형사처벌과 보호감호처분(보안처분)의 병과(헌재 1991.4.1, 89헌마17등 병합)
⑥ 외국법원의 확정판결을 받은 동일한 행위에 대한 우리나라에서의 판결(대판 1983. 10.25, 83도2366)
⑦ 형벌과 과태료 부과(대판 1989.6.19, 88도1983)
⑧ 탄핵결정을 받은 자에 대한 형벌부과
⑨ 직위해제 + 감봉처분
⑩ 퇴직 후의 사유로 퇴직급여 제한
⑪ 불공정거래행위에 대한 형벌과 과징금 부과
⑫ 형벌과 신상공개

---

10. 소급입법의 금지(제13조 제2항) — 헌재판례를 중심으로

• 소급입법의 유형

① 진정소급입법: 이미 과거에 완성된 사실 또는 법률관계를 대상으로 하는 경우(진정소급입법)에는 입법권자의 입법형성권보다 당사자가 구법질서에 기대했던 신뢰보호의 견지에서, 그리고 법적 안정성을 도모하기 위하여 특단의 사정이 없는 한 구법에 의하여 얻은 자격과 권리는 새로운 입법을 함에 있어 존중해야 할 것이다. 따라서 진정소급입법은 원칙적으로 위헌이다.

② 부진정소급입법: 이미 과거에 시작하였으나 이미 완성되지 아니하고 진행과정에 있는 사실 또는 법률관계를 규율의 대상으로 하는 경우(부진정소급입법)에는 구법질서에 대하여 기대했던 당사자의 신뢰보호보다는 광범위한 입법형성권을 경시해서는 안 될 것이므로 특단의 사정이 없는 한 새 입법을 하면서 구법관계 내지 구법상의 기대이익을 존중하여야 하는 의무는 발생하지 않는다. 따라서 부진정소급입법을 원칙적으로 허용된다.

11. 연좌제 금지(제13조 제3항)

(1) 연 혁

제8차 개정헌법에 처음으로 규정하였다.

(2) 개 념

책임개별화의 원칙 및 자기책임의 원칙에 의하여 연좌제는 금지된다. 친족이나 타인행위로 인한 불이익 처우를 금지한다는 원칙이다. 이때의 불이익이란 국가기관에 의한 모든 불이익을 뜻한다. 그러나 하급자의 업무상 행위에 대하여 상급공무원에게 책임을 물어 인사조치하는 것은 연좌제 금지에 반하지 아니한다. 왜냐하면 감독을 태만하게 했다는 자기행위에 대한 책임이기 때문이다.

12. 무죄추정의 원칙(제27조 제4항)

(1) 범 위

피고인·피의자 모두 무죄로 추정되며, 유죄판결의 확정 전까지 무죄로 추정된다. 유죄의 확정판결은 1심의 종국판결이 아니라 최종적인 확정판결을 의미한다. 또한 실형, 형의 면제, 선고유예, 집행유예와 같은 실체적 확정판결을 의미한다. 면소판결은 실체적 판단 없이 재판을 형식적으로 제외하므로 면소판결을 받은 자는 무죄로 추정된다.

(2) 내 용

① 불구속수사·불구속재판원칙: 피의자와 피고인은 무죄로 추정되므로 불구속수사·불구속재판을 원칙으로 해야 한다. 따라서 구속수사·재판은 예외적이고 비례원칙을 준수하여 도주우려·증거인멸의 우려 등을 고려하여 결정해야 한다.

② 입증책임: 피고인은 무죄로 추정되므로 범죄사실의 입증책임은 검사가 부담해야 한다. 따라서 피고인이 무죄임을 입증해야 하는 것이 아니라 범죄에 대한 확증이 없을 때, 의심스러울 때에는 피고인의 이익으로(in dubio pro reo)라는 원칙에 따라 재판을 해야 한다.

③ 적용범위: 헌법 제27조 제4항의 무죄추정의 원칙이란 공소의 제기가 있는 피고인이어야 하고, 불이익을 입혀서는 안 된다는 것이며, 가사 그 불이익을 입힌다 하여도 필요한 최소한도에 그치도록 비례의 원칙이 존중되어야 할 것이다. 여기의 불이익에는 형사절차상의 처분뿐만 아니라 그 밖의 기

본권 제한과 같은 처분도 포함된다고 할 것이다.

[헌재판례]
① 헌법재판소는 변호사법 제15조에 대한 위헌심판사건에서 공소가 제기되었다는 사실만 가지고 업무정지를 하는 것은 무죄추정의 원칙에 반하고, 제한을 위하여 선택된 수단이 제도의 당위성이나 목적에 부합되지 않으므로 위헌이라고 하였다(헌재 1990.11.19, 90헌가48).
② 헌법재판소는 사립학교법 제58조의2 제1항 단서에 대한 위헌심판사건에서 형사사건으로 기소되었다는 사실만 가지고 직위해제를 하도록 한 것은 무죄추정의 원리에 위반되어 위헌이라고 하였으나, 형사사건으로 기소된 자에게 임면권자가 직위를 부여하지 않을 수 있도록 한 것(동법 제1항 제3호)은 합헌이라고 하였다(헌재 1994. 7.29, 93헌가3).

04 사회적 · 경제적 자유

제1절 거주 이전의 자유

1. 내 용

① **국내 거주 이전의 자유**: 국내에서의 주소·거소·여행의 자유가 인정된다. 고향의 권리(인구정책이나 지역개발을 이유로 고향을 떠나 타 지역으로 이사할 것을 강요받지 않을 권리) 등이 있다.

② **국외 거주 이전의 자유**: 해외 이주의 자유·해외여행의 자유·귀국의 자유 등이 있다. 해외이주법이 국외이주를 신고사항으로 규정하고 있는 것은 위헌이 아니다. 출국의 자유 중 병역의무자의 출국을 제한하는 것은 거주 이전의 자유에 위배되지 아니한다.

③ **국적이탈의 자유**: 세계인권선언에 규정되어 있으며 인정설이 통설이다. 단, 무국적의 자유는 보장되지 않는다.

④ **입·출국의 자유**: 모든 국민은 귀국(입국)의 자유가 보장된다. 북한에서 귀순한 동포는 대한민국 국민이므로 입국의 자유에 의하여 보호된다. 외국인은 입국의 자유가 원칙적으로 보장되지 않으나 출국의 자유는 원칙적으로 보장되나 제한받을 수 있다. 병역의무자에 대한 해외여행허가제와 귀국보증제도는 거주 이전의 자유 침해가 아니다.

[헌재판례]

① 헌법재판소는 약사법 제37조 제2항에 대한 헌법소원사건에서 약사법은 국민의 보건·위생을 위하여 약사의 자격요건을 엄격하게 규정하고 있으며, 한약업사는 전문약사가 부족한 지역에 한하되 그것도 판매지역·판매행위 등 제한된 범위 내에서 영업을 허가하였을 뿐이므로, <u>한약업사의 영업지제한(보사부령이 정한 지역 내에서)은 국민의 건강유지 및 향상이라는 공공복리를 위한 제한이며 정도와 목적이 정당하므로 합헌이라고 하였다</u>(헌재 1997.11.27, 97헌바10).

② 헌법재판소는 거주·이전의 자유가 국민에게 그가 선택할 직업 내지 그가 취임할 공직을 그가 선택하는 임의의 장소에서 자유롭게 행사할 수 있는 권리까지 보장하는 것은 아니며, 직업에 관한 규정이나 공직취임의 자격에 관한 제한규정이 그 직업 또는

공직을 선택하거나 행사하려는 자의 거주·이전을 간접적으로 어렵게 하거나 불가능하게 하거나 원하지 않는 지역으로 이주할 것을 강요하게 될 수는 있으나, 그와 같은 조치가 특정한 직업 내지 공직의 선택 또는 행사에 있어서의 필요와 관련되어 있는 것인 한, 그러한 조치에 의하여 직업의 자유나 공무담임권이 제한될 수는 있어도 거주·이전의 자유가 제한되었다고 볼 수 없다고 하였다(헌재 1995.4.20, 92헌바29).

제2절 직업선택의 자유

1. 내 용

① 직업결정의 자유(직업소유의 자유를 전제): 직업결정, 직업개시, 직업계속, 직업포기, 직업변경의 자유, 직업교육장 결정의 자유 등이 있다.

② 직업수행의 자유(직업종사의 자유): 직장선택의 자유(헌재 1989.11.20, 89헌가102), 영업의 자유·겸직의 자유(헌재 1997.4.24, 95헌마90), 경쟁의 자유(헌재 1996.12.26, 96헌가18)가 인정된다.

③ 직업 전직 및 이탈의 자유: 영업을 그만두는 것은 직업의 자유에 해당하지만 영업을 양도·이전하는 것은 직업의 자유가 아니라 재산권의 내용에 해당한다.

2. 제한의 한계(단계이론)

- 단계이론 [독일헌법재판소의 단계이론(약국판결)]: 우리 헌재는 「직업결정의 자유나 전직의 자유에 비하여 직업종사(직업수행)의 자유에 대하여는 상대적으로 더욱 넓은 법률상의 제한이 가능하다」고 판시하여 단계이론을 수용하고 있다(당구장사건; 헌재 1993.5.13, 92헌마80). 독일연방헌법재판소의 단계이론(약국판결)을 수용하였다고 본다.

① 직업수행(행사)의 자유의 제한(제1단계): 직업결정의 자유를 전제로, 다만 영업행위(직업행사)의 일부(영업시간, 영업방법 등)를 제한하는 경우로서 주유소의 휴일 영업제한, 택시의 격일제 영업제한, 백화점의 바겐세일 횟수제한, 유흥업소의 영업시간제한 등이 속한다. 직업결정의 자유에 비하여 직업수행의 자유에 대하여는 규제의 폭이 넓다(헌재 1995.4.20, 92헌마264).

② 주관적 사유에 의한 직업결정의 자유의 제한(제2단계): 직업의 성질상 일정한 기술성·전문성 등이 필요한 경우에 직업수행에 필요한 기본권 주체의 주

관적 사유(자격)에 의해 제한을 말한다. 법조인, 의료인에 일정한 국가시험의 합격 요구, 택시기사직업에 1종면허 요구 등이 해당한다. 기본권 주체의 노력 여하에 따라 극복가능하다.

③ 객관적 사유에 의한 직업결정의 자유의 제한(제3단계): 기본권의 주체로는 무관한 객관적 사유(국가안전보장, 질서유지, 공공복리 등)를 이유로 하는 제한을 말한다. 영업의 적정분포(거리제한), 기존업체 보호(동종 신규영업불허) 등이 해당한다. 기본권 주체의 노력과는 무관하게 극복이 곤란하며 직업의 자유를 침해할 가능성이 크므로 엄격히 제한적으로 하여야 한다. <u>객관적 사유에 의한 제한은 직업의 자유에 대한 제한 중에서도 가장 심각한 제약이므로 엄격한 비례의 원칙이 그 심사척도가 된다</u>(헌재 2002.4.25, 2001헌마614).

[헌재판례]

① 헌법재판소는 체육시설의 설치·이용에 관한 법률 시행규칙 제5조에 대한 헌법소원사건에서 당구장 출입문에 18세 미만자의 출입금지표시를 하도록(게시의무규정) 규정한 규칙 제5조는 이 의무로 인하여 당구장 이용고객의 일정범위를 당구장 영업대상에서 제외시키는 결과가 된다고 할 것이므로 직업종사(수행)의 자유를 침해한다고 하였다(헌재 1993.5.13, 92헌마80).

② 헌법재판소는 법개정에 있어 경합자환산규정을 두지 않음으로써 서기직 종사기간이 주사직종사기간으로 환산되지 않았고, 따라서 사법사서직의 문화가 좁아져 직업선택의 자유를 제한하였다 하더라도 이는 사법서사의 질적 저하를 방지하기 위한 것이므로 대국민위해방지를 위한 공공복리를 위한 제한으로 보아야 한다고 합헌으로 결정하였다(헌재 1989.3.17, 88헌마1).

③ 헌법재판소는 건축사법 제28조 제1항 제2호에 대한 위헌심판사건에서 건축사가 업무범위를 위반하여 업무를 행한 경우를 필요적 등록취소사유로 규정하고 있는 것은, 업무범위를 넘은 경우 임의적 등록취소사유에 불과한 다른 업종에 비하여 현저히 불합리하고, 범위를 넘었다는 이유만으로 등록을 취소하도록 한 것은 과잉금지원칙에 위반되는 것으로 직업선택의 자유를 침해한 위헌이라고 하였다(헌재 1995.2.23, 93헌가1).

④ 헌법재판소는 법무사시험을 실시하도록 한 법무사법규정에 반하여 법무사시험을 실시할 수 있도록 한 법무사법시행규칙(대법원규칙)에 대한 헌법소원사건에서, 상위법인 법무사법 제4조 제1항에 의하여 모든 국민에게 부여된 법무사자격 취득의 기회를 하위법인 시행규칙으로 박탈하는 것이 되며, 이는 대법원이 규칙제정권을 행사함에 있어 위임입법권의 한계를 일탈하여 직업선택의 자유를 침해한 것이라고 하였다(헌재 1990.10.15, 89헌마178).

⑤ 헌법재판소는 약사법이 개정되면서 한약사가 아닌 약사의 한약조제를 금지하고 개정 법률 시행당시에 1년 이상 한약을 조제하여온 약사는 2년간만 한약을 조제할 수 있 도록 한 약사법 부칙 제4조 제2항에 대한 헌법소원사건에서, 약사들의 본래의 주된 활동인 이른바, '양'약사라는 직업을 재개할 수 있기 때문에, 직업의 자유의 본질적 내용을 침해한 것은 아니라고 하였다(헌재 1991.9.16, 89헌마231).

⑥ 헌법재판소는 안경사에게 도수조정용 시력검사를 허용하고, 안경의 조제·판매를 허 용하며, 콘택트렌즈판매를 안경사에게만 허용함으로써, 안과의사의 의료권을 침해하 였다고 다툰 사건에서, 국민 스스로의 판단으로 안경사의 간편한 시력검사를 거쳐 안 경을 조제·구입하건, 안과의사를 찾아 전문적인 진단을 받은 후에 안경을 조제·착 용하건 그 선택권이 보장되어 있고, 심판대상규정이 안과의사의 진료를 차단하거나 봉쇄하고 있는 것은 아니므로, 제한된 시력검사에 한하여 안경사에게 허용하고 있는 것을 위헌적인 제도라고 하기는 어렵다(헌재 1993.11.25, 92헌마87).

⑦ 헌법재판소는 의료기사에게 의사의 지시를 받아야 자신의 업무를 수행할 수 있도록 한 의료기사법 제1조에 대한 위헌심판사건에서, 의료행위 중에서 국민보건에 위험성 이 적은 일정한 범위의 것을 따로 떼어서 이를 의사에게 맡기지 아니하고, 다른 자격 제도를 두어 그 자격자에게 맡길 것인지 여부는 입법부의 입법형성의 자유에 속하는 것이며, 물리치료사와 임상병리사제도를 두어 의사에게 고용되어 의사의 지도하에서 각 업무를 수행하게 함으로써 의사의 진료행위를 지원하도록 제도를 마련하였다고 하더라도 특별한 사정이 없는 한 입법재량을 남용하였다거나 그 범위를 일탈하였다 고 판단할 수는 없다고 하였다(헌재 1996.4.25, 94헌마129).

⑧ 헌법재판소는 유료직업소개소업을 허가사항으로 하고 있는 구직업안정및고용촉진에 관한법률 제10조 제1항에 대한 위헌심판사건에서, 직업소개업을 자유로이 할 수 있 도록 맡겨 둘 경우 근로자의 안전 및 보건상의 위험, 공중도덕상 해로운 직종에의 유 입, 미성년자에 대한 착취 등의 부작용이 초래될 수 있는 가능성이 매우 크므로, 유 료직업소개소업은 노동부장관의 허가를 받아야만 할 수 있도록 제한하는 것은 합리 적인 제한이라고 하였다(헌재 1996.10.31, 93헌바13).

⑨ 헌법재판소는 국산영화의 의무상영제(연간 상영일수의 2/5)를 규정하고 있는 영화법 제26조에 대한 헌법소원사건에서, 영화는 민족공동체의 문화적 창작력의 중요한 표 현양식인데, 흥행성이 높은 외국산 영화의 무제한적인 수입으로 국산영화의 존립자 체가 극도로 위태로울 지경에 이르고 있으므로, 국산영화의무상영제를 두어 직업선 택의 자유를 제한하였다 하더라도 공공복리를 위한 합리적 제한이라고 하였다(헌재 1995.7. 21, 94헌마125).

⑩ 헌법재판소는 자동차매매업자와 자동차제작·판매자 등에게 자동차등록신청을 대행할 수 있다고 규정한 자동차관리법 제2조 제7호에 대하여 헌법소원을 청구한 사건에서, 위 법률조항은 자동차등록신청대행업무를 자동차매매업자 및 자동차제작·판매자 등 에게 허용하거나 의무지움에 그칠 뿐 일반행정사들에게 위 업무의 취급을 금지하고 있는 것도 아니므로, 자동차등록신청대행업무를 일반행정사 이외의 자동차매매업자

및 자동차제작·판매자 등에게도 중첩적으로 허용하여 반사적으로 일반행정사의 업무영역이 잠식을 당하였다 하더라도 직업의 자유에 대한 본질적 침해라고는 볼 수 없다고 하였다(헌재 1997.10.30, 96헌마109).

⑪ 헌법재판소는 비변호사에 대해 일체의 법률사무취급을 금지하는 변호사법 제90조 제2호에 대한 위헌소원사건에서, 변호사제도의 도입배경과 목적, 비변호사의 모든 법률사무취급을 금지하는 것이 아니라 금품 등 이익을 얻을 목적의 법률사무취급만을 금지하고 있는 점 등에 비추어 국민의 직업선택의 자유에 대한 과도한 제한으로 과잉금지원칙에 위배되는 것은 아니라고 하였다(헌재 2000.4.27, 98헌바95).

⑫ 여객자동차운수사업법 제73조의2에 대한 헌법소원에서, 백화점의 셔틀버스운행을 금지하고 있는 법률조항은 영업의 자유·평등권을 침해했다고 볼 수 없고 신뢰보호의 원칙에도 위반하지 않는다고 하였다(헌재 2001.6.28., 2000헌마132 ― 합헌).

판례문제 학교환경위생정화구역 안에서의 당구장영업금지(헌재 1997.3.27, 94헌마196·225)

① 주문: 학교보건법 제6조 제1항 제3호 '당구장' 부분 중 교육법 제81조에 규정한 대학, 교육대학, 사범대학, 전문대학, 방송통신대학, 산업대학, 기술대학, 유치원 및 이와 유사한 교육기관에 관한 부분은 헌법에 위반된다.

② 대학교정화구역 내 당구장영업금지: 대학, 교육대학, 사범대학, 전문대학, 기타 이와 유사한 교육기관의 학생들은 변별력과 의지력을 갖춘 성인이어서 당구장을 어떻게 활용할 것인지는 이들의 자율적 판단과 책임에 맡길 일이므로, 기본권제한의 한계를 벗어난 것이다.

③ 유치원정화구역 내 당구장영업금지: 유치원주변에 당구장시설을 허용한다고 하여도 이로 인하여 유치원생이 학습을 소홀히 하거나 교육적으로 나쁜 영향을 받을 위험성이 있다고 보기 어려우므로, 유치원 및 이와 유사한 교육기관의 학교환경위생정화구역 안에서 당구장시설을 하지 못하도록 기본권을 제한하는 것은 입법목적의 달성을 위하여 필요하고도 적정한 방법이라고 할 수 없어 역시 기본권 제한의 한계를 벗어난 것이다.

④ 초등학교, 중학교, 고등학교 정화구역 내 당구장영업금지: 초등학교, 중학교, 고등학교 기타 이와 유사한 교육기관의 학생들은 아직 변별력 및 의지력이 미약하여 당구의 오락성에 빠져 학습을 소홀히 하고 당구장의 유해환경으로부터 나쁜 영향을 받을 위험성이 크므로 이들을 이러한 위험으로부터 보호할 필요가 있는바, 기본권 제한의 입법목적, 기본권제한의 정도, 입법목적 달성의 효과 등에 비추어 필요한 정도를 넘어 과도하게 직업(행사)의 침해하는 것이라 할 수 없다.

제3절   재산권의 보장

1. 재산권 보장의 법적 성격

① 제23조 제1항: 재산권이라는 권리와 사유재산제도라는 제도보장을 함께 보
   장하는 것으로 본다. 재산권 내용과·한계는 법률로 정하는데 이때 법률의
   뜻을 형성적 법률유보로 보고 있다(헌재 1993.7.29, 92헌바20).

② 제23조 제2항: 재산권 행사의 헌법적 한계를 정한 규정이다. 재산권의 공
   공복리 적합성의 사회적 구속성을 명문화한 헌법적 원리이다. 즉 재산권
   행사의 헌법상의 의무로 본다(헌재 1989.12.22, 88헌가13).

③ 제23조 제3항: 공공필요에 의한 수용·사용·제한시 법률로 하며 정당보상
   을 하여여 한다.

2. 재산권 보장(제23조 제1항)

① 재산권

　　㉠ 의   의: 민법상의 물권·채권·상속권, 특별법상의 광업권·어업권·수
   렵권 등은 재산권에 포함된다. 즉, 공·사법상의 경제적 가치가 있는 모
   든 권리이므로 민법상 소유권보다 범위가 넓은 개념이다. 공법상 공무
   원의 봉급청구권·연금청구권이나 국가유공자의 생활조정수당청구권
   등 자신의 노력·업적에 대한 대가로서의 성질이 강하거나 자신 또는
   가족의 특별한 희생으로 얻어진 보상적 성질의 권리와 상속권(헌재
   1998.8.27, 96헌가22 병합)도 재산권에 포함된다. 또한 정당한 지목을 등
   록함으로써 토지소유자가 누리게 될 이익(헌재 1999.6.24, 97헌마315),
   관행에 의한 입어권(헌재 1999.7.22, 97헌바76 병합), 공용수용의 정당화
   사유가 소멸되었을 때 발생하는 환매권(헌재 1994.2.24, 92헌가15)도 재
   산권에 포함된다. 그러나 약사의 한약조제권(헌재 1997.11.27, 97헌바
   10), 환매권 실효 후 우선매수권(헌재 1998.12.24, 97헌마87)은 재산권에
   포함되지 않는다고 하고 있으며 국가배상청구권은 재산권이 아니라 재
   산적 가치 있는 청구권이라고 하면서 재산권과 구별하고 있다.

　　㉡ 헌재판례: 재산권의 범위에는 동산·부동산에 대한 모든 종류의 물권은
   물론 재산가치 있는 모든 사법상의 채권과 특별법상의 권리 및 재산가
   치 있는 공법상의 권리 등이 포함되나, 단순한 기대이익이나 반사적 이

익 또는 경제적인 기회 등은 재산권에 속하지 않는다(헌재 1998.7.16, 96헌마246).

▶ 헌재가 재산권으로 인정하지 않은 예

    Ⅰ. 기대이익, 반사적 이익(헌재 1997.11.27, 97헌바101)

    Ⅱ. 약사의 한약조제권(헌재 1997.11.27, 97헌바101)

    Ⅲ. 의료보험조합의 적립금(헌재 2000.6.29, 99헌마2891)

    Ⅳ. 사실적·경제적 기회(헌재 1999.7.22, 98헌바14)

    Ⅴ. 강제집행권(헌재 1998.5.28, 96헌마44)

3. 재산권 행사의 공공복리 적합의무(제23조 제2항)

재산권 행사의 공공복리 적합의무의 기준에 대해서는 사회기속이론, 특별희생이론, 기대가능성이론, 사적 효용성이론, 상황기속이론 등이 있는데, 특별희생이론이 다수설 입장이다.

4. 재산권 보상(제23조 제3항)

재산권 보상에는 정당보상의 원칙이 적용되는데, 이에 대하여는 완전보상설과 상당보상설의 대립이 있다. 완전보상설이 헌재와 다수설의 입장이다. 헌법재판소에 의하면, 토지수용법상 토지수용으로 인한 손실보상에 있어서 기준지가 기준의 보상으로 인해 개발이익을 배제한 결과가 헌법상 정당보상과 평등원칙에 위배되지 않는다고 결정했다(헌재 1990.6.25, 89헌마107).

판례문제 1   정당보상(헌재 1990.6.25, 89헌마107) ─────────

① 정당보상원칙: 헌법 제23조 제3항이 규정한 정당한 보상이란 원칙적으로 피수용재산의 객관적인 재산가치를 완전하게 보상하는 것이어야 한다는 완전보상을 뜻하는 것으로, 즉 시가에 의하여 산정되는 것이 보통이다.

② 개발이익이 완전보상의 범위에 포함되는지 여부: 이러한 개발이익은 형평의 관념에 비추어 볼 때, 토지소유자에게 당연히 귀속되어야 할 성질의 것은 아니고, 오히려 투자적인 기업자 또는 궁극적으로는 국민 모두에게 귀속되어야 할 성질의 것이다. 따라서 개발이익은 그 성질상 완전보상의 범위에 포함되는 피수용자의 손실이라고는 볼 수 없으며, 개발이익을 배제하고 손실보상액을 산정한다 하여 정당보상의 원리에 어긋나는 것이라고는 판단되지 않는다.

[판례문제 2] 국세의 1년 우선조항(헌재 1990.9.3, 89헌가95)

① 심판대상: 국세기본법 제35조 ① 국세·가산금 또는 체납처분비는 다른 공과금 기타의 채권에 우선하여 징수한다. 다만, 다음 각호의 1에 해당하는 공과금 기타의 채권에 대하여는 그러하지 아니하다.

　　3. 국세의 납부기한으로부터 1년 전에 전세권·질권 또는 저당권의 설정을 등기 또는 등록한 사실이 대통령령이 정하는 바에 의하여 증명되는 재산의 매각에 있어서 그 매각 금액 중에서 국세 또는 가산금(그 재산에 대하여 부과된 국세와 가산금을 제외한다)을 징수하는 경우와 그 전세권·질권 또는 저당권에 의하여 담보된 채권

② 응능과세원칙: 조세의 합형평성의 원칙은 조세관계법률의 내용이 과세대상자에 따라 상대적으로 공평(상대적 평등)하여야 함을 의미하는 것으로서, 조세부담의 공평기준의 근세초기에는 국가로부터 납세자가 받는 이익에 상응하는 부담이어야 한다는 소위 '응익과세'의 원칙이었으나, 오늘날은 소득·재산·부와 같은 납세능력 내지 담세력에 따라 부담하여야 한다는 소위 응능과세의 원칙이 강조되고 있다.

③ 사유재산제도 침해: 먼저 성립하고 공시를 갖춘 담보물권이 후에 발생하고 공시를 전혀 갖추고 있지 않은 조세채권에 의하여 그 우선선위가 추월당하도록 되어 있고, 담보물권의 근본요소가 담보부동산으로부터 우선변제를 확보하는 담보기능에 있다고 할 때, 담보물권에서 담보기능이 배제되어 피담보채권을 확보할 수 없다면 그 점에서 이미 담보물권이라고 할 수도 없는 것이므로, 담보물권이 합리적인 사유없이 담보기능을 수행하지 못하여 담보채권의 실현에 전혀 기여하지 못하고 있다면 담보물권은 물론, 나아가 사유재산제도의 본질적 내용의 침해가 있는 것이라고 보지 않을 수 없다.

[판례문제 3] 토지거래허가제와 재산권 제한(헌재 1989.12.12, 88헌가13)

토지거래허가제를 규정한 국토이용관리법 제21조의3과 그 규정의 위반에 대한 벌칙규정인 동법 제31조의2는 ㉠ 재산권의 본질적 내용의 침해, ㉡ 사적자치의 원칙 내 보증의 원리, ㉢ 헌법상 과잉금지의 위배로서 위헌이 아닌가?

① 토지거래허가제는 부동산투기를 억제하기 위한 것으로, 사유재산제도의 부정은 아니며 제한의 한 형태로 보아야 하며(제한형태) 사적자치도 타 개인이나 사회공동체와 조화와 균형을 유지하면서 공존공영에 유익하거나 적어도 유해하지 않는 범위 내에서 용인되어야 하므로(사적자치의 한계) 토지투기와 같이 사회공동체에 유해한 경우에는 사적자치가 인정될 수 없으므로, 토지거래허가제는 법이 정한 경제질서와도 충돌이 없으며 헌법상의 보충의 원리에도 위반되지 않는다.

② 토지투기를 억제함에 있어 벌금형과 징역형을 선택적으로 규정한 것은 입법재량에 속하는 것이고 과잉금지의 원칙에 위반되지 아니하므로, 다소 광범위하고 관의 보충적 해석이 필요하다고 하더라도 그 적용단계에서 다의적으로 해석할 우려가 없는 이상은 그 점만으로 헌법이 요구되는 명확성의 요구에 배치된다고 할 수 없다(위헌불선언).

토지초과이득세와 재산권 제한(헌재 1994.7.29, 92헌바49)

토지투기 방지를 위하여 유휴토지에 대하여 과세되는 토지초과이득세는 미실현이득에 대한 과세라는 이유 등으로 재산권 침해와 조세법률주의 위반이 아닌가?

① 세율조항(토지초과이득세법 제12조): 토초세는 양도소득세의 예납적 성격을 띠고 있으므로 누진세가 바람직한데도 불구하고, 토초세의 세율체계를 단일비례세로 한 것은 소득이 많은 납세자와 적은 납세자 사이의 실질적인 평등을 저해하여 토초세법 제12조는 헌법상의 재산권 보장규정과 평등조항에 위배된다.

② 헌법불합치결정: 토초세법을 당장 무효로 한다면 토지법제 및 국가재정을 적지 않은 법적 혼란에 빠지는 공백을 초래할 우려가 있고, 위헌규정의 합헌적 개선은 입법자의 형성재량에 속하는 사항이므로, 입법권자가 이 결정취지에 따라 토초세법을 개정 또는 폐지할 때까지는 법원 기타 국가기관은 현행 토초세법을 더이상 적용·시행하지 않도록 하되, 그 형식적 존속만을 잠정적으로 유지케 하기 위해서, 단순위헌무효결정을 하지 않고 헌재법 제47조 제2항 본문의 효력상실을 제한적으로 적용하여 변형 위헌결정으로서의 헌법불합치 결정을 했다.

택지소유상한에관한법률 제2조 제1호 나목 등 위헌소원(헌재 1999.4.29, 94헌바37)

특별시·광역시에 있어서 택지의 소유상한을 200평으로 정한 것이 과잉금지원칙에 어긋나는지 여부(적극): 재산권은 개인이 각자의 인생관과 능력에 따라 자신의 생활을 형성하도록 물질적·경제적 조건을 보장해 주는 기능을 하는 것으로서, 재산권의 보장은 자유실현의 물질적 바탕을 의미하고, 특히 택지는 인간의 존엄과 가치를 가진 개인의 주거로서, 그의 행복을 추구할 권리와 쾌적한 주거생활을 할 권리를 실현하는 장소로 사용되는 것이라는 점을 고려할 때, 소유상한을 지나치게 낮게 책정하는 것은 개인의 자유실현의 범위를 지나치게 제한하는 것이라고 할 것인데, 소유목적이나 택지의 기능에 따른 예외를 전혀 인정하지 아니한 채 일률적으로 200평으로 소유상한을 제한함으로써, 어떠한 경우에도, 어느 누구라도, 200평을 초과하는 택지를 취득할 수 없게 한 것은, 적정한 택지공급이라고 하는 입법목적을 달성하기 위하여 필요한 정도를 넘는 과도한 제한으로서, 헌법상의 재산권을 과도하게 침해하는 위헌적인 규정이다. 헌법재판소법 제45조 단서에 따라 법률 전체에 대하여 위헌결정을 한다.

도시개발제한구역(헌재 1998.12.24, 89헌마214 등)

① 구역지정 후 토지를 종래의 목적으로도 사용할 수 없거나 또는 토지를 전혀 이용할 수 있는 방법이 없는 예외적인 경우: 구역지정으로 말미암아 예외적으로 토지를 종래의 목적으로도 사용할 수 없거나 또는 법률상으로 허용된 토지이용의 방법이 없기 때문에 실질적으로 토지의 사용·수익권이 폐지된 경우에는 다르다. 이러한 경우에는 재산권의 사회적 기속성으로도 정당화될 수 없는 가혹한 부담을 토지소유자에게 부과하는 것이므로 입법자가 그 부담을 완화하는 보상규정을 두어야만 비로소 헌법상으로 허용될 수 있기 때문이다.

② 헌법불합치결정의 이유와 의미: 도시계획법 제21조에 규정된 개발제한구역제도 그 자체는 원칙적으로 합헌적인 규정인데, 다만 개발제한구역의 지정으로 말미암아 일부 토지소유 자에게 사회적 제약의 범위를 넘는 가혹한 부담이 발생하는 예외적인 경우에 대하여 보상규정을 두지 않은 것에 위헌성이 있는 것이고, 보상의 구체적 기준과 방법은 헌법재판소가 결정할 성질의 것이 아니라 광범위한 입법형성권을 가진 입법자가 입법정책적으로 정할 사항이므로 입법자가 보상입법을 마련함으로써 위헌적인 상태를 제거할 때까지 위 조항을 형식적으로 존속케 하기 위하여 헌법불합치결정을 하는 것이다.

판례문제 7 구 장애인고용촉진법상 장애인고용의무제 사건(헌재 2003.7.24, 2001헌바96)

장애인은 그 신체적·정신적 조건으로 말미암아 유형·무형의 사회적 편견 및 냉대를 받기 쉽고 이로 인하여 능력에 맞는 직업을 구하기가 지극히 어려운 것이 현실이므로, 장애인의 근로의 권리를 보장하기 위하여는 사회적·국가적 차원에서의 조치가 요구된다. 사회·경제적 약자인 장애인에 대하여 인간으로서의 존엄과 가치를 인정하고 나아가 인간다운 생활을 보장하기 위한 불가피한 요구라고 할 것이어서, 그로 인하여 사업주의 계약의 자유 및 경제상의 자유가 일정한 범위 내에서 제한된다고 하여 곧 비례의 원칙을 위반하였다고는 볼 수 없다.

판례문제 8 국민건강보험법 제62조 제3항 등 위헌소원(헌재 2003.10.30, 2000헌마801)

국가가 국민에게 보험가입의무를 강제로 부과하고 경제적 능력에 따른 보험료를 납부하도록 하는 것은 건강보험의 목적을 달성하기 위하여 적합하고도 반드시 필요한 조치라는 점에서 이로 인한 기본권의 제한은 부득이한 것이고, 가입강제와 보험료의 차등부과로 인하여 달성되는 공익은 그로 인하여 침해되는 사익에 비하여 월등히 크다고 할 수 있으므로, 일반적 행동의 자유권으로서의 보험에 가입하지 않을 자유와 재산권에 대한 제한은 정당화된다. 그렇다면 건강보험에의 강제가입과 보험료의 징수에 관하여 규정한 법 제5조 제1항, 제62조 제1항·제3항·제4항은 과잉금지의 원칙에 위배하여 헌법상의 행복추구권, 재산권 등을 침해하는 것이라고 볼 수 없다.

판례문제 9 구문화예술진흥법 제19조 제5항 등 위헌제청(헌재 2003.12.18, 2002헌가2)

문예진흥기금의 모금대상인 시설을 이용하는 자는 연간 5,700만 명에 이르고 있다. 이러한 문화시설 이용자를 공연 등을 관람한다는 이유만으로, 역사적·사회적으로 나아가 법적으로, 다른 사람들과 구분할 만한 동질성 있는 특별한 집단으로 인정하는 것은 대단히 무리라고 할 것이다. 문예진흥기금의 납입금 자체가 특별부담금의 헌법적 허용한계를 벗어나서 국민의 재산권을 침해하므로 위헌이라 할 것이고 그렇다면 납입금의 모금에 대하여 모금액·모금대행기관의 지정·모금수수료·모금방법 등을 대통령령에 위임한 심판대상 법조항들은 더 나아가 살펴볼 필요도 없이 위헌임을 면치 못할 것이다.

제4절 주거의 자유

1. 개 념

주거의 자유란 개인의 기본적인 생활공간을 보장하여 그 공간에서 안식할 수 있는 권리를 말한다. 사람은 누구나 편안하게 쉴 수 있는 자신만의 생활공간을 갖기 원한다. 주거의 자유는 자신의 생활공간인 주거가 부당하게 침해당하지 않을 권리로서, 자기만의 생활공간에 타인이 출입하는 것을 금한다.

2. 주 체

주거의 자유의 향유 주체는 모든 국민과 외국인이다. 성질상 법인은 주체가 될 수 없다. 주택의 경우 가족구성원 모두가 주거의 자유의 주체가 된다. 학교나 공장과 같은 복합시설물의 경우에는 원칙적으로 생활공간의 관리자인 교장이나 공장장이 주체가 된다.

3. 주거의 불가침

(1) 주 거

주거란 거주하기 위하여 점유하고 있는 일체의 공간적인 생활영역을 말한다. 실제 거주 여부를 불문하며 반드시 주택이어야 하는 것도 아니다.

(2) 불가침

불가침이란 사적 생활공간이 권원 없이 침해되지 않는다는 것을 말한다. 침해란 거주자의 동의 없이 주거에 침입하거나 그 의사에 반하여 주거에 머무는 것이다. 거주자의 동의가 있는 경우에는 면책되지만 거주자의 동의가 있었다 하여도 동의는 언제든지 철회할 수 있다.

제5절 사생활의 비밀과 자유

1. 개 념

사생활의 비밀과 자유란 자기만의 비밀이 부당하게 공개당하지 않고 자신의 삶을 자율적으로 영위할 수 있는 자유를 말한다. 사생활이란 시대와 장소에 따라 변화되는 상황적 개념으로, 다의적이며 포괄적이고 주관적이다. 또한 사생활은 개인의 인격·개성·동일성 실현을 위한 자율영역으로, 내적으로 차단된 활동영역이다. 이러한 영역에 대한 보호 없이 인간의 존엄과 행복은 불가능하다.

2. 법적 성격

사생활의 비밀은 일반적 인격권의 내용과 중복될 수 있다. 또한 사생활의 자유는 일반적 행동자유권과 보호영역에서 중복될 수 있다. 소극적·방어적 성격의 자유권의 일종으로 시작되었으나 오늘날 자기정보통제권과 관련하여 적극적·능동적 권리로서 청구권적 성격도 있다.

3. 주 체

① 인간의 권리(내·외국인 포함)로서 자연인만 해당하나, 사자(死者)는 원칙적으로 적용이 되지 않지만 사자의 사생활 비밀침해가 사자와 관계있는 생존자의 권리를 침해할 경우 생존자에 관해서 문제가 된다.
② 법인, 권리능력 없는 사단: 법인은 원칙적으로 그 주체가 될 수 없으나 법인의 명칭, 상호 등 기타 표지가 타인에 의해 영업적으로 이용되는 경우, 타인에 의하여 침해되는 경우에는 권리의 침해가 될 수 있다.

4. 내 용

① **사생활의 비밀의 불가침**: 비밀유지에 관한 권리, 개인에 관한 난처한 사적 사항의 공개금지, 대중에게 오해를 낳게 하는 공표금지, 인격적 징표의 영리적 이용금지(초상게재권: Right of Publicity)가 해당한다.
② **사생활의 자유의 불가침**: 사생활의 자유로운 형성과 유지의 불가침과 사생활 평온의 불가침이 보장된다.

③ 자기정보통제권: 협의로는 자기에 대한 정보를 열람, 정정, 사용중지, 삭제 등을 요구할 수 있는 권리를 말하고, 광의로는 자기정보 수집·분석, 처리배제청구권과 이의신청권, 손해배상청구권을 포함한다.

5. 한 계

① 국정조사권과의 관계: 국회의 국정조사권의 발동으로 국민은 증언의무를 지게 된다. 그러나 국정조사의 목적과 직접 관련이 없는 프라이버시에 관한 조사는 허용되지 않으며 그 증언을 거부할 수 있다. 그러므로 합리적인 범위 내에서 필요최소한으로 그쳐야 한다.

② 사생활의 비밀·자유와 명단공표: 명단공표란 행정법상의 의무이행을 간접적으로 확보하기 위해 의무위반자의 성명·위반사실 등을 일반에게 공개하는 것을 말한다. 행정법상의 의무위반자에 대한 명단공표는 사생활의 비밀·자유와 충돌할 우려가 있으므로, 공표의 필요성과 사생활의 비밀·자유 간의 이익형량이 요구된다. 이와 관련하여 헌재는 청소년의 성보호에 관한 법률 제20조 제2항에 대해 합헌결정을 했다(헌재 2003.6.26, 2002헌가14).

제6절 통신의 자유

1. 개 념

통신의 자유란 자유로운 통신의 보장과 통신비밀의 불가침을 그 내용으로 한다. 통신비밀의 불가침이란 개인이 자신의 의사를 전달하고 교환할 때 그 내용 등이 본인의 의사에 반하여 열람되거나 공개되지 않을 자유를 말한다.

2. 법적 성격

통신의 자유는 통신 그 자체를 보호하지만 통신을 매개로 한 사생활의 내용과 비밀도 보호한다. 통신행위에 의해 의사형성이 이루어진다는 점에서 통신의 자유는 표현의 자유의 기초가 된다. 표현은 자신의 의사를 외부에 적극적으로 알리는 것을 보호하지만 통신은 의사표시의 내용과 비밀을 대내적으로 보장한다는 점에 차이가 있다.

3. 주 체

통신의 자유의 향유주체는 국민과 법인이며, 외국인도 주체가 될 수 있다. 우편물의 경우 발송인과 수취인이, 전기통신의 경우 송수신인 모두가 주체가 된다. 운송기업도 부분적이긴 하나 통신의 비밀의 보호를 받는다. 수형자도 주체가 된다.

4. 내 용

(1) 통 신

통신이란 격지자 간의 의사나 정보의 전달을 의미한다. 통신은 우편물과 전화·전자우편·전신·팩스 등의 전기통신을 말하며, 물품의 수수를 포함한다.

(2) 비 밀

통신의 비밀이란 신서, 전신, 그 밖의 우편물들의 통신의 내용과 통신의 형태, 당사자, 배달방법, 전달자, 배달과 관련된 모든 자료를 말하며, 비밀성 유무를 불문한다.

(3) 통신의 불가침

통신의 불가침이란 통신에 대한 열람을 금하며 지득한 통신을 누설하지 않음을 말한다. 신서, 전신, 그 밖의 우편물, 이메일 등 통신수단이 당사자의 의사에 반하여 개봉되거나 열람되는 것이 금지된다.

제7절 소비자권

(1) 소비자권의 의의

① 개념(소비자기본권): 소비자 권리라 함은 소비자가 자신의 인간다운 생활을 영위하기 위하여 공정한 가격으로 양질의 상품 또는 용역을 적절한 유통구조를 통하여 구입, 사용할 수 있는 권리를 말한다.

② 연혁(등장배경) 및 취지: 현대 독점자본주의 경제체제의 등장, 1962년 케네디의 교서에서 최초선언 후, 소비자보호론 단계를 넘어 소비자주권론 차원에서 논의, 우리나라에서는 제5공화국 헌법에 소비자운동에 관한 규정을

두고 소비자보호법을 제정하였고, 2006년 9월 전면개정을 하였고 법명도 소비자기본법으로 변경했다. 개정이유는 종래 소비자보호 위주의 소비자 정책에서 탈피하여 중장기 소비자정책의 수립, 소비자안전·교육의 강화 등으로 소비자권익을 증진함으로써 소비자의 주권을 강화하고, 시장 환경 변화에 맞게 한국소비자원의 관할 및 소비자정책에 대한 집행기능을 공정거래위원회로 이관하도록 하며, 소비자피해를 신속하고 효율적으로 구제하기 위하여 일괄적 집단분쟁조정 및 단체소송을 도입하여 소비자피해구제제도를 강화하는 등 현행제도의 운영상 나타난 일부 미비점을 개선·보완하려는 것이다.

(2) 소비자 권리의 근거와 법적 성격

인간의 존엄성 존중과 행복추구권(제10조), 소비자보호운동의 보장(제124조)을 근거로 인정된다. 법적 성격은 복합적 기본권으로 본다.

(3) 소비자 권리의 주체

국민과 외국인, 법인을 포함한다.

제1절 양심의 자유

1. 개 념

- 양심의 의의: 제19조의 양심은 세계관, 인생관, 주의, 신조 등은 물론 이에 이르지 아니하여도 보다 널리 개인의 인격형성에 관계된 내심에 있어서의 가치적·윤리적 판단까지도 포함한다고 한다(헌재 89헌마160). 그러나 단순한 사실에 관한 지식이나 기술적 지식은 포함되지 아니한다.

2. 주 체

① 자연인: 양심의 자유는 자연인만이 그 주체가 될 수 있다(통설). 헌법 제19조는 모든 국민이라고 규정하고 있지만 외국인도 양심의 자유를 향유할 수 있다. 양심의 자유는 인류보편의 원리이기 때문이다.

② 법 인: 헌재의 견해에 따르면 "우리 헌법이 보호하고자 하는 정신적 기본권의 하나인 양심의 자유의 제약(법인의 경우라면 그 대표자에게 양심표명의 강제를 요구하는 결과가 됨)이라고 보지 않을 수 없다"(헌재 1991.4.1, 89헌마160)고 하여 법인에 대해서는 부정적이다.

3. 내 용

① 양심결정(형성)의 자유: 양심결정의 자유란 자신의 판단에 따라 사물의 옳고 그름을 판단하는 자유를 의미한다. 따라서 국가가 개인의 양심결정을 방해하거나 특정의 양심을 강요하는 것은 양심의 자유의 침해가 된다. 다수의 양심이 소수를 억압하고 다수의 결정에 따르도록 하는 양심의 다수화의 금지가 중요하다.

② 양심유지의 자유 = 침묵의 자유(통설): 침묵의 자유·양심유지의 자유란 자신의 양심을 언어에 의하여 표명하도록 강제당하지 않을 자유를 말한다. 이 침묵의 자유로부터 양심추지의 금지와 양심에 반(反)하는 행위의 강제

금지가 파생한다(다수설, 헌재 1991.4.1, 89헌마160).

ⓒ **사상전향제도와 준법서약제:** 양심형성의 자유와 관련해서는 사상전향제가 양심의 자유를 침해하는 것이 아닌지가 문제된다.

[대법원판례]

이러한 사상전향제도가 양심의 자유를 침해하는지에 관하여, 대법원은 "구 사회안전법 7조 제1호가 보안처분의 면제요건으로 '반공정신이 확립되었을 것'을 규정하고 있다거나 보안처분기간의 갱신 여부를 결정함에 있어 처분대상자의 신념이나 사상을 신문하고 전향의 의사를 확인하는 것은 그 대상자가 같은 법 제6조 제1항 소정의 '죄를 다시 범할 현저한 위험성'의 유무를 판단하기 위한 자료를 수집하는 과정에 불과할 뿐 전향의 의사를 강요하는 것이 아니므로 이들 두고 양심의 자유를 보장한 헌법규정에 반한다고 볼 수 없다"(대판 1997.6.13, 96다56115)라고 판시한 바 있다.

[헌재판례]

헌법상 그 침해로부터 보호되는 양심은, 첫째 문제된 당해 실정법의 내용이 양심의 영역과 관련되는 사항을 규율하는 것이어야 하고, 둘째 이에 위반하는 경우 이행강제, 처벌 또는 법적 불이익의 부과 등 법적 강제가 따라야 하며, 셋째 그 위반이 양심상의 명령에 따른 것이어야 한다.

헌법과 법률을 준수할 의무는 국민의 기본의무로서 헌법상 명문의 규정은 없으나 우리 헌법에서도 자명한 것이다. 따라서 이 사건 준법서약은 어떤 구체적이거나 적극적인 내용을 담지 않은 채 <u>단순한 헌법적 의무의 확인·서약에 불과하다 할 것이어서 양심의 영역을 건드리는 것이 아니다.</u>

이 사건의 경우, 가석방 심사 등에 관한 규칙 제14조에 의하여 <u>준법서약서의 제출이 반드시 법적으로 강제되어 있는 것이 아니다.</u> 당해 수형자는 가석방심사위원회의 판단에 따라 준법서약서의 제출을 요구받았다고 하더라도 자신의 의사에 의하여 준법서약서의 제출을 거부할 수 있다. 또한 가석방은 행형기관의 교정정책 혹은 형사정책적 판단에 따라 수형자에게 주는 은혜적 조치일 뿐이고 수형자에게 주어지는 권리가 아니어서, 준법서약서의 제출을 거부하는 당해 수형자는 결국 위 규칙조항에 의하여 가석방의 혜택을 받을 수 없게 될 것이지만, 단지 그것뿐이며 더 이상 법적 지위가 불안해지거나 법적 상태가 악화되지 아니한다.

이와 같이 위 규칙조항은 내용상 당해 수형자에게 하등의 법적 의무를 부과하는 것이 아니며 이행강제나 처벌 또는 법적 불이익의 부과 등의 방법에 의하여 준법서약을 강제하고 있는 것이 아니므로 <u>당해 수형자의 양심의 자유를 침해하는 것이 아니다</u>(헌재 2002.4.25, 98헌마425 등).

ⓛ 양심적 병역거부권: 양심상 집총거부란 종교의 교리나 양심상의 결정을 이유로 병역, 특히 집총을 거부하는 것을 말하는데 이를 양심의 자유로 인정할 수 있는가 하는 문제이다. 독일기본법 제4조 제3항은 양심적 집총거부를 명문으로 인정하고 있다. 우리나라 학설은 대립되고 있으며 헌재와 대법원은 양심적 병역거부권에 대하여 부정적 입장이다.

[대법원판례]

기독교인의 양심상의 결정으로 군복무를 거부한 행위는 응당 병역법의 규정에 따른 처벌을 받아야 하며 소위 양심상의 결정은 헌법 제19조에서 보장된 양심의 자유에 속하는 것은 아니다 라고 판시하고 있다(대판 1969.7.22, 69도934). 2004년 전원합의체 판결에서 대법원은 종래의 입장을 다시 확인하며 양심상 집총거부권에 대하여 부정적 입장이다.

[헌재판례]

헌법재판소는 병역법 제88조 제1항 제1호의 위헌법률심판에서 합헌으로 결정을 하여 대법원과 같은 입장이다(헌재 2004.8.26, 2002헌가1).

---

③ 양심 표현(실현)의 자유
　　㉠ 문제점: 양심의 자유가 양심을 외부에 표명하고 양심에 따라 행동할 자유까지 포함하는 것인가에 대하여 학설이 대립한다.
　　　　ⓐ 부정설(다수설): 양심의 자유의 내용을 인간의 내면적 자유에 국한시킴으로써 양심의 결정을 행동으로 표현하는 것은 포함되지 않는 것으로 보고 있다. 양심의 외부적 표현은 표현의 자유에 해당하기 때문에 표현의 자유의 제한이론이 적용된다고 한다.
　　　　ⓑ 긍정설: 양심실현의 자유가 양심의 자유에서 제외된다면 양심의 자유를 헌법상 보장하는 의의가 축소되므로 널리 양심실현의 자유를 포함한다.
　　㉡ 헌재의 태도(헌재 1998.7.16, 96헌바35): 헌법 제19조가 보호하고 있는 양심의 자유는 양심형성의 자유와 양심적 결정의 자유를 포함하는 내심적 자유(forum internum)뿐만 아니라, 양심적 결정을 외부로 표현하고 실현할 수 있는 양심실현의 자유(forum externum)를 포함한다고 할 수 있다.

4. 양심의 자유의 한계

양심의 자유의 한계에 대해서는 내면적 무한계설이 다수설이고 헌재의 입장도 동일하다.

① 내면적 무한계설(다수설): 양심이 외부에 표명되면 일정한 제한이 따르지만 내심의 작용으로 머물러 있는 이상 제한을 받지 않는다.

② 헌재의 태도(헌재 1998.7.16, 96헌바35): 내심적 자유, 즉 양심형성의 자유와 양심적 결정의 자유는 내심에 머무르는 한 절대적 자유라고 할 수 있지만, 양심실현의 자유는 타인의 기본권이나 다른 헌법적 질서와 저촉되는 경우 헌법 제37조 제2항에 따라 국가안전보장·질서유지 또는 공공복리를 위하여 법률에 의하여 제한될 수 있는 상대적 자유라고 할 수 있다.

판례문제 명예훼손과 사죄광고의 강제 ─────────────

① 인격권의 침해여부: 사과행위는 자발적인 것이라야 할 것이며 이의강제는 사죄자 본인에 대하여 굴욕이 되는데 그럼에도 불구하고 본인의 자발적 의사형성인 것같이 되는 것이 사죄광고이다. 따라서 사죄광고 과정에서 자연인이든 법인이든 인격의 자유로운 발현을 위해 보호받아야 할 인격권이 무시되고 국가에 의한 인격의 외형적 변형이 초래되어 인격형성에 분열이 필연적으로 수반하게 된다. 이러한 의미에서 사죄광고제도는 헌법에 보장된 인격의 존엄과 가치 및 그를 바탕으로 하는 인격권에도 큰 위해가 된다.

② 양심의 자유의 침해여부: 민법 제764조의 명예회복에 적정한 처분으로서 사죄광고게재를 명하는 것은 타인의 명예를 훼손하여 비행을 저질렀다고 믿지 않는 자에게 본심에 반하여 사죄의 의사표시를 강요하는 것이어서, 양심도 아닌 것이 양심인 것처럼 표현할 것을 강제하는 사죄광고의 강제는 인간양심의 왜곡·굴절이고 이중인격형성의 강요인 것으로 침묵의 자유의 파생인 양심에 반하는 행위의 강제금지에 저촉된다. 법인의 경우라면 그 대표자에게 양심표명의 강제를 요구하는 결과가 된다.

③ 과잉금지의 위반여부: 사죄광고를 구하는 판결이 아니고도 ㉠ 가해자의 비용으로 그가 패소한 민사손해배상판결을 신문·잡지 등에 게재, ㉡ 형사명예훼손죄의 유죄판결을 신문·잡지 등에 게재, ㉢ 명예훼손기사의 최소광고 등의 방법을 상정하는 경우에는 강제집행을 하게 된다 하여도 사죄광고의 경우처럼 양심결정의 강제나 인격권을 무시하는 헌법위반의 문제가 되지 않는다. 즉, 사죄광고 외의 이들 방법들은 합헌적이다. 사죄광고방법은 명예회복의 최후수단으로 보여지지 않으며 필요한 정도를 넘어서는 과도한 기본권 제한방법이다. 따라서 민법 제764조의 명예회복에 적당한 처분에 사죄광고를 포함시켜 해석하면 헌법에 위반된다(헌재 1994.4.1, 89헌마160).

【양심의 자유에 관한 관련내용】

충성선서	• 공무원의 재직요건, 또는 임용요건으로서 현 정부나 여당에 대한 충성선서를 요구한다면 양심의 자유와 공무원의 정치적 중립성을 침해하는 것이므로 헌법위반이다.
준법서약제도 및 사상전향제도	• 헌법재판소는 준법서약제도를 합헌으로 보고 있다. • 대법원은 보안처분의 면제조건으로 반공정신이 확립되었다는 천향의사를 확인하는 것이 양심의 자유를 침해하는 것이 아니라고 보았다.
증언의 거부	• 소송에서 증인의 의사에 반하여 증언을 명하는 것은 양심, 사상과 결부되지 않은 경우 침묵의 차유를 침해하지 않는다.
취재원비닉권	• 양심의 자유에 의해 보호 받지 않는다.
사죄광고	• 헌법재판소는 민법 제764조의 '명예회복에 적당한 처분'에 사죄광고를 포함시켜 법원의 판결로 사죄광고를 명하는 것은 양심의 자유의 침해라 한다.
공정거래위원회의 '법위반사실 공표명령제도'	• 양심의 자유를 침해하지 않는다(헌재 2002.1.31, 2001헌바43).
국기경례거부	• 국기에 대한 경례를 종교상의 우상숭배라 하여 거부한 학칙위반 학생의 제적처분은 정당하다(대판 1976.4.27, 75누249).
납세거부	• 국가가 세금을 부과하고 국민이 납세의무에 따라 정당한 과세권에 복종하는 것은 양심의 자유의 침해가 아니다.
양심적 집총 (병역)거부	• 미국과 독일은 긍정. 그러나 미국과 독일 연방대법원은 전쟁일반이 아니라 특정전쟁, 특정한 조건상황에서 전쟁을 거부하는 '상황조건부 병역거부'를 부인하였다. • 독일의 경우에는 병역거부에 대하여 대체의무를 사후적으로 부과하고 있으며 대체의무에 대한 거부는 허용되지 않는다고 한다. • 헌법재판소(헌재 2004.8.26, 2002헌가1)와 대법원(대판(전) 2004. 7.15, 2004도2965)은 양심적 집총거부를 부작위에 의한 양심실현의 자유라고 보면서도 이는 상대적 자유로서 헌법 제37조 제2항에 의해 제한될 수 있으므로 양심에 기하여 병역을 거부한자를 처벌하는 것은 헌법에 위배되지 않는다고 하여 양심적 집총거부를 인정하지 않는다. • 양심의 자유로부터 대체복무를 요구할 권리도 도출되지 않는다. 양심상의 이유로 병역의무의 이행을 거부할 권리는 단지 헌법 스스로 이에 관하여 명문으로 규정하는 경우에 한하여 인정될 수 있다.
공격적인 시위진압명령	• 양심의 자유를 침해하지 않는다(헌재 1995.12.28, 91헌마80).
국가보안법상 불고지죄의 처벌	• 양심의 자유를 침해하지 않는다(헌재 1998.7.16, 96헌바35).
이적표현물 소지행위 처벌	• 단순한 학문연구나 순수 예술활동의 목적으로 이적표현물을 소지·보관하는 경우에는 국가보안법 제7조 제5항이 적용되지 않으므로(대판 1993.2.9, 92도1711; 대판 1994.9.4, 94도135 등) 국가보안법 제7조 제5항에서 이적표현물의 소지행위를 처벌하는

	것이 양심 또는 사상의 자유를 본질적으로 침해하는 것은 아니라고 할 것이다(헌재 2004.8.26, 2003헌바85·102 병합).
국군보안사령부의 민간인에 대한 정치사찰을 폭로한다는 명목으로 군무를 이탈한 행위	• 정당방위나 정당행위에 해당하지 않는다(대판 1993.6.8, 93도799).
호흡에 의한 음주측정요구와 그 거부	• 양심의 자유 침해 아니며, 인간의 존엄과 가치를 침해하지 않는다(헌재 1997.3.27, 96헌가11).

제2절 종교의 자유

1. 개 념

자기가 원하는 종교를 자기가 원하는 방법으로 신앙할 수 있는 자유를 말한다. 신앙이란 신이나 초자연적인 존재의 힘에 대한 믿음과 숭배를 말한다. 기존의 전통적인 교리와 다른 신앙적 확신도 보호되기에 소수종파·신흥종파 모두 신앙의 자유를 원용할 수 있다.

2. 주 체

① 외국인을 포함한 자연인은 종교의 자유의 주체가 된다. 미성년자도 주체가 되나 태아는 될 수 없다.
② 법인은 신앙의 자유의 주체가 될 수 없으나 선교의 자유, 예배의 자유 등 신앙 실행의 자유가 인정된다.

3. 내 용

① 협의의 신앙의 자유
　　㉠ 종교를 믿을 자유, 종교를 안 믿을 자유, 종교를 선택·변경·포기할 자유, 신앙 또는 불신앙으로 불이익을 받지 않을 자유를 포함한다. 공직 취임시 특정종교의 신앙을 취임조건으로 하는 것은 인정되지 않으나 국법질서, 국가에 대한 충성을 요구하는 것은 허용된다.
　　㉡ 법률로도 제한할 수 없는 절대적 자유이다.

② 종교적 행위의 자유: 종교의식(예배·독경·기도)의 자유와 종교선전(자기종교 선전과 타 종교 비판의 자유와·개종의 자유)의 자유가 있으며, 종교단체가 설립한 학교가 예배시간을 갖는 것은 허용될 수 있으나 우리나라 중·고등학교의 경우 학교배정이 학생의사와 상관없이 거주지별로 결정되므로 대체수단 없이 종교교육을 강제하는 것은 소극적 종교의 자유침해로 볼 수 있다.

③ 종교교육의 자유: 국·공립학교의 특정한 종교교육은 정교분리의 원칙에 따라 금지된다. 그러나 일반적인 종교교육을 하는 것은 허용될 수 있다. 종교학교의 특정 종교교육의 자유는 인정된다.

④ 종교적 집회·결사의 자유: 종교목적의 집회·결사는 일반 집회·결사의 자유(제21조 제1항)조항에 의해 보장되는 것이 아니라 종교의 자유(제20조)의 한 내용으로 보장되므로 일반 집회·결사에 비해 고도의 특별한 보호를 받는다.

[대법원판례]

① 믿음의 깊이는 헌금에 따라 판단된다는 설교는 사기죄에 해당한다(대판 1995.4.28, 95도250).

② 대법원은 성직자가 죄지은 자를 능동적으로 고발하지 않는 것은 종교적 계율에 따라 그 정당성이 용인되나 그에 그치지 아니하고 적극적으로 은닉·도피케 하는 행위는 정당성을 인정할 수 없다(대판 1983.3.8, 82도3248)

③ 종교단체의 권징결의는 교인으로서 비위가 있는 자에게 종교적인 방법으로 징계·제재하는 종교단체의 내부적 규제에 지나지 않으므로 이는 사법 심사의 대상이 아니다(대판 1981.9.22, 81도276).

제3절 국교부인과 정교분리(제20조 제2항)

1. 내 용

① 종교의 정치관여금지: 종교는 정치에 간섭할 수 없고 정치활동은 금지된다. 그러나 종교적 정당의 구성을 통한 정치관여는 별개의 문제이다.

② 국교의 부인: 국가도 종교적 교육의 실시나 종교활동을 할 수 없다. 그러므로 국가도 종교적 교육의 실시나 종교활동을 할 수 없다.

③ 국가에 의한 특정종교의 차별금지: 국가에 의한 특정종교의 천대와 차별은

금지된다. 그러므로 종교단체에 대한 재정적 원조나 특혜는 금지된다. 모든 종교단체에 대한 동일한 재정지원이 가능한가에 대하여는 무종교의 자유를 고려하여 볼 때 부당한 우대라고 볼 수 있다는 견해와 허용된다는 견해가 있다.

[헌재판례]
① 종교단체가 운영하는 학교 혹은 학원 형태의 교육기관도 예외없이 학교설립인가 혹은 학원설립등록을 받도록 규정한 경우에 대하여 종교교단의 재정적 능력에 따라 학교 내지 학원의 설립상 차별을 초래한다고 해도 거기에는 합리적 이유가 있으므로 평등원칙에 위배된다고 할 수 없다(헌재 2000.3.30, 99헌바14).
② 사법시험 1차시험시행일을 일요일로 정하여 공고하는 행위와 관련되는 종교의 자유는 종교적 행위의 자유와 관련이 있다. 1차 사법시험일을 일요일로 정한 것은 학교시설임차, 시험관리 공무원 동원, 평일 시험시 직장인 결근 문제 등을 고려하면 종교의 자유 침해가 아니다(헌재 2001.9.27, 2000헌마159).

제4절 언론·출판의 자유

1. 내 용

① 의사표현·전달의 자유: 의사표현의 자유란 자기의 사상이나 의견의 자유로운 표명과 그것을 전파할 자유를 의미한다.

상징적 표현 등 비언어적 매체나 행동에 의한 표현은 비언어적 매체에 의한 표현이나 행위에 의한 사상의 전달을 의미하는 것(피케팅, 리본에 의한 항의표시 등)으로 표현의 자유로 보호된다. 한편 음반·비디오물(헌재 1993.5.13, 91헌바17), 옥외광고물(헌재 1998.2.27, 96헌바2등)도 표현의 자유에 포함된다고 본다.

② 알 권리(정보의 자유)
　　㉠ 의 의: 일반적으로 접근할 수 있는 모든 정보원으로부터 의사형성에 필요한 정보를 수집, 취사, 선택할 수 있는 권리를 말한다.
　　㉡ 알 권리의 헌법적 근거: 명문 규정은 없지만 직접적으로는 헌법 제21조, 보충적으로 제10조(통설·헌재)에 근거한다. 헌재는 초기의 판례 등에서는 헌법 제21조 외에 제10조 등을 그 근거로 들다가 그 후에는 주로 헌

법 제21조를 그 근거로 들고 있다.

ⓒ 알 권리의 법적 성격

ⓐ 복합적 성격: 헌재는 소극적으로 국가의 방해배제를 요구하는 자유권적 성격과, 적극적으로 국가의 정보공개를 요구하는 청구권적 성격(정보공개청구권)을 가지며 현대사회가 고도의 정보화사회로 이행해 감에 따라 생활권적 성격도 띠게 된다(헌재 1991.5.13, 90헌마133).

ⓑ 구체적 권리성: 헌재는 기록등사신청에 대한 헌법소원에서 알 권리의 실현을 위한 법률이 제정되어 있지 않다고 하더라도 그 실현이 불가능한 것이 아니라 헌법 제21조에 의하여 직접 보장될 수 있다고 보아 알 권리의 구체적 권리성을 인정하고 있다(헌재 1991.5.13, 90헌마133).

ⓔ 알 권리의 내용

ⓐ 정보수집권과 방해배제청구권: 국민 개인 또는 언론기관이 정보수집에 있어 헌법과 법률에 의하지 아니하고는 국가권력의 방해를 받지 않을 권리

ⓑ 정보공개청구권: 국가기관이 가지고 있는 정보자료의 공개를 요구할 수 있는 권리를 갖는다. 헌재는 형사피고인이었던 자가 자신의 소송기록의 열람·복사요구를 알 권리로 인정한다(헌재 1991.5.13, 90헌마133).

ⓜ 알 권리와 군사기밀·국가기밀과의 관계: 군사기밀은 국민의 알 권리와 충돌하는 면이 매우 크므로 알 권리의 대상영역을 가능한 최대로 넓혀 줄 수 있도록 필요한 최소한도에 그쳐야 한다(헌재 1989.5.31, 89헌마104). 일반적으로 국가기밀은 일반인에게 알려지지 아니한 것, 즉 비공지의 사실로서 국가의 안전에 대한 불이익의 발생을 방지하기 위하여 그것이 적국 또는 반국가단체에 알려지지 아니하도록 할 필요성, 즉 '요비닉성'이 있는 동시에, 그것이 누설되는 경우 국가의 안전에 명백한 위험을 초래한다고 볼 만큼의 실질적 가치가 있는 것, 즉 '실질비성'을 갖춘 것이어야 한다(헌재 1997.1.16, 92헌바6).

ⓗ 판 례

ⓐ 교화상 또는 구금목적에 특히 부적당하다고 판단되는 기사 등의 제한: 교화상 또는 구금목적상 특히 부적당하다고 인정되는 기사 등의 삭제는 … 수용질서를 위한 청구인의 권리의 최소한의 제한이므로

청구인의 권리를 과도하게 제한하는 것으로 보기 어렵다(헌재 1998.10.29, 98헌마4).

ⓑ 국회 예산결산특별위원회 계수조정소위원회 방청허가 불허: 국회예산결산특별위원회 계수조정소위원회의 성격, 국회관행 등을 이유로 동 위원회 회의에 대한 시민단체의 방청을 불허한 것이 국민의 알 권리를 침해한다고 할 수 없다.

의원들의 국정감사활동에 대한 평가 및 결과공표의 부적절함을 이유로 국정감사에 대한 시민단체의 방청을 불허한 것이 알 권리를 침해한다고 볼 수 없다(헌재 2000.5.29, 98헌마443, 99헌마583 병합).

③ 액세스권

㉠ 의 의: 액세스(Access)권은 광의로는 자신의 의사표현을 위해 언론매체에 자유로이 접근, 이용권을 말하고 협의로는 반론을 요구할 수 있는 반론권을 의미한다. 광의의 개념에는 반론권이 액세스권에 포함된다고 본다.

㉡ 액세스권의 헌법적 근거: 헌법 제21조 제4항을 근거로 드는 견해도 있으나 제21조 제1항 언론·출판의 자유를 기본으로 하여 국민주권의 원리(제1조 제2항), 행복추구권(제10조), 인간다운 생활을 할 권리(제34조 제1항)에서 찾음이 타당하다.

㉢ 액세스권의 내용

ⓐ 반론권: 매스미디어에 의해 명예훼손 등을 당한 이해관계자가 반박문, 정정문의 게재방송을 요구하는 권리로 <u>언론중재 및 피해구제 등에 관한 법률에서 정정보도청구권(제14조, 제15조), 반론보도청구권(제16조), 추후보도청구권(제17조) 등이 규정되어 있다.</u>

ⓑ 의견광고

ⓒ 독자투고

ⓓ 피해배상청구권: 헌법 제21조 제4항의 피해배상을 청구할 수 있다. 이에 따라 민법 제764조의 명예회복에 적당한 처분에 사죄광고의 강제는 제외된다(헌재 1991.4.1, 89헌마160).

판례문제 정정보도청구권의 합헌성 여부(헌재 1991.9.16, 89헌마165)

① 헌법상의 근거: 반론권으로서의 정정보도청구권은 헌법상 보장된 인격권에 바탕을 둔 것으로서 피해자의 인격권을 보호함과 동시에 제도로서의 언론보장을 충실하게 하려는

취지로서 헌법 제10조(인간의 존엄), 제17조(사생활의 비밀과 자유), 제21조 제1항·제4항(언론·출판의 자유) 등을 근거로 제정된 것이다.

② 법률조항 명칭(정정보도청구권)의 위헌여부: 법률조항의 '정정'의 내용은 명칭과는 달리 보도내용에 대한 반박의 내용을 게재해줄 것을 청구할 수 있는 권리인 이른바 '반론권'을 입법화한 것으로 그 보도내용의 진실여부를 따지거나 허위보도의 정정을 위한 것이 아니다. 더구나 법문이 비록 '정정보도문'이라는 표현을 사용한다고 하여, 반박문의 표제를 그와 같이 강제하는 것은 아니다.

③ 언론의 자유의 침해여부: 정정보도청구권제도는 언론의 자유와 서로 충돌되는 면이 없지 아니하나 전체적으로는 상충되는 기본권 사이에 합리적인 조화를 이루고 있는 것으로 헌법상 평등의 원칙에 반하지 아니하고 언론의 자유의 본질적 내용을 침해하거나 언론기관의 재판청구권을 부당히 침해하는 것으로도 볼 수 없어 헌법에 위반되지 아니한다.

▶ 헌법재판소의 이 판결 이후로 국회는 1995.12. 정기간행물의 등록에 관한 법률을 개정하여 정정보도청구권을 '반론보도청구권'으로 그 명칭을 바꾸었다. 현재는 언론중재 및 피해구제 등에 관한 법률에서 정정보도청구권(제14조, 제15조), 반론보도청구권(제16조), 추후보도청구권(제17조) 등이 규정되어 있다.

④ 언론기관의 자유

　㉠ 언론기관 자유의 내용

　　ⓐ 설립의 자유: 신문 등의 진흥에 관한 법률은 일정한 시설을 갖춘 법인을 요구하고 있으며, 외국인 등 일정한 자는 언론기관의 발행인이나 편집인이 될 수 없으며, 일간신문과 뉴스통신 및 방송사업은 겸영을 금지하고 있다.

▶ 정간법 제7조 제1항의 위헌심판결정에서 정간물의 등록제 자체는 합헌이므로 동법이 정하는 소정의 인쇄시설 등을 갖추어야 하지만, 정간법 및 음반법상 등록요건인 인쇄·제작시설을 '자기소유'로 해석하는 한 위헌(한정위헌: 헌재 1992.6.26, 90헌가23)이다.

　　ⓑ 보도의 자유: 보도의 자유란 출판물·전자매체에 의해 의사를 표현하고 사실을 전달함으로써 여론 형성에 참여할 수 있는 자유를 의미한다. 구체적으로는 보도·논평의 자유, 취재의 자유, 보급의 자유, 출간시기, 편집활동 등의 보조활동의 자유 등이 포함된다.

　　ⓒ 내부적 자유(편집·편성의 자유): 명문의 규정은 없지만 언론기관 내부적 자유로서 편집·편성의 자유가 보장되어 편집권의 경영권으로부터의 독립이 요청된다.

부정설(다수설): 언론기관의 공공성에도 불구하고 특권으로 인정할 수 없다고 보는 견해이다. 이는 공정한 재판작용의 이익을 보다 중시하는 입장이라 볼 수 있다.

2. 언론·출판 자유의 제한

① 언론·출판 자유의 우월적 지위
  ㉠ 우월적 지위론: 우월적 지위론은 미국 연방대법원 판례를 통하여 전개된 것으로 언론·출판의 자유는 단순한 소극적 방어권에 그치는 것이 아니라 민주주의 질서형성의 적극적 권리로 파악된다고 한다. 그러므로 언론·출판의 자유의 제한은 사전억제가 금지되고 다른 기본권보다 엄격한 합헌성 심사기준을 요구한다.
  ㉡ 합헌성 판단기준
    ⓐ 이중기준의 원칙: 표현의 자유가 사회·경제적 자유에 대하여 가지는 우월적 지위를 확보하기 위하여 제한입법의 합헌성 판단의 기준을 사회·경제적 자유의 제한입법보다 더욱 엄격히 하여 표현의 자유(정신적 자유)를 보장하기 위한 원칙[표현의 자유(정신적 자유)〉사회·경제적 자유]
    ⓑ 명확성의 이론(막연하기 때문에 무효의 원칙)
    ⓒ 명백하고 현존하는 위험(Clear and Present Danger)의 원칙
    ⓓ 필요최소한규제의 이론(LRA: Less Restrictive Alternative)
    ⓔ 이익형량의 원칙 등이 적용된다.
② 사전제한금지
  ㉠ 허가제의 금지: 언론·출판에 대한 허가제는 금지된다. 헌법재판소는 언론의 자유는 표현의 내용과 방법을 보장하는 것이지 이를 객관화하는 수단으로 필요한 객관적인 시설이나 언론기업의 기업인으로서의 활동까지 포함하는 것은 아니며, 현행 제도가 헌법이 금지하는 실질적인 허가제를 설정하기 위한 수단이 아니므로, 등록제를 합헌으로 보았다.
  ㉡ 검열제의 금지: 헌법은 언론·출판에 대한 허가나 검열을 금지하고 있으므로, 언론출판의 자유에 대한 제한이 가능하여도 검열을 수단으로 한 제한만은 법률로써도 허용되지 아니한다. 검열이란 행정권이 주체가 되어 사상이나 의견 등이 발표되기 이전에 예방적 조치로서 그 내용

을 심사, 선별하여 발표를 사전에 억제하는 제도를 의미한다.

ⓒ 교과서 국정제 및 검·인정제의 위헌 여부(교육법 제157조 제1항): 검·인정제도는 교사의 수업권은 학생의 교육을 받을 권리(수학권)를 위해 제한될 수 있으므로 교과서 검·인정제도가 교사의 학문의 자유를 침해하는 것이 아니다. 국정제는 교사들의 연구결과를 일반저작물로 출판하는 것 자체를 금지하는 것이 아니고 출판물을 교과서로 사용할 수 없도록 하는 것 뿐이므로 출판의 자유를 침해하는 것이 아니다.

출판사 등의 등록취소사유로서 '음란한 간행물'

출판사 및 인쇄소 등록에 관한 법률 제5조의2(등록취소) 제5호의 '음란' 개념은 "적어도 수범자와 법집행자에게 적정한 지침을 제시하고 있다고 볼 수 있고 또 법적용자의 개인적 취향에 따라 그 의미가 달라질 수 있는 가능성도 희박하다고 하지 않을 수 없다. 따라서 이 사건 법률조항의 '음란' 개념은 그것이 애매모호하여 명확성의 원칙에 반한다고 할 수 없다"(헌재 1998.4.30, 95헌가16).

출판사 등의 등록취소사유로서 '저속한 간행물'

출판사 및 인쇄소의 등록에 관한 법률 제5조의2(등록취소) 제5호의 '저속'이란 "그 외설성이 음란에는 달하지 않는 성적 표현뿐만 아니라 폭력적이고 잔인한 표현 및 욕설 등 상스럽고 천한 내용 등의 표현을 가리키는 것이라고 파악할 수 있다. 따라서 '음란'의 개념과는 달리 이 '저속'의 개념은 우선 그 적용범위가 매우 광범위하다고 하지 않을 수 없다. 그리고 '저속'이라는 문언은 보충적인 해석에 의한다 하더라도 그 의미내용을 확정하기 어려울 정도로 매우 추상적이다. 그렇다면 이 사건 법률조항 중 '저속한 간행물' 부분은 불명확하고 애매모호할 뿐만 아니라 지나치게 광범위한 표현내용을 규율하는 것이어서 명확성의 원칙 및 과도한 광범성의 원칙에 반한다"(헌재 1998.4.30, 95헌가16).

신문고시 제3조 제1항 제2호(경품제한 등 신문고시)에 대한 헌법소원

신문고시 제3조 제1항 제2호는 자유로운 기업활동과 소비자보호는 물론 경쟁사업자나 일반소비자의 이익을 부당하게 침해하는 행위를 규제할 것을 위임한 공정거래법의 취지를 벗어나지 않았다. 경품제한 등 신문고시로 인해 침해되는 사익은 무가지활용, 경품제공에 있어서 신문판매업자가 누리는 사업활동의 자유와 재산권 행사의 자유인 반면에 공익은 과당경쟁을 완화하고 올바른 여론형성을 주도하는 신문의 공기능을 유지하는 데 있으므로 침해되는 사익에 비해 공익이 크다(헌재 2002.7.18, 2001헌마605).

"공공의 안녕질서", "미풍양속"은 매우 추상적인 개념이어서 어떠한 표현행위가 과연 "공공의 안녕질서"나 "미풍양속"을 해하는 것인지, 아닌지에 관한 판단은 사람마다의 가치관, 윤리관에 따라 크게 달라질 수 밖에 없고, 법집행자의 통상적 해석을 통하여 그 의미 내용을 객관적으로 확정하기도 어렵다. 나아가 전기통신사업법 제53조는 "공공의 안녕질서 또는 미풍양속을 해하는"이라는 불온통신의 개념을 전제로 하여 규제를 가하는 것으로서 불온통신 개념의 모호성, 추상성, 포괄성으로 말미암아 필연적으로 규제되지 않아야 할 표현까지 다함께 규제하게 되어 과잉금지원칙에 어긋난다(헌재 2002.6.27, 99헌마480).

제5절 집회 · 결사의 자유

1. 개 념

다수인이 의사표현의 공동목적을 가지고 회합하고 결합하는 자유로서 민주주의 실현에 기여하고 언론 · 출판의 자유를 보완하는 기능을 수행한다.

2. 내 용

① 집회의 자유

㉠ 집회의 개념: 집회의 자유란 다수인이 공동의 목적을 가지고 일시적으로 모이는 자유를 말한다. 다수의 집단적 의사표명을 보장한다는 점에서 개별적 의사표명을 보호하는 언론 · 출판의 자유와는 구별된다.

㉡ 집회에 집단적 시위 · 행진 포함의 여부: 집단적 시위 · 행진은 '움직이는 집회'로서 집단적 사상표현의 한 형태에 불과하므로 집회의 개념에 포함된다고 한다(통설, 헌재 1992.1.28, 89헌가8).

㉢ 법적 성격: 집회의 자유는 공권력으로부터 집회의 개최나 참가를 방해받지 않는 방어권의 성격을 지닌다. 동시에 집회의 자유는 집단적 의사표명을 통해 여론을 형성한다는 점에서 민주적 공동체가 기능하기 위한 불가결의 구성요소의 성격을 지닌다.

㉣ 집회 및 시위에 관한 법률에 따른 제한

ⓐ 신고서 제출: 720시간 전부터 48시간 전에 관할경찰서장에게 신고

서를 제출한다.

ⓑ 관할경찰서장의 불허통고: 접수일로부터 48시간 내에 이루어져야 한다.

ⓒ 불허에 대한 이의신청: 10일 이내 금지통고를 한 경찰서의 직근상급경찰관서의 장에게 할 수 있다.

ⓓ 재　결: 접수시부터 24시간 내에 이루어져야 한다.

ⓔ 불허재결에 대한 소송제기: 별도로 행정소송을 제기할 수 있다.

ⓕ 질서유지인은 18세 이상의 자 중에서 정한다.

ⓖ 경찰관의 출입가능: 주최자에게 통보할 것, 정복을 착용할 것이 요구된다, 옥내집회장소의 경우에는 직무집행에 있어서 긴급성이 추가로 더 요구된다.

② 결사의 자유

㉠ 결사의 개념: 결사의 개념적 요소에는 결합, 계속성, 자발성, 조직적 의사에의 복종이 있다. 계속성은 영구성·항구성을 뜻하는 것은 아니고 일시적이 아닌 한 일정기간 존속을 위한, 잠정적 목적을 위한 결사도 결사의 자유로 보호된다. 자발성이 있어야 하므로 공법상 결사가 강제되는 대한민국변호사협회·대한의사협회는 헌법 제21조에서 보호되지 않는다. 결사는 2인 이상의 구성원이 결합하면 족하고, 구성원이 타 구성원을 알 필요는 없다. 따라서 1인 결사는 결사의 자유에서 보호되지 않는다.

㉡ 내　용: 결사의 자유에는 적극적으로는 단체결성의 자유, 단체존속, 활동의 자유, 단체의 가입 및 탈퇴의 자유 등이 있고, 소극적으로는 기존의 단체로부터 탈퇴할 자유와 결사에 가입하지 아니할 자유를 내용으로 한다(헌재 1996.4.25., 92헌바47).

원래 결사는 정치적 결사이었으나 최근에는 정치적 목적이 아닌 영리적 목적을 위한 영리적 단체(약사법인)도 결사의 자유에서 보호된다(헌재 2002.9.19, 2000헌바84).

㉢ 헌법 제21조의 결사가 아닌 것: 헌법 제21조의 결사의 자유는 일반결사의 자유를 의미하므로 정당(제8조), 종교적 결사(제20조), 학문적 결사(제22조), 노동조합(제33조)은 제외된다. 헌법 제21조의 결사의 자유는 자유의사에 기하여 결합하고 조직화된 의사형성이 가능한 단체를 말하는 것이므로 공법상의 결사는 포함되지 않는다.

결사의 자유의 인정범위

결사의 자유에서 말하는 결사란 자유의사에 기하여 결합하고 조직화된 의사형성이 가능한 단체를 말하는 것이므로 공법상의 결사는 이에 포함되지 아니한다(헌재 1996.4.25, 92헌바47).

복수조합설립 금지의 위헌성

입법목적을 달성하기 위한 수단의 선택 문제는 기본적으로 입법재량에 속하는 것이기는 하지만 적어도 현저하게 불합리하고 불공정한 수단의 선택은 피하여야 할 것인바, 복수조합의 설립을 금지한 구 축산업협동조합법(1994.12.22. 법률 제4821호로 개정되기 전의 것) 제99조 제2항은 입법목적을 달성하기 위하여 결사의 자유 등 기본권의 본질적 내용을 해하는 수단을 선택함으로써 입법재량의 한계를 일탈하였으므로 헌법에 위반된다(헌재 1996.4.25, 92헌바47).

농업협동조합법에 대한 헌법소원

축협중앙회와 농협중앙회 등을 해산하여 새로 발족하는 농협중앙회에 통합하도록 하는 농업협동조합법 부칙 제2조 등에 대하여 입법재량의 한계를 벗어나지 않았다고 인정한 판례(헌재 2000.6.1, 99헌마553)

외교기관 주변에서의 집회 · 시위의 금지

이 사건 법률조항은 최소침해의 원칙에 위반되어 집회의 자유를 과도하게 침해하는 위헌적인 규정이다. 또한 이 사건 법률조항은 집회의 자유와 보호법익간의 적정한 균형관계를 상실하고 있다. 이 사건 법률조항은 개별적인 경우 보호법익이 위협을 받는가와 관계없이 특정 장소에서의 모든 집회를 전면적으로 금지함으로써, 개별적 집회의 경우마다 구체적인 상황을 고려하여 상충하는 법익간의 조화를 이루려는 아무런 노력 없이, 이 사건 법률조항에 의하여 보호되는 법익에 대하여 일방적인 우위를 부여하였다. 이 사건 법률조항은 비례의 원칙에 위반되어 집회의 자유를 과도하게 제한하는 규정이다. 즉 집회 및 시위에 관한 법률 제11조 제1호 중 '국내주재 외국의 외교기관 부분'은 헌법에 위반된다(헌재 2003.10.30, 2000헌바67 등).

집회 및 시위에 관한 법률 제11조 제1호 위헌소원

집시법 제11조 제1호 중 "국내 주재 외국의 외교기관 부분"은 헌법에 위반된다. 그러나 "법원", "국회의사당"은 합헌결정을 받은 판례가 있다(헌재 2009.12.29, 2006헌바20).

제6절 학문의 자유

1. 주 체

교수, 연구원만이 아니라 내·외국 모두가 학문의 자유의 주체가 된다. 대학, 연구단체 등 법인도 학문의 자유의 주체가 될 수 있다. 그러나 교수의 자유는 대학교 이상의 교육기관의 교수만이 주체가 된다.

2. 내 용

① **학문 연구의 자유**: 연구의 자유란 연구과제, 방법, 조사, 실험을 위한 장소 등을 연구자가 임의로 선택·시행할 수 있는 자유이다. 학문의 자유에서 본질적 부분으로 법률로도 제한할 수 없는 절대적 자유권으로 보는 설이 다수설이다.

② **연구 발표의 자유**: 법률로 제한가능하다(대판 1967.12.29, 67다591).

③ **교수(강학)의 자유**: 대학, 고등교육기관 등에 종사하는 교육자에 한정되므로 중·고등학교에서는 교육의 자유가 인정될 뿐 교수(강학)의 자유는 인정되지 않는다고 한다. 헌법재판소도 교수의 자유와 교육의 자유는 다르다고 하였다. 이러한 교육의 자유는 학문연구의 자유와 학문연구결과 발표의 자유와는 구별되는 것으로 교육내용·방법·교과목에 대하여 상당한 법적 통제를 받는다.

④ **학문을 위한 집회·결사의 자유**: 일반 집회·결사의 자유보다 더 많은 보호를 받는다.

3. 교수재임용제의 위헌 여부

헌법재판소는 사립대학교수의 기간임용제에 대해서 1998년의 1차결정(헌재 1998.7.16, 96헌바33등)에서는 '합헌결정'하였으나, 2003년 2차결정(헌재 2003.3.27, 2000헌바26)에서는 판례를 변경하여 '헌법불합치결정'을 하였다.

판례문제 교수재임용제의 위헌 여부(헌재 2003.2.27, 2000헌바26) ─────

① 교원지위법정주의의 위배여부: 객관적인 기준의 재임용 거부사유와 재임용에서 탈락하게 되는 교원이 자신의 입장을 진술할 수 있는 기회 그리고 재임용거부를 사전에 통지하는 규정 등이 없으며, 나아가 재임용이 거부되었을 경우 사후에 그에 대해 다툴 수 있는 제도적 장치를 전혀 마련하지 않고 있는 이 사건 법률조항은, 현대사회에서 대학교육이 갖는 중요한 기능과 그 교육을 담당하고 있는 대학교원의 신분의 부당한 박탈에 대한 최소한의 보호요청에 비추어 볼 때 헌법 제31조 제6항에서 정하고 있는 교원지위법정주의에 위반된다고 볼 수밖에 없다.

② 헌법불합치결정: 이 사건 법률조항의 위헌성은 <u>기간임용제 그 자체에 있는 것이 아니라 재임용 거부사유 및 그 사전절차, 그리고 부당한 재임용거부에 대하여 다툴 수 있는 사후의 구제절차에 관하여 아무런 규정을 하지 아니함으로써 재임용을 거부당한 교원이</u>

구제를 받을 수 있는 길을 완전히 차단한 데 있다. 그런데 이 사건 법률조항에 대하여 단순위헌을 선언하는 경우에는 기간임용제 자체까지도 위헌으로 선언하는 결과를 초래하게 되므로, 단순위헌결정 대신 헌법불합치결정을 하는 것이다.

제7절　대학의 자치(제31조 제4항)

(1) 주 체

교수주체설과 전 구성원주체설(학생 포함)이 대립하나, 교수주체설을 원칙으로 하면서 한정적인 영역, 즉 학생활동과 학문연구에서는 학생도 그 주체성을 인정받는다.

(2) 법적 성격

학설은 제도보장으로 이해하는 것이 일반적이나 헌재는 서울대입시요강사건에서 '헌법 제31조 제4항이 규정하여 보장하고 있는 대학의 자율성을 대학에서 부여한 헌법상의 기본권'이라고 본다.

(3) 대학자치와 경찰권

연혁상 인정되어온 대학의 가택권, 질서유지권, 징계권 등을 대학의 자율권에 포함시켜 경찰권의 개입을 제한할 수 있는가?

대학의 자율을 존중하고 학문의 자유를 최대한 보장한다는 측면에서 일차적인 대학의 판단권을 존중하여 대학의 요청이 있는 경우만 경찰권의 개입이 허용되어야 한다. 그러나 집회 및 시위에 관한 법률 제17조에 의하면 학교장의 요청 없이도 경찰권이 집회 및 시위에 출동·개입할 수 있는 근거를 마련해 놓고 있다.

[판례문제] 서울대 94학년도 입시요강(헌재 1992.10.1. 92헌마68)

① 행정계획의 헌법소원의 대상성 여부: 서울대학교와 학생과의 관계는 공법상의 영조물이용 관계로서 공법관계이므로 그것을 제정·발표하는 것은 공권력의 행사에 해당된다.

② 공적 단체의 기본권 주체성·기본권 상충관계: 서울대는 공권력행사자의 지위와 함께 기본 권주체로서의 지위도 갖기 때문에 청구인이 받는 불이익은 적법한 자율권행사의 결과 초래된 반사적 불이익이다. 더욱이 피청구인이 보장받는 학문의 자유와 대학의 자율권

도 청구인의 교육의 기회균등 못지 않게 중요하고, 청구인과 서울대의 관계는 기본권주체와 공권력주체와의 관계뿐만 아니라, 기본권주체 상호간의 관계이기도 한다.
③ 평등권의 침해여부: 서울대가 2년간의 준비기간을 두고 입시요강을 발표했을 뿐 아니라 고교필수과목인 한문을 다른 외국어와 함께 선택과목으로 채택했기 때문에 청구인들의 교육의 기회균등이 침해되었다고 볼 수 없어 심판청구를 기각한다.

제8절 예술의 자유

1. 개 념

예술은 '주관적 미적 체험'을 여러 수단매체를 통하여 창조적·개성적으로 외부에 표현하는 자율적 활동을 말한다. 표현의 자유와 구별되는 독자적 기본권으로서의 예술의 자유의 특성은 예술은 자기목적적 성질이 강하다는 것과 예술작품은 전달보다는 표현에 중점이 주어진다는 것이다.

2. 주 체

① 예술가뿐만 아니라 모든 인간에게 보장되는 자유이다.
② 극장, 박물관, 미술관, 교향악단은 그 자체로서 예술의 자유의 주체라고 할 수 없고, 그 구성원이 예술의 자유의 주체라는 견해와, 법인인 예술단체는 그 주체가 되나, 법인이 아닌 예술단체의 경우에는 예술가 개개인이 그 주체가 된다는 견해, 법인 등 단체도 예술의 자유의 주체가 된다는 견해로 나뉘고 있다.

3. 내 용

① 예술창작의 자유
  ㉠ 창작소재, 창작형태, 창작과정 등에 대한 임의로운 결정권이 포함된다.
  ㉡ 상업광고물은 그 자체가 목적이 아닌 수단이나 도구로서 행해지므로 예술창작의 자유에서 보호받지 못한다고 할 것이다. 또한 단순히 기능적인 요리, 수공업은 예술창작의 자유에 포함되지 않는다.
② 예술표현(공연, 전시, 보급)의 자유
  ㉠ 음반제작자에게도 예술품 보급의 자유가 인정된다(헌재 1993.5.13, 91헌

바17). 예술표현의 자유에는 국가기관에 대해 예술작품을 전시, 공연, 선전, 보급해 줄 것을 요구할 권리는 내포되지 않는다.

ⓒ 예술품의 경제적 활용은 예술의 자유가 아니라, 재산권에 의해 보호된다.

ⓒ 예술비평은 예술의 자유에 포함되지 아니하고 일반적인 표현의 자유에 의해 보호된다.

4. 제한과 그 한계

① 내재적 한계: 예술의 자유의 내재적 한계의 인정여부에 대하여 학설이 갈리고 있으나 헌재는 "예술표현의 자유는 타인의 권리와 명예 또는 공중도덕이나 사회윤리를 침해해서는 아니 된다"(헌재 1993.5.13, 91헌바17)라고 하여 내재적 한계를 인정하고 있다.

② 예술의 자유의 제한

㉠ 예술경향에 대한 국가의 간섭은 본질적 내용의 침해가 된다. 예술의 자유의 제한은 과잉금지의 원칙에 따라 필요최소한에 그쳐야 한다.

㉡ 국가에 의한 예술작품에 대한 수준심사도 허용되지 않는다.

CHAPTER 06 정치적 기본권(참정권)

제1절 선거권

1. 개 념

선거권이란 선거인단의 구성원으로서 국민이 각종 공무원을 선출하는 권리를 말한다. 선거는 국가권력을 창설하고, 국가권력행사를 통제하며, 국가권력에 정당성을 부여하는 기능을 한다. 또한 국민의 의사를 체계적으로 결집하고 수렴하며 구체화 시켜준다.

2. 주 체

19세 이상의 국민은 선거권의 주체가 된다(공직선거법 제15조). 외국인은 제외된다. 다만 출입국관리법상의 영주의 체류자격 취득일 후 3년이 경과한 19세 이상의 외국인은 해당 지방자치단체의 장 또는 지방의회의원선거의 선거권을 가진다(공직선거법 제15조).

과거 헌재 결정에서는 선거권 연령을 공무담임권의 연령인 18세와 달리 20세로 규정한 것은 입법부에 주어진 합리적인 재량의 범위를 벗어난 것으로 볼 수 없다. 그러므로 공직선거법 제15조는 선거권이나 평등권을 침해하지 않는다고 하였다.

3. 판 례

① 선거기간중 여론조사결과의 공표금지의 합헌성: 선거기간 중 여론조사결과의 공표를 금지하는 공직자선거 및 부정선거방지법 제108조 제1항은 필요하고 합리적인 범위 내에서의 제한이므로, 국민의 언론·출판의 자유나 알 권리 및 선거권을 침해하였다고 할 수 없다(헌재 1999.1.28, 98헌바64).

② 방송토론회 등에서 후보자의 초청범위를 언론기관에 맡긴 것의 합헌성: 후보자 등의 대담·토론회의 개최·보도를 언론기관의 자율에 맡김으로써 방송시간·신문의 지면 등을 고려하여 언론기관에 의한 후보자의 초청범위 등의 제한이 가능하도록 한 공선법 제82조 제2항은 합리적 차별에 근거한

것으로 헌법에 위반되지 아니한다(헌재 1999.1.28, 99헌마172).

③ 후보자나 선거사무원 등이 같은 정당소속의 후보자를 지원하는 것의 합헌성: 후보자나 선거사무원 등이 다른 정당의 선거운동을 할 수 없도록 하면서도 같은 소속정당의 후보자를 지원하는 것은 허용하고 있는 공선법 제88조는 정당의 본질적 기능과 기본권활동을 위한 합리적이고 상대적인 차별로서 헌법에 위반되지 아니한다(헌재 1999.1.28, 99헌마172).

④ 해외거주자들에게 부재자투표를 인정하지 않는 것의 합헌성: 해외거주자들에게 부재자투표를 허용하고 있지 않는 공선법 제38조 제1항은 … 합리적 차별로서 헌법에 위반되지 아니한다(헌재 1999.3.25, 97헌마99). 그러나 최근 헌법재판소는 2007년 6월 28일 공직선거법 제15조 제2항 제1호, 제16조 제3항, 제37조 제1항 중 각 "관할 구역 안에 주민등록이 되어 있는 자"에 관한 부분, 제38조 제1항 중 "선거인명부에 오를 자격이 있는 국내거주자"에 관한 부분과 국민투표법 제14조 제1항 중 "그 관할구역 안에 주민등록이 된 투표권자"에 관한 부분은 헌법에 합치되지 않는다고 선고하였다(헌재 2007.6.28, 2004헌마644·2005헌마360(병합).

⑤ 지방자치단체장의 임기 중에 국회의원 선거에 출마제한: 이 사건 조항에 의한 피선거권의 제한이 민주주의의 실현에 미치는 불리한 효과는 매우 큰 반면, 이 사건 조항을 통하여 달성하려 하는 공익적 효과는 상당히 작다고 판단되므로, 피선거권의 제한을 통하여 정당화하는 합리적인 이유를 인정할 수 없다고 하겠다. 따라서 이 사건 조항은 보통선거원칙에 위반되어 청구인들의 피선거권을 침해하는 위헌적인 규정이다(헌재 1999.5.27, 98헌마214).

⑥ 재외국민에 대하여 선거권을 부여하지 않은 것의 합헌성: 재외국민에 대하여 선거권을 제한하고 있는 공선법 제37조 제1항은 ─ 재외국민에 대하여 선거권을 인정하지 않음을 분명히 하고 있으므로 진정입법부작위가 아닌 부진정입법부작위로서 ─ 국토가 분단된 우리나라의 현실, 선거의 공정성의 확보문제, 선거기술상의 문제점 및 납세의 의무 등 국민의 의무와 선거권의 공정성 등을 고려하면 법익의 균형을 이루었고 그 목적달성을 위하여 적절한 조치를 취한 것으로 헌법에 위반되지 아니한다(헌재 1999.1.28, 97헌마253·270 병합).

그러나 최근 헌법재판소 전원재판부는 2007년 6월 28일 공직선거법 제15조 제2항 제1호, 제16조 제3항, 제37조 제1항 중 각 "관할 구역 안에 주민등록이 되어 있는 자"에 관한 부분, 제38조 제1항 중 "선거인명부에 오를 자격이 있는 국내거주자"에 관한 부분과 국민투표법 제14조 제1항 중 "그 관할구역 안에 주민등록이 된 투표권자"에 관한 부분은 헌법에 합치되지 않는다고 선고하였다(헌재 2007.6.28, 2004헌마644·2005헌마360(병합)).

제2절 공무담임권

1. 의 의

공무담임권이란 공무를 담당할 수 있는 자격을 말한다. 공무는 선출된 공직자가 담당하는 공무와 기타 공직자의 공무로 나눌 수 있다. 공무담임권은 선거로 선출되는 공직에 입후보할 수 있는 자격(피선거권)과 기타 공직에 취임할 수 있는 공직취임권을 말한다.

2. 내 용

(1) 피선거권

피선거권은 선거에 입후보하여 당선을 기초로 공무원이 될 수 있는 권리를 말한다. 선거에 후보자로 출마할 수 있는 자격이다. 피선거권은 보통 연령이나 거주요건과 연결되어 있다. 대통령의 피선요건은 만 40세, 국회의원은 만 25세, 지방의회의원 및 지방자치단체의 장은 만 25세이다.

(2) 공직취임권

모든 국민은 선거직 이외의 공직에 취임할 수 있는 협의의 공무담임권, 즉 공직취임권을 가진다. 공직취임권은 법률이 정하는 바에 따라 시험에 합격하거나 기타 임명에 필요한 제 자격을 구비하여야 한다. 공직취임권의 보장은 모든 국민에게 평등하게 공직취임의 기회를 부여함에 있다.

3. 공무담임권에 대한 제한

피선거권이나 공직취임권은 일반적 법률유보에 의해 법률로 제한될 수 있다. 연령, 기탁금, 공직사퇴, 선거사범 등을 이유로 공무담임권을 제한하고 있다. 공무담임권은 피선거권과 공직취임의 균등한 기회만을 보장할 뿐, 당선 또는 임명된 공직에서 그 활동이나 수행의 자유를 보장하는 것은 아니다.

1999년도 공무원채용시험시행계획 위헌확인

헌법재판소는 지방고등고시 제1차 시험에 합격하였으나 최종시험 시행일을 기준으로 한 응시상한연령(33세)에 5일 초과함으로써 제2차 시험 응시자격을 박탈당하게 된 수험생이 청구한 헌법소원사건에서, 응시연령기준일을 정함에 있어 매 연도별로 결정되고 최종시험 시행일을 기준으로 하는 것은 응시자의 예측가능성을 현저히 저해하는 것이라 할 것이고, 특히 최종시험 시행일을 예년보다 늦은 연도 말(1999.12.24)로 정함으로써 청구인으로 하여금 응시상한연령을 5일 초과하게 하여 응시자격을 박탈한 것은 법치주의의 한 요청인 예측가능성을 위반하여 공무담임권을 침해한 것이라면서 행정자치부장관의 제5회 지방고 등고시 응시연령공고(공권력의 행사임을 인정)를 취소하였다(헌재 2000.1.27. 99헌마 123).

국가인권위원회법 제11조 위헌확인

이 사건 법률조항이 위원이 교육공무원직을 제외한 선거직 등 모든 형태의 공직에 진출 하는 것을 퇴직 후 2년간 불가능하도록 하는 것은 입법목적을 달성하는 데에 반드시 적 절한 수단이 된다고 할 수 없다. 또한 과잉금지의 원칙상 요구되는 피해의 최소성의 원칙 에 위배된다(헌재 2004.1.29. 2002헌마788).

제3절 국민표결권(국민투표권)

1. 개 념

국민표결권이란 국민이 국가의사형성에 직접 참가할 수 있는 권리를 말한다. 국민 표결권은 모든 형태의 국민의 직접적인 의사형성, 예를 들어 국민투표, 신임투표, 국민발안, 국민거부, 국민소환 등을 모두 포괄한다. 통상 국민표결권은 국민의 직 접 입법인 국민발안, 대표자에 대한 해직인 국민소환, 중요정책에 대한 국민투표로 대별된다.

2. 내 용

레퍼렌덤(협의의 국민표결), 플레비지트(국민결정)로 나누어 볼 수 있는데 레퍼렌덤은 헌법규정에 따라 헌법사항에 대한 투표를 의미하고, 플레비지트는 일종의 신임투표로서 특정인의 통치나 영토변경에 대하여 임의적으로 행하는 투표를 의미한다. 전자가 국민의 '직접입법'이라면 후자는 국민의 '정치적 결단'을 의미하며, 전자가 법전에서의 입법이라면 후자는 개별적 행위를 대상으로 하며, 전자가 '의무적' 국민투표라면 후자는 '임의적' 국민투표이며, 전자는 스위스가 후자는 프랑스가 기원이다.

3. 우리 헌법상 인정되는 국민표결권(국민투표권)

헌법개정안(헌법 제130조 제2항), 외교·국방·통일 기타 국가안위에 관한 중요정책(헌법 제72조)의 경우에 국민투표를 인정하고 있는데 전자는 필수적이고 후자는 임의적이다.

헌법 제72조의 국가안위에 관한 중요정책의 국민투표 대상에 헌법개정안을 포함시키는 것은 헌법개정의 절차로 헌법 제130조를 둔 취지에 위반되어 허용될 수 없다는 헌재 결정이 있다.

CHAPTER 07 청구권적 기본권

제1절 청원권

1. 개 념

청원권이란 국가기관에 대하여 자신의 희망이나 고통을 진술하고 그 시정을 요구하는 권리를 말한다. 청원권은 절차적 기본권이므로 실체적 권리의 내용을 보장하는 것은 아니다. 청원의 처리를 요구할 수 있는 권리일 뿐이다. 청원은 내용과 형식에 구애받지 않으나 적어도 무엇을 요청한다는 것이 포함되어야 한다. 요청의 의미가 없는 통지나 비난은 청원에 속하지 않는다.

2. 주 체

① 자연인(내·외국인과 법인)은 해당된다. 단, 공법인은 해당되지 않는다.
② 특별권력관계에 있는 자(공무원, 군인, 수형자 등)도 해당된다. 단, 제한이 있다. 직무에 관련된 청원과 집단적 청원은 할 수 없다.

3. 청원내용

① 청원사항(청원법 제4조): 피해의 구제, 공무원의 위법·부당한 행위에 대한 시정이나 징계의 요구, 법률·명령·조례·규칙 등의 제정·개정 또는 폐지, 공공의 제도 또는 시설의 운영, 그 밖에 국가기관 등의 권한에 속하는 사항
② 국가기관의 심사 및 통지를 받을 권리: 청원은 청원의 내용이 국가기관에 의해 실질적으로 심사될 수 있어야 한다. 이를 보장하기 위해 헌법은 청원을 수리하고 심사할 의무를 규정하고 있고, 청원법은 더 나아가 처리결과를 청원인에게 통지할 의무까지 규정하고 있다.

4. 청원절차

① **청원형식**: 문서주의(헌법주의 제6조: 구두청원은 인정 안 됨), 청원인의 성명과 주소 또는 거소를 기재하고 서명한 문서로 한다.

② **제출기관**: 국가기관, 지방자치단체와 그 소속기관, 법령에 의하여 행정권한을 가지고 있거나 행정권한을 위임 또는 위탁받은 법인·단체 또는 그 기관이나 개인에게 제출한다.

③ **국회와 지방의회에 대한 청원**: 국회는 국회의원, 지방의회는 지방의회의원의 소개가 있어야 한다.

국회가 채택한 청원으로서 정부에서 처리함이 타당하다고 인정되는 청원은 의견서를 첨부하여 정부에 이송한다. 이때 정부는 청원을 처리하고 그 처리결과를 국회에 보고하여야 한다.

청원권의 보호범위와 처리방법

<u>청원사항의 처리결과에 심판서나 재결서에 준하여 이유를 명시할 것을 요구하는 것은 청원권의 보호범위에 포함되지 아니하므로</u>, 청원 소관관서는 청원법이 정하는 절차와 범위 내에서 청원사항을 성실·공정·신속히 심사하고 <u>청원인에게 그 청원을 어떻게 처리하고 처리하려 하는지를 알 수 있을 정도로 결과통지함으로써 충분하다</u>(헌재 1994.2.24, 93헌마213, 214, 215 병합).

청원결과통지에 대한 헌법소원

적법한 청원에 대하여 국가기관이 이를 수리, 심사하여 그 결과를 청원인에게 통보하였다면 이로써 당해 국가기관은 헌법 및 청원법상의 의무이행을 다한 것이고, 그 통보 자체에 의하여 청구인의 권리의무나 법률관계가 직접 무슨 영향을 받는 것도 아니므로 비록 그 통보내용이 청원인이 기대하는 바에는 미치지 못한다고 하더라도 그러한 <u>통보조치가 헌법소원의 대상이 되는 구체적인 공권력의 행사 내지 불행사라고 볼 수는 없다</u>(헌재 2000.10.25, 99헌마458).

청원결과통지에 대한 행정소송

청원을 수리한 국가기관은 이를 성실, 공정, 신속히 심사·처리하여 그 결과를 청원인에게 통지하는 이상의 법률상 의무를 지는 것은 아니라고 할 것이다. 따라서 국가기관이 그 수리한 청원을 받아들여 구체적인 조치를 취할 것인지 여부는 국가기관의 자유재량에 속한다고 할 것일 뿐만 아니라 이로써 <u>청원자의 권리의무, 그 밖의 법률관계에는 하등의 영</u><u>향을 미치는 것이 아니므로 청원에 대한 심사처리결과의 통지 유무는 행정소송의 대상이</u><u>되는 행정처분이라고 할 수 없다</u>(대판 1990.5.25, 90누1458).

교도소 수형자의 청원

교도소 내의 수형자가 국무총리실, 국민고충처리위원회, 감사원 등에게 교도소 내의 폭행·가혹행위 등을 조사하여 달라는 서신을 보낼 때 사전에 교도소장의 허가를 받도록 요구하는 것이 청원권을 침해하는지 여부에 대하여, 모든 국민은 청원원을 가지고 있으므로 교도소 수용자라 하더라도 원칙적으로는 자유롭게 청원할 권리가 보장된다. 그러나 국가기관에 대한 청원의 경우 이에 대한 아무런 제한없이 청원할 수 있도록 한다면 이를 이용하여 검열 없이 외부에 서신을 발송하는 탈법수단으로 이용할 우려가 있다. … 청원을 내용으로 하는 서신이라 하더라도 검열을 거친 후에는 발송을 보장하고 있다. 더구나 <u>행형</u><u>법은 교도행정에 관해 지휘·감독권을 가진 법무부장관에게 청원하는 경우는 검열을 금</u><u>지하고 있는데, …청원권의 본질적 내용을 침해하는 것이라고 할 수 없다</u>(헌재 2001.11. 29, 99헌마713).

제2절   재판청구권(제27조 제1항)

1. 개 념

재판청구권이란 국가에 대하여 재판을 청구할 권리를 말한다. 모든 국민은 법적 분쟁이 발생한 경우 독립된 법원에 의한 공정하고 신속한 재판을 받을 권리를 가진다. 재판청구권은 청구권으로서 다른 기본권을 보장해 주기 위한 절차적 기본권이다.

2. 주 체

재판청구권은 침해된 기본권을 구제하는 절차적 성격을 지니므로 기본권을 향유할 수 있는 모든 자가 주체가 된다. 따라서 국민은 물론 외국인과 법인에게도 보장된다.

3. 내 용

① 헌법과 법률이 정한 법관에 의한 재판을 받을 권리(제27조 제1항)

    ㉠ 헌법과 법률이 정한 법관에 의하여 재판을 받을 권리라 함은 헌법과 법률이 정한 자격·절차에 의하여 임명되고(제104조, 법원조직법 제41조 내지 제43조), 물적 독립(제103조)과 인적 독립(제106조, 법원조직법 제46조)이 보장된 법관에 의한 재판을 받을 권리를 의미하는 것이라 봄이 상당할 것이다(헌재 1992.6.26, 90헌바25).

    ㉡ 법관에 의한 재판을 받을 권리라 함은 결국 법관이 사실을 확정하고 법률을 해석·적용하는 재판을 받을 권리를 보장한다는 뜻이고, 그와 같은 법관에 의한 사실확정과 법률의 해석적용의 기회에 접근하기 어렵도록 제약이나 장벽을 쌓아서는 아니 된다고 할 것이며, 만일 그러한 보장이 제대로 이루어지지 아니한다면 헌법상 보장된 재판을 받을 권리의 본질적 내용을 침해하는 것으로 헌법상 허용되지 않는다(헌재 1995.9.28, 92헌가11, 93헌가8, 9, 10 병합).

        ⓐ 군사재판: 헌법과 법률이 정하는 법관에 의한 재판이 아니다. 이에 대비하여 헌법 제110조에 특별법원으로 군사법원에 대한 근거를 명시하여 군사재판은 합헌으로 해석된다.

        ⓑ 배심제도: 법관에 의한 재판이 아니고, 배심원이 사실판단에만 관여하고, 법률판단에는 관여하지 않는다. 현행 재판제도 하에서 배심제도의 도입은 가능함이 주장되어 왔고 현재 국민의 형사재판참여에 관한 법률로 도입되었다.

        ⓒ 통고처분: 법관에 의한 재판이 아니다. 예를 들면 경찰서장의 교통범칙금이 해당된다. 통고처분을 받은 자는 승복을 발효조건으로 하고 불응시 정식재판이 가능하므로 재판청구권의 침해가 아니다.

② 재판을 받을 권리: 각종 재판을 받을 권리로 민사, 형사, 행정, 헌법재판청구권이 있다. 군인 또는 군무원이 아닌 국민은 원칙적으로 군사법원의 재판을 받지 아니한다(제27조 제2항).

대법원의 재판을 받을 권리에 대하여 헌재는 소액사건심판법에 의한 상고제한(헌재 1992.6.26, 90헌바25), 소송촉진 등에 관한 특례법에 의한 상고허가제(헌재 1995.1.20, 90헌바1), 상고심절차에 관한 특례법상의 심리불속행제도(헌재 1997.10.30, 97헌바37등) 등의 상고제한규정에 대하여 일관되게 합헌결정하였다.

③ 신속한 공개재판을 받을 권리(제27조 제3항)

ㄱ '신속한 재판'을 받을 권리

- 소송기록송부 지연의 위헌성: 형사소송의 구조를 당사자주의와 직권주의 중 어느 것으로 할 것인가의 문제는 입법정책의 문제로서 우리나라 형사소송법은 그 해석상 소송절차의 전반에 걸쳐 기본적으로 당사자주의소송구조를 갖는 것으로 이해된다. 당사자주의에 충실하려면 제1심법원에서 항소법원으로 소송기록을 바로 송부함이 바람직하다. 그런데 형사소송법 제361조 제1항·제2항은 그 입법목적을 달성하기 위하여 형사소송법의 다른 규정만으로 충분한데도 구태여 항소법원에의 소송기록송부시 검사를 거치도록 함으로써 피고인의 헌법상 기본권을 침해하고 법관의 재판상 독립에도 영향을 주는 것으로 과잉금지의 원칙에 반하여 피고인의 신속·공정한 재판을 받을 권리를 침해하는 것으로 위헌이다(헌재 1995.11.30, 92헌마44).

ㄴ 공개재판을 받을 권리: 헌법에 형사피고인의 권리로 규정되어 있으나 모든 국민의 권리(헌재 1994.4.28, 93헌바26)로 헌재는 보고 있다. 상당한 이유가 없는 한 지체 없이 공개재판을 받아야 한다. 단, 법원의 결정으로 '심리'는 공개하지 않을 수 있지만 판결은 반드시 공개해야 한다(헌법 제109조).

④ 무죄추정권(제27조 제4항)

ㄱ 연 혁: 프랑스 인권선언(제9조), 세계인권선언(제1항)에 있으며, 우리나라는 제8차 개정헌법에서 도입되었다.

ㄴ 주 체: 형사피고인은 물론 형사피의자도 해석상 포함된다. 단, 헌법상은 '형사피고인'이라고 한정하여 규정하고 있다.

ㄷ 내 용

ⓐ 유죄의 판결: 실형선고·집행유예·선고유예의 판결이 포함된다.

ⓑ 판결이 확정될 때까지 무죄로 추정된다.

ㄹ 효 과: 유죄의 입증책임은 검사입증의 원칙이 적용된다. 유무죄의 판단이 의심스러울 때는 피고인의 이익으로 판단한다. 불구속수사·불구속재판이 원칙(헌재 1992.4.14, 90헌마82)이다.

ㅁ 판 례

ⓐ 무죄추정의 원칙의 의의: 공소제기가 된 피고인이라도 확정판결이 있기까지는 원칙적으로 죄가 없는 자에 준하여 취급하여야 하고 불이익을 입혀서는 안 된다고 할 것으로, 가사 그 불이익을 입힌다

하여도 필요한 최소제한에 그치도록 비례의 원칙이 존중되어야 한다는 것이 헌법 제27조 제4항의 무죄추정의 원칙이며, 여기의 불이익에는 형사절차상의 처분에 의한 불이익뿐만 아니라 그 밖의 기본권제한과 같은 처분에 의한 불이익도 포함된다고 할 것이다(헌재 1990.11.19, 90헌가48).

ⓑ 적용례

- 미결수용자에 대한 재소자용 수의착용처분의 합헌성과 위헌성: 미결수용자가 수감되어 있는 동안 구치소 등 수용시설 안에서 사복을 착용하지 못하도록 하고 재소자용 의류를 입도록 한 것은 … 구금목적의 달성, 시설의 규율과 안전유지를 위한 필요최소한의 제한으로서 헌법에 위반되지 아니하나, 수사 및 재판단계에서 유죄가 확정되지 아니한 미결수용자에게 재소자용 의류를 입게 하는 것은 과잉금지원칙에 위반되는 것으로 무죄추정의 원칙과 인간의 존엄과 가치 및 행복추구권, 공정한 재판을 받을 권리를 침해하는 것으로 헌법에 위반된다(헌재 1999.5.27, 97헌가137 등).

⑤ 형사피해자의 재판절차 진술권(제27조 제5항)

㉠ 개 념: 범죄로 인한 피해자가 당해사건의 재판절차에 증인으로 출석하여 자신이 입은 피해의 내용과 사건에 관하여 의견을 진술할 수 있는 권리를 말한다.

㉡ 기 능: 헌법 제27조 제5항에서 형사피해자의 재판절차진술권을 독립된 기본권으로 보장한 취지는 형사피해자로 하여금 당해사건의 형사재판절차에 참여할 수 있는 청문의 기회를 부여함으로써 형사사법의 절차적 적정성을 확보하기 위한 것이다(헌재 1993.3.11, 92헌마48).

㉢ 주 체: 헌법 제27조 제5항의 형사피해자의 개념은 반드시 형사실체법상의 보호법익을 기준으로 한 피해자개념에 한정하여 결정할 것이 아니라 형사실체법상으로는 직접적인 보호법익의 향유주체로 해석되지 않는 자라 하더라도 문제된 범죄행위로 말미암아 법률상 불이익을 받게 되는 자를 말한다.

㉣ 판 례

ⓐ 당사자적격이 인정된 경우

- 교통사고로 사망한 사람의 부모: 교통사고로 사망한 사람의 부모는 형사소송법상 고소권자의 지위에 있을 뿐만 아니라, 비록 교통사고처리법상의 보호법익인 생명의 주체는 아니라고 하더라도, 그

교통사고로 자녀가 사망함으로 인하여 극심한 정신적 고통을 받는 법률상 불이익을 입게 된 자임이 명백하므로, 헌법상 재판절차진술권이 보장되는 형사피해자의 범주에 속한다(헌재 1993.3.11, 92헌마48).

ⓑ 당사자적격이 부인된 경우

- 범죄피해자가 아닌 고발인: 범죄피해자가 아닌 고발인에게는 개인적·주관적인 권리나 재판절차진술권 등의 기본권이 허용될 수 없으므로 검사가 자의적인 불기소처분을 하였다고 하여 달리 특별한 사정이 없으면 헌법소원심판의 청구요건인 자기관련성이 없다(헌재 1989.12.22, 89헌마145).

제3절 형사보상청구권

1. 연 혁

형사보상청구권은 1849년 독일의 프랑크푸르트 헌법이 그 효시를 이룬다. 우리나라는 제헌헌법에서 규정한 이래 지금까지 이어져 내려오고 있다. 제헌헌법은 구금된 형사피고인이 무죄판결을 받은 경우에 한하여 인정되었던데, 현행헌법은 형사피의자에게도 이를 인정하여 형사보상청구권을 확대보장하고 있다.

2. 개 념

형사보상청구권이란 형사피의자 또는 형사피고인으로 구금되었던 자가 불기소처분이나 무죄판결을 받은 경우에 그가 입은 정신적·물질적 피해에 대한 정당한 보상을 청구할 수 있는 권리를 말한다. 형사보상은 적법한 형사사법권에 기한 피해를 정의의 관점에서 보상해 주는 것이어서 형사사법권의 자의적인 체포나 구금 등에 의해 피해가 발생한 경우 이를 전보해주는 국가배상과는 구별된다.

3. 주 체

형사피의자와 형사피고인이 주체가 된다. 형사피의자란 범죄의 혐의가 있다고 인정되나 기소단계에 이르지 아니한 자를 말하며, 형사피고인이란 검사에 의하여 공소제기를 받은 자를 말한다. 외국인에게도 보장된다. 청구권자가 사망한 때에는 상속인이 청구할 수 있다.

4. 내 용

형사보상청구권은 구금된 형사피의자가 법률이 정하는 불기소처분을 받거나(피의자보상), 구금된 형사피고인이 무죄재판을 받은 때(피고인보상)에 발생한다.

5. 형사보상청구의 절차

형사보상청구권은, 피의자보상의 경우 검사로부터 공소를 제기하지 아니하는 처분의 고지 또는 통지를 받은 날로부터 3년 이내에, 피고인보상은 무죄재판이 확정된 사실을 안 날로부터 3년, 무죄재판이 확정된 때부터 5년 이내에 하여야 한다(형사보상법 제8조).

6. 형사보상청구에 대한 결정과 재판

형사보상청구가 있으면, 피의자보상은 지방검찰청의 심의회가 결정하며, 피고인보상은 법원의 합의부에서 재판한다. 피의자보상에 있어 심의회의 결정에 대하여는 행정심판이나 행정소송을 제기할 수 있다(형사보상법 제28조 제4항). 피고인보상의 경우에는 법원의 보상결정에 대하여는 1주일 이내에 즉시항고를 할 수 있으며, 청구기각한 결정에 대하여는 즉시항고를 할 수 있다(형사보상법 제20조).

제4절 국가배상청구권

1. 연 혁

우리 헌법은 제헌헌법부터 국가배상책임을 규정하였고, 제4공화국헌법에서 군인의 이중배상을 금지한 조항을 헌법에 추가하였으며, 이 규정이 그대로 유지되어 현행 헌법까지 이어지고 있다.

2. 개 념

국가배상청구권이란 공무원의 직무상 불법행위로 손해를 입은 국민이 국가나 공공단체에 손해배상을 청구할 수 있는 권리를 말한다. 국가배상청구는 국가무책임원칙을 포기할 때 가능하게 되며, 위법한 국가작용으로 인한 피해를 국가가 책임짐으로써 법치국가실현에 기여한다. 국가배상청구는 적법한 공권력행사로 인한 피해를 국가가 보상해주는 손실보상과는 구별된다.

3. 주 체

국가배상청구권의 향유주체는 국민이다. 외국인은 상호보증이 있는 때에 한하여 그 주체가 된다. 법인도 향유한다. 헌법과 국가배상법은 군인, 군무원, 경찰공무원, 예비군대원에게 국가배상청구권을 부정하고 있다.

4. 국가배상책임의 본질

① 대위책임설: 국가배상책임은 국가가 피해자 구제를 위해 공무원을 대신하여 부담하는 책임으로 본다.
② 자기책임설(다수설): 국가의 배상책임은 국가가 공무원의 책임을 대신 지는 것이 아니라 기관의 행위를 통해 지는 자기책임이라고 한다.
③ 절충설: 공무원의 위법행위가 고의나 중과실에 기한 경우에는 기관행위로 볼 수 없으므로 대위책임이나 경과실에 의한 경우에는 자기책임으로 본다 (대판 1996.2.15, 95다38677).

5. 국가배상의 유형

공무원의 직무집행행위에 의한 것(국가배상법 제2조)과 영조물의 설치·관리의 하자에 의한 것(국가배상법 제5조)이 있다.

국가배상법
제2조【배상책임】 ① 국가나 지방자치단체는 공무원 또는 공무를 위탁받은 사인이 직무를 집행하면서 고의 또는 과실로 법령을 위반하여 타인에게 손해를 입히거나, 자동차손

해배상 보장법에 따라 손해배상의 책임이 있을 때에는 이 법에 따라 그 손해를 배상하여야 한다. 다만, 군인·군무원·경찰공무원 또는 예비군대원이 전투·훈련 등 직무집행과 관련하여 전사·순직하거나 공상을 입은 경우에 본인이나 그 유족이 다른 법령의 규정에 따라 재해보상금·유족연금·상이연금 등의 보상을 지급받을 수 있을 때에는 이 법 및 민법에 따른 손해배상을 청구할 수 없다.

제5조【공공시설 등의 하자로 인한 책임】 ① 도로·하천 그 밖의 공공의 영조물의 설치나 관리에 하자가 있기 때문에 타인에게 손해를 발생하게 하였을 때에는 국가나 지방자치단체는 그 손해를 배상하여야 한다. 이 경우 제2조 제1항 단서, 제3조 및 제3조의2를 준용한다.

6. 국가배상의 대상

헌법 제29조에는 국가, 공공단체로 규정되어 있다. 한편 국가배상법 제2조 제1항에는 국가, 지방자치단체로 규정되어 있어서, '지방자치단체' 부분에 대하여 합헌설(다수설)과 위헌설이 대립한다.

7. 공무원의 직무상 불법행위로 인한 손해배상청구권

① 공무원: 국가 또는 지방자치단체를 위하여 공무에 종사하는 자를 말하며 업무를 기준으로 파악한다. 공무위탁사인도 포함된다.

② 직무상 행위

㉠ 범　위: 본조의 직무를 권력작용 뿐만 아니라 비권력적 작용(관리작용)까지 포함하는 공법적 작용으로 보는 것이 다수설과 대법원 판례의 입장이다. 즉, 사법상의 사경제적 작용은 제외된다(대판 2004.4.9, 2002다10691).

㉡ 직무의 판단: 외형설(객관설)에 따르고 있다. 이에 따르면, 직무집행의 의사를 불문한다. 설사 피해자가 공무집행이 아니라는 사정을 안 경우에도 가능하다. 직무 그 자체는 물론, 직무와 외형상 관련 있는 행위도 포함된다.

③ 불법행위: 법률·명령·관습법 위반하고 고의·과실을 요하는 과실책임주의에 따르고 있다.

④ 손　해: 상당인과관계있는 모든 손해로서 물질적, 정신적 손해를 모두 포함한다.

8. 공공시설의 하자로 인한 손해배상청구권

국가배상법상 제5조에 규정이 있고 헌법에는 직접 규정이 없다. 책임의 성격은 무과실책임이다.

9. 배상책임

공무원의 선임감독자와 비용부담자가 일치하지 않은 경우에는 피해자는 어느 쪽에 대해서도 배상청구를 할 수 있다(국가배상법 제6조 제1항). 공무원에 대한 구상 여부에 대해서는 고의·중과실의 경우는 공무원에게 구상이 가능하다. 그러나 경과실의 경우에는 구상권이 봉쇄된다.

【손해배상청구권과 손실보상청구권】

구 분	손해배상청구권(제29조)	손실보상청구권(제23조)
발생원인	공무원의 직무상 불법행위	사유재산의 특별희생
원인행위	위법한 행정작용	적법한 행정작용
대 상	재산상 손해 및 정신적 손해	원칙적으로 재산상 손실
기준시점	불법행위시	협의시나 재결시
정의관	평균적(원상회복)	배분적(조절적 보상)
책임유형	개인주의적 책임제도	단체주의적 책임제도
부가적 기능	법치국가적 요청에 입각한 행정통제적 기능	

(판례문제) 헌법 제29조 제2항 등의 헌법소원 ─────────

① 헌법 제29조 제2항 중 '기타 법률이 정하는 자' 헌법소원의 적부: 헌법은 전문과 단순한 개별조항의 상호관련성이 없는 집합에 지나지 않는 것이 아니고, 하나의 통일된 가치체계를 이루고 있으므로, 이념적·논리적으로 헌법규범 상호간의 가치의 우열을 인정할 수 있을 것이다. 그러나 이때 인정되는 헌법 규범상호간의 우열은 추상적 가치규범의 구체화에 따른 것으로서 헌법의 통일적 해석을 위하여 유용한 정도를 넘어 헌법의 어느 특정규정이 다른 규정의 효력을 전면 부인할 수 있는 정도의 효력상의 차등을 의미하는 것이라고는 볼 수 없다.

② 국가배상법 제2조 제1항 단서 중 '향토예비군대원' 부분의 위헌 여부: 향토예비군대원에 대하여 다른 법령의 규정에 의한 사회보장적 보상제도를 전제로 하여 이중보상으로 인한 일반인과의 불균형을 제거하고 국가재정의 지출을 절감하기 위하여 임무수행중 부상을 입거나 사망한 개별 향토예비군대원의 국가배상청구권을 금지하는 것은 그 목적의 정

당성이 인정되고, 수단의 상당성·침해의 최소성 및 법익의 균형성이 인정되므로, 헌법의 과잉금지의 원칙에 반한다 할 수 없고, 평등의 원칙에 반한다거나 재산권의 본질적 내용을 침해하는 위헌규정이라고 할 수 없다(헌재 1996.6.13, 94헌바20).

국가배상청구권 관련판례

① 국가배상법 제9조의 필요적 배상결정전치주의는 헌법에 위반되지 않는다(헌재 2000. 2.24, 99헌바17·18·19병합) ⇨ 이후 국가배상법에서는 배상심의회의 결정을 거치지 아니하고 소송을 제기할 수 있도록 하였다(국가배상법 제9조)

② 법령에 대한 해석이 복잡·미묘하여 워낙 어렵고 이에 대한 학설, 판례조차 귀일하지 못하여 이의가 있는 경우에는 공무원이 그 나름대로 신중을 다하여 어느 한 설을 취한 결과가 대법원의 입장과 달라 결과적으로 위법한 처분이 된 경우에 그 이상의 것을 성실한 평균공무원에게 기대하기란 어려운 일이고, 이런 경우 결과책임을 지우는 법적 근거가 없는 오늘날 그 학설을 취한 처리가 공무원의 '과실'에 의한 것이라 할 수 없다(대판 1973.10.10, 72다2573).

③ 상위법규에 대한 해석이 그 문언 자체만으로는 명백하지 아니하여 여러 견해가 있을 수 있는데다가 이에 대한 선례나 학설·판례 등도 하나로 통일된 바 없어 해석상 다툼의 여지가 있는 경우, 그 공무원이 나름대로 합리적인 근거를 찾아 어느 하나의 견해에 따라 상위법규를 해석한 다음 그에 따라 시행령 등을 제정하게 되었다면, 그와 같은 상위법규의 해석이 나중에 대법원이 내린 해석과 같지 아니하여 결과적으로 당해 시행령 등의 규정이 위법한 것으로 되고 그에 따른 행정처분 역시 결과적으로 위법하게 되어 위법한 법령의 제정 및 법령의 부당집행이라는 결과를 가져오게 되었다고 하더라도, 그와 같은 직무처리 이상의 것을 당해 업무를 담당하는 성실한 평균적 공무원에게 기대하기 어려운 것이므로, 이러한 경우에까지 국가배상법상 공무원의 과실이 있다고 할 수는 없다(대판 1997.5.28, 95다15735).

④ 법률조항을 위헌으로 결정하여 당해사건에서 위헌법률에 근거하여 행한 세무공무원의 직무집행 행위인 국세가산금 환급처분이 결과적으로 위법한 것으로 된다하더라도, 세무공무원이 국세가산금을 청구인에게 환급해 줄 당시에는 법률을 집행하는 세무공무원으로서 법률이 헌법에 위반되는지 여부를 심사할 권한이 없고, 이 사건 법률조항 및 그 위임을 받은 하위법규의 취지에 따라 계산된 국세가산금 환급액을 지급하기만 할 뿐이어서 당해 세무공무원에게 고의 또는 과실이 있다 할 수 없으므로, 국가의 청구인에 대한 손해배상책임은 성립되지 아니한다 할 것이다(헌재 2008.4.24, 2006헌바72).

⑤ 지방자치단체가 '교통할아버지 봉사활동 계획'을 수립한 후 관할 동장으로 하여금 '교통할아버지'를 선정하게 하여 어린이 보호, 교통안내, 거리질서 확립 등의 공무를 위탁하여 집행하게 하던 중 '교통할아버지'로 선정된 노인이 위탁받은 업무 범위를 넘어 교차로 중앙에서 교통정리를 하다가 교통사고를 발생시킨 경우, 지방자치단체가 국가배상법 제2조 소정의 배상책임을 부담한다(대판 2001.1.5, 98다39060).

제5절 범죄피해구조청구권

1. 연 혁

범죄피해자에 대한 구조와 보호에 관한 미국, 독일, 일본 등 각국의 태도는 일반적으로 법률적 차원에서 이루어지고 있다. 한편 우리나라는 범죄피해자의 구조청구를 헌법상의 기본권으로 보장하고 있다. 피해자에 대한 국가의 관심은 현행헌법에서 처음으로 등장하였다. 피해자에 대한 경제적 및 정신·심리적 지원과 구조를 위해 범죄피해자 보호법이 제정되어 있다.

2. 개 념

범죄피해자의 구조청구권이란 타인의 범죄행위로 생명을 잃거나 신체에 대한 피해를 입은 국민이나 유가족이 가해자로부터 충분한 배상을 받지 못하는 경우에 국가에 대하여 구조를 청구할 수 있는 권리를 말한다. 범죄피해자에 대한 보호는 국가가 범죄를 사전에 예방하지 못한 것에 대하여 책임지는 것이며 범죄로 인한 피해를 사회구성원에게 분담시키는 사회보장의 성격을 지닌다.

3. 주 체

피해자구조청구는 사망한 경우에는 유족이, 장해 또는 중상해를 입은 경우에는 본인이 주체가 된다. 유족은 배우자, 직계친족, 형제자매이다. 범죄피해 방지 및 범죄피해자 구조활동으로 피해를 당한 사람도 범죄피해자로 본다. 외국인은 상호보증이 있는 때에 한하여 그 주체가 될 수 있다. 피해자 구조청구는 대한민국 주권이 미치는 여역 내에서 발생한 범죄로 인한 피해자만이 주체가 될 수 있다(범죄피해자 보호법 제3조).

4. 행사(보조금의 지급신청)

사망자의 유가족(유족구조금)이나 피해자(장해구조금)는 주소지, 거주지 또는 범죄발생지를 관할하는 지구심의회에 신청한다(범죄피해자 보호법 제25조). 구조금의 지급신청은 범죄피해의 발생을 안 날로부터 3년, 또는 해당 범죄피해가 발생할 날로부터 10년 이내에 하여야 한다. 구조금의 지급을 받을 권리(구조금수령권)는 양도·압류·담보로 제공할 수 없으며, 구조금지급결정이 신청인에게 송달된 날로부터 2년간 행사하지 않으면 시효로 소멸한다. 구소금을 받을 권리는 양도하거나 담보로 제공하거나 압류할 수 없다.

5. 구조청구권의 특성

① **보충성**: 피해자가 범죄피해를 원인으로 국가배상법 기타 법률에 의하여 지급받을 수 있는 경우 보조금을 지급하지 아니한다.

② **대위성**: 피해자가 당해 범죄피해를 원인으로 손해배상을 받은 경우에는 구조금을 삭감할 수 있으며, 구조금을 지급한 경우에는 유족이나 중장해자가 청구할 권리를 국가가 대위한다.

08 생존권(사회적 기본권)

제1절 생존권 일반

1. 생존권의 개념

생존권이란 인간다운 생존을 확보하기 위해 국가의 적극적 급부와 배려를 요구할 수 있는 권리를 말한다. 국가마다 인간다운 생존을 실현하는 방법에는 차이가 있다. 우리 헌법은 사회국가원리를 실현하기 위해 국가에 부과된 과제실현을 국가목표조항을 넘어, 포괄적 급부요구를 그 내용으로 하는 생존권을 통해 보장하고 있다.

2. 생존권의 특성

20세기의 실질적 평등권의 실현(사회정의구현)을 위한 현대적 권리이다. 국가 내적 권리로서 실정법적인 국민의 권리이다. 또한 적극적인 권리로서 국가에 의하여 실현되는 권리, 국가에게 생활의 기본적 수요의 충족을 요구하는 권리이다. 마지막으로 권리·의무의 표리성을 갖는다. 생존권과 그 구현을 위한 의무는 상호표리관계이며, 권리인 동시에 의무라는 특성을 갖고 있다.

3. 자유권과 생존권의 관계

구 분	자유권	생존권
사상적 기초	•개인주의, 자유주의적 세계관 •시민적 법치국가를 전제	•단체주의 •사회적 법치국가를 전제
권리의 성격	•소극적·방어적 권리 •전국가적 인간의 권리(자연권)	•적극적·형성적 권리 •국가 내적 국민의 권리(실정권)
권리의 효력	•모든 국가권력을 구속 •직접의 재판규범성	•주로 입법권의 구속 •약한 재판규범성

제2절 교육을 받을 권리

1. 개 념

교육을 받을 권리란 개인의 능력에 따라 균등한 교육을 받을 권리(수학권, 학습권)를 말한다. 즉 국가에 대하여 능력과 적성에 맞는 교육을 받을 수 있도록 교육에 필요한 제 조건을 마련해 줄 것을 요구할 수 있는 권리이다. 교육을 받을 권리는 부모가 미성년자인 자녀에게 교육을 시킬 권한, 즉 부모의 교육권을 포함한다. 부모의 교육권은 자녀에게 적절한 교육의 기회를 제공해 줄 것을 요구할 수 있는 교육기회제공청구권을 보장한다. 반면 교육을 받을 권리는 교사의 교육권(수업권)을 보장하지는 않는다.

2. 내 용

① 능력에 따라 균등하게 교육을 받을 권리
　㉠ 능력에 따라: '능력에 따라'라고 함은 정신적·육체적 능력을 말하므로 능력에 따른 차별은 가능하나, 그 외의 재산·성별·가정에 의한 차별은 할 수 없다.
　㉡ 교육을 받을 권리: '교육'이란 광의의 교육(가정·학교·사회·평생교육)을 말하며 학교교육이 중심이 된다. '받을 권리'란 국민의 학습권(수학권)으로, 교육을 하거나 시킬 권리(교육권)는 이에 해당되지 않는다.
② 무상의 의무교육제도
　㉠ 의무교육: 모든 국민은 그 보호하는 자녀에게 적어도 초등교육과 법률이 정하는 교육을 받게 할 의무를 진다. 의무교육제도는 국민의 교육을 받을 권리를 뒷받침하기 위한 헌법상의 교육기본권에 부수되는 제도보장이다. 교육을 받게 할 의무는 학령아동의 친권자 또는 후견인이 부담한다. 현재는 중학교까지 의무교육이 시행되고 있다(교육기본법 제8조).
　㉡ 의무교육의 무상: 헌법은 의무교육의 실효성 증대를 위해 의무교육을 무상으로 하도록 규정하고 있다. 무상의 범위에 관하여 무상범위법정설, 취학필요비무상설, 수업료면제설이 대립하나, 국가는 재정이 허락하는 한 학용품을 포함하여 급식의 무상까지 실시해야 한다는 취학필요비무상설이 타당하다(다수설). 의무교육은 경제적 차별 없이 수학하는 데 반드시 필요한 비용을 부담시키지 않아야 한다.

③ 평생교육의 진흥: 학교교육, 가정교육, 사회교육 등 모든 교육을 포함한다. 단, 현행헌법 규정상 평생교육과 학교교육을 구별하고 있으므로 학교교육은 평생교육에서 제외된다.

④ 교육제도 등의 법률주의: 헌법은 교육제도와 그 운용, 교육재정 및 교원의 지위에 관한 기본적인 사항은 법률로 정하도록 하여 교육제도 등의 법률주의를 규정하고 있다. 이는 교육의 물적 기반인 교육제도와 인적 기반인 교원의 지위를 법률로 정하도록 함으로써 교육의 실효성을 확보하고자 함이다.

3. 헌재판례

① 의무교육의 취학연령의 획일화: 현재 국가에 따라 다소의 차이는 있으나 대부분의 국가에서 만 6세부터 의무교육을 받도록 하고 있는바, 이는 … 등을 종합적으로 고려하여 볼 때 국민기초교육으로서의 초등교육을 이 시기부터 받게 하는 것이 국가·사회적 측면으로도 보편타당하다는 인류사회 공동체의 역사적·전통적 합의에 바탕한 것으로 볼 수 있고, 헌법 제31조 제1항에서 말하는 "능력에 따라 균등하게 교육을 받을 권리"란 법률이 정하는 일정한 교육을 받을 전제조건으로서의 능력을 갖추었을 경우 차별 없이 균등하게 교육을 받을 권리가 보장된다는 것이기 때문에… 교육법이 만 6세가 되기 전에 입학을 허용하지 않는다고 하여 능력에 따라 균등한 교육을 받을 권리의 본질적 내용을 침해했다고 볼 수 없다(헌재 1994.2.24, 93헌마192).

② 학원의 설립·운영에 관한 법률 제22조 제1항 제1호 등 위헌제청사건: 자녀의 교육은 헌법상 부모와 국가에게 공동으로 부과된 과제이지만, 부모의 자녀교육권이 학교 외의 영역에서 국가의 교육권보다 우선한다. 이 사건 법률조항이 위와 같은 입법목적을 추구하더라도 입법목적과 관련 없는 과외교습 행위까지 광범위하게 원칙적으로 금지하고 예외적으로 허용하는 것은 기본권에 대한 과잉침해로서 헌법에 위반된다(헌재 2000.4.27, 98헌가16 등).

③ 교육법 시행령 제71조 등에 대한 헌법소원: 헌법재판소는 거주지를 기준으로 중·고등학교의 입학을 제한하고 있는 교육법시행령 제71조 등에 대한 헌법소원사건에서 과열된 입시경쟁으로 말미암아 발생하는 부작용을 방지하고, 도시와 농어촌 사이에 교육여건이 크게 다르지 아니하므로 자녀

를 교육시킬 학부모의 학교선택권의 본질적 내용을 침해한 것으로 볼 수
없다고 하였다(헌재 1995.2.23, 91헌마204).

제3절 근로의 권리

1. 개 념

근로의 권리란 국가에 대하여 근로의 기회를 얻을 수 있도록 요구할 수 있는 권리
를 말한다. 근로란 일정한 질적 내용을 담보하는 일정 수준 이상의 고용이어야 한
다. 근로의 권리는 근로관계를 계속 유지하고 부당하게 해고당하지 않을 권리를 보
장한다.

2. 주 체

자연인인 국민은 근로의 권리의 주체가 된다. 현재 근로관계에 있는 국민 이외에
실업자, 해고자 등의 미취업자와 같이 근로계약관계를 예상하는 자도 주체가 된다.
외국인은 근로의 권리가 국민의 권리이기 때문에 권리가 보장되지 아니한다. 법인
은 직업의 자유의 주체가 될 수는 있으나 근로의 권리의 주체가 될 수는 없다. 노
동조합은 근로의 권리의 주체가 될 수 없다.

> **외국인 근로기준법 적용**
> 외국인에게는 근로의 권리의 본래적 내용, 즉 국가에 대하여 근로기회의 제공을 청구할
> 권리는 당연히 인정되지 아니한다. 그러나 불법체류 외국인근로자도 근로계약에 의해 근
> 로를 제공하고 있다면 근로기준법상의 근로자에 해당하므로 외국인근로자의 임금채권도
> 보호되고 산업재해보상보험법도 적용된다(대판 1995.9.15, 94누12067).

3. 내 용

① 본질적 내용(근로의 권리의 구체적 내용이 무엇인가 여부): 국가에 대해 근로
기회를 요구하고 그것이 불가능할 때는 생활비지급을 청구할 수 있다(생활
비지급청구권설)는 설도 있으나, 국가에 대해 근로의 기회 그 자체의 제공을
요구할 권리(근로기회제공청구권설)라는 설이 다수설이다. 이에 대해 헌법재

판소는 근로의 권리는 사회적 기본권으로서, 국가에 대하여 직접 일자리를 청구하거나 일자리에 갈음하는 생계비의 지급청구권을 의미하는 것이 아니라, 고용증진을 위한 사회적·경제적 정책을 요구할 수 있는 권리에 그친다고 보아 다수설인 근로기회제공청구권에 대해 부정적 입장이다(헌재 2002.11.2, 2001헌바50).

② **근로의 권리**: 헌법 제32조 근로의 권리가 해고의 자유를 제한하는 근거가 되는가에 대해 긍정설이 다수설이다. 초기 자본주의 체제하에서 해고는 계약자유의 대상일 뿐이었다. 그러나 근로의 권리를 생존권의 하나로 헌법이 보장한 이상 자유로운 해고는 허락될 수 없다. 근로의 권리에 대한 중대한 위협이 되기 때문이다.

③ **근로의 권리의 실질화**

　㉠ **임금의 보장(제1항)**

　　ⓐ 적정임금은 근로자와 그 가족이 인간다운 생활을 할 정도의 임금을 뜻하며, 적정임금을 받기 위한 소를 제기할 수 없다. 최저임금제는 최저한의 생활보호에 필요한 최저임금이며 헌법상 국가를 구속하는 제도이다. 이를 위해 최저임금법이 제정되어 있다.

　　ⓑ 무노동·무임금의 원칙이란 파업시간 또는 근로시간 중의 노조활동이나 노조전임자에 대하여는 임금을 지급하지 아니한다는 원칙이다. 현행법과 대법원 판례는 무노동·무임금을 원칙으로 하고 있다.

　㉡ **국민의 근로의무(제2항)**: 국가는 근로의 의무의 내용과 조건을 민주주의 원칙에 따라 정한다.

　㉢ **근로조건의 기준의 법정주의(제3항)**: 인간의 존엄성을 보장하도록 법률로 정한다.

　㉣ 여자의 근로의 특별보호와, 고용·임금 및 근로조건에 있어서 부당차별 금지를 규정하고 있다(제4항).

　㉤ 연소자의 근로의 특별보호를 규정하고 있다(제5항).

　㉥ 국가유공자·상이군경 및 전몰군경의 유가족의 우선 근로기회를 보장하고 있다(제6항).

제4절 근로자의 노동3권

1. 개 념

생산수단을 갖지 못한 근로자들이 근로조건의 향상과 인간다운 생활을 확보하기 위하여, 자주적으로 단결·단체교섭 및 단체행동을 할 수 있는 권리를 말한다. 근로조건의 보장과 향상을 위해서는 근로자가 조직화되고 조직화된 단체를 통해 사용자와 근로조건을 교섭할 수 있어야 한다. 또한 사용자의 부당한 횡포에 대해서는 근로자의 뜻을 관철할 수 있는 행동이 보장되어야 한다.

2. 연 혁

근로자의 노동3권은 20세기의 자연법적 권리로 승인되었다. 최초규정은 바이마르 헌법(1919)을 효시로 하며, 우리나라는 제헌헌법에 규정되었다.

3. 노동3권의 법적 성격

헌재판례는 일정치 않다. 전교조사건에서는 사회적 기본권성을 강조하였고(헌재 1991.7.22, 89헌가106), 강제중재사건에서는 자유권으로 보았고(헌재 1996.12.26, 90헌바19), 단체협약체결권사건에서는 사회권적 성격을 띤 자유권으로 보았다(헌재 1998.2.27, 94헌바13).

4. 주 체

근로자란 직업의 종류를 불문하고 임금·요금 기타 이에 준하는 수입에 의하여 생활하는 자로서 단순노무직 공무원, 외국인 근로자(불법취업자 포함) 실업 중인 자도 포함되나, 개인택시사업자 등 자영사업종사자는 제외된다. 근로자단체(노동조합 등)도 노동3권의 주체가 되나 사용자, 사용자단체는 결사의 자유, 계약의 자유에 의해 보호되며 노동3권의 주체가 되는 것이 아니다.

5. 노동3권의 내용

① 단결권

　㉠ 의 의: 근로자가 근로조건의 유지·개선을 목적으로 사용자와 대등한 교섭력을 가지기 위하여 자주적인 단체를 결성하는 권리를 말한다. 계속성은 단결권의 필수요소가 아니다. 따라서 근로자는 노동조합과 같은 계속적인 단체뿐 아니라 일시적인 단체인 쟁의단을 조직할 수도 있다.

　㉡ 소극적 결사(노동조합에 가입하지 않을 권리 포함여부 문제)

　　ⓐ 긍정설: 헌법 제33조 제1항이 소극적 단결권까지 보장하고 있다는 견해이다.

　　ⓑ 부정설: 헌법 제33조 제1항이 아니라 결사의 자유로 보장된다는 견해이다.

　㉢ 적극적 단결권(단결강제의 문제): 고용된 근로자는 일정기간 내에 노조에 가입해야 한다는 Union Shop(합헌으로 본 헌재판례가 있다), 기존 조합원이 아니면 고용하지 않는다는 Closed Shop, 노조로부터 근로자를 탈퇴할 수 없도록 하고 탈퇴한 경우 사용자로 하여금 해고하도록 하는 Maintenance of Membership 등이 있다.

② 단체교섭권: 원칙적으로 경영권·인사권·이윤취득권은 단체교섭대상이 아니다. 노조의 단체교섭요구시 사용자는 응할 의무가 있다. 사용자의 정당한 이유 없는 단체교섭거부는 부당노동행위가 된다. 단체교섭의 효력은 자치법규로 국법상 보호된다. 단체교섭권의 정당한 행사는 민·형사상 책임이 면제된다.

단체교섭권에는 (헌법해석상) 대표자의 단체교섭뿐만 아니라 단체협약체결권이 포함되므로 노동조합규칙으로 노조대표의 단체협약체결권을 제한할 수 없다. 즉 노조대표의 단체협약체결권을 인정하는 노동조합법 제31조는 단체교섭권 침해는 아니다(헌재 1998.2.27, 94헌바13·26).

③ 단체행동권

　㉠ 수 단: 동맹파업(Strike), 태업(Sabotage), 감시행위(Picketing), 불매운동(Boycott) 등이 있다.

▶ 사용자의 쟁의수단으로서 직장폐쇄(Lockout)가 인정된다. 주의할 것은 직장폐쇄는 단체행동권에 의해서가 아니라 재산권의 보장, 직업수행의 자유에 의해 보장된다. 사용자의 직장폐쇄는 노동조합이 쟁의행위를 개시한 이후에만 행할 수 있다.

ⓒ 단체행동권의 한계: 주체상 한계로는 노동조합에 의해 주도되어야 한다. 목적상 한계로는 순수한 정치파업은 인정되지 않는다. 그러나 노동관계법령의 개폐와 같은 근로자의 지위 등에 직접 관계되는 사항을 쟁점으로 하는 산업적 정치파업은 가능하다. 수단상 한계로는 근로자들이 사업장과 공장을 점령하고 사용자의 의사에 반하여 생산수단을 자기지배 하에 두고 경영까지 지배하는 생산관리가 인정되느냐에 대해 학설이 대립한다. 재산권과 규범조화가 가능한 범위 내에서만 허용된다는 설과 재산권 침해이므로 허용되지 않는다는 설이 있다. 방법상 한계로는 비폭력적 · 비파괴적 방법으로 해야 한다. 절차상 한계로는 냉각기간 등의 절차 준수 등이 있다. 단체행동권은 단체교섭을 통해 목적달성이 도저히 불가능할 경우 정당화될 수 있다.

6. 노동3권의 제한

① 공무원의 노동3권 제한의 근거: 헌법재판소는 전교조 사건으로 해직된 국 · 공립학교 교원이 제기한 국가공무원법 제66조 제1항에 대한 헌법소원심판에서 공무원의 국민전체에 대한 봉사자로서의 지위 및 그 직무의 공공성, 주권자인 국민의 공공복리, 합리적인 공무원제도의 보장 등을 근거로 공무원에 대한 노동운동의 금지는 합헌이라고 결정하였다(헌재 1992.4.28, 90헌바 25등). 즉 헌재는 국민전체봉사자설과 직무성질설을 함께 인정하고 있다.

② 헌법 제33조에 의한 제한

㉠ 공무원의 노동3권 제한(제33조 제2항)

ⓐ 법률(국가공무원 제66조)이 정하는 자에 한하여 노동3권을 인정한다.

ⓑ 사실상 노무에 종사하는 공무원을 제외한 공무원의 경우 노동3권의 제한이 가능하다. 현재 공무원의 노동조합설립 및 운영 등에 관한 법률에서 가입가능한 공무원의 범위(제6조)가 정해지며, 단결권 및 단체교섭권이 인정되고 단체행동권은 인정되지 않는다.

[헌재판례]

① 노동쟁의조정법 제13조의2가 규정한 제3자 개입금지(헌재 1990.1.15, 89헌가103) ⇨ 합헌

② 노동조합의 설립 · 해산 등에 관하여 관계당사자를 조종 · 선동하거나 영향을 미칠 목

적으로 개입하는 행위를 금지하고 이를 위반시 처벌하는 노동조합법 제12조의2와 제45조의2(헌재 1993.3.11, 92헌바33) ⇨ 합헌

③ 노동관계조정법 제62조 제3호상 필수공익사업장에 대한 직권중재제도(헌재 2003.5.15, 2001헌가31) ⇨ 합헌

④ 근로자들의 집단적 노무제공 거부행위를 구 형법 제314조의 위력업무방해죄로 형사처벌(헌재 1998.7.16, 97헌바23) ⇨ 합헌

⑤ 농림부장관의 승인을 얻어야만 농지개량조합 근로자의 보수에 관한 단체협약의 효력을 인정하는 구 농지개량조합법 제40조(헌재 2005.6.30, 2003헌바74) ⇨ 합헌

⑥ 건설교통부장관의 승인을 얻어야만 한국고속철도건설공단의 조직, 인사, 보수 및 회계에 관한 규정이 효력을 갖도록 한 구 한국고속철도건설공단법 제31조(헌재 2004.8. 26, 2003헌바28) ⇨ 합헌

⑦ 보건복지부장관의 승인을 얻어야만 국민건강보험공단의 인사, 보수 등에 관한 규정이 효력을 갖도록 한 국민건강보험법 제27조(헌재 2004.8.26, 2003헌바58·65) ⇨ 합헌

⑧ '이 법에 의하여 설립된 노동조합이 아니면 노동조합이라는 명칭을 사용할 수 없다.' 라고 하고, 이에 위반할 경우 형사처벌하도록 규정한 '노동조합 및 노동관계조정법' 제7조 제3항, 제93조 제1호(헌재 2008.7.31, 2004헌바9) ⇨ 합헌

⑨ 노동조합에 가입할 수 있는 특정직공무원의 범위를 "6급 이하의 일반직공무원에 상당하는 외무행정·외교정보관리직 공무원"으로 한정하여, 소방공무원을 노동조합 가입대상에서 제외한 공노법 제1항 제2호(헌재 2008.12.26, 2006헌마462) ⇨ 합헌

⑩ 공무원 노동조합의 설립 최소단위를 '행정부'로 규정하여 노동부만의 노동조합 결성을 제한한 공노법 제5조 제1항 중 '행정부' 부분(공노법 제5조 부분) 및 노동부 소속 근로 감독관 및 조사관의 공무원 노동조합 가입을 제한한 공노법 제6조 제2항 제4호(헌재 2008.12.26, 2006헌마518) ⇨ 합헌

제5절 인간다운 생활을 할 권리

1. 개 념

인간다운 생활을 할 권리란 인간 생존에 필요한 최소한의 최저 물질적인 생활을 청구할 수 있는 권리를 말한다. 물질적 최저생활의 수준을 어느 정도로 볼 것인가는 소득수준, 생활수준, 국가의 재정적 규모와 정책 등 다양한 요소를 고려하여 정할 수밖에 없다. 입법부의 광범위한 재량에 맡겨져 있다.

2. 법적 성격

헌법 제34조 제1항에서 인간다운 생활을 할 권리를 규정하고 있고, 헌법 제34조 제2항부터 제6항까지는 인간다운 삶의 다양한 실현방법을 국가의 의무로 규정하고 있다. 인간다운 생활을 할 권리는 모든 생존권 규정의 이념적 기초가 되는 원리를 선언한 것으로 인간의 존엄성의 내용을 이루며 사회국가원리 실현의 이념적 기초이자, 생존권의 총칙적 규정으로 보는 것이 지배적인 견해이다.

인간다운 생활을 할 권리에 대하여 헌재는 종래 판례에서는 추상적 권리로 보았으나, 인간다운 생활을 할 권리로부터 최소한의 물질적 생활의 유지에 필요한 급부를 요구할 수 있는 구체적인 권리가 도출될 수는 있다고 하여도 그 이상의 급부를 내용으로 하는 구체적인 권리를 발생케 한다고는 볼 수 없다고 판시하였다(헌재 1998.2.27, 97헌가10).

3. 내 용

① 사회보장

㉠ 사회보험은 가장 중추적 제도로서 국민의 생활의 안정과 그 노동력의 재생산을 목적으로 운영되는 공공적 보험제도를 말하며 의료보험(의료보험법), 재해보험(산업재해보상보험법), 퇴직연금보험(국민연금법, 공무원연금법, 군인복지연금법) 등이 있다.

㉡ 공적부조란 생활보호를 받을 권리로서 생활능력이 없거나 곤란한 상태에 있는 자에게 최종적인 생활보장수단으로서 무상으로 최저생활에 필요한 급여를 하는 제도를 말하며 생계보호(생활보호법), 의료보호(의료보호법), 자활보호(상이군경연금법) 등이 있다.

② 사회복지 제도는 일부 특별한 국민(아동, 여성, 장애자, 윤락여성)의 건강유지와 빈곤해소를 위한 사회구호시설(양로원, 고아원, 직업훈련원 등)의 혜택을 받을 수 있는 제도를 말하며 청소년기본법, 아동복지법, 노인복지법, 장애인복지법, 영유아보육법 등이 있다.

제6절 환경권

1. 연혁 및 입법례

전 인류가 국제적으로 연대하여 보장해야 하는 환경권은 인간존중주의 및 환경공유사상을 기초로 한 사회권으로, 맑고 깨끗한 환경에서 생활할 수 있는 권리를 의미한다. 환경보전의 기본원칙은 존속보장의 원칙, 사전배려의 원칙, 원인자책임의 원칙, 공동부담의 원칙, 협력의 원칙을 들 수 있다. 환경권의 주체는 자연인이며 미래의 자연인, 즉 후손들도 그 주체성을 인정한다. 환경권은 1960년대 이후 미국에서 논의되기 시작한 것으로 천부인권으로 주장된 것이 아니라 공해에 대한 투쟁의 개념으로 등장한 현대적 기본권의 하나라고 할 수 있다. 그 이후 1972년 스웨덴의 스톡홀름에서의 인간환경선언과 1992년 브라질의 리우선언에서 환경의 중요성을 국제적으로 선언하여 환경고유사상을 고취시킨 바 있다. 우리나라의 헌법에서 환경권을 최초로 규정한 것은 1980년에 개정된 제5공화국 헌법이다. 현행헌법에서도 헌법 제35조에 환경권을 직접 명문화하고 있으며, 기본적인 환경정책의 방향은 1990년 8월에 제정된 환경정책기본법에 규정하고 있다. 기타 개별법으로 수질 및 수생태계 보전에 관한 법률, 대기환경보전법, 화학물질관리법, 소음 · 진동관리법, 환경분쟁 조정법이 제정 · 시행 중에 있으므로, 환경에 대한 복수법주의를 채택하고 있다고 볼 수 있다.

2. 주 체

외국인을 포함한 자연인은 주체가 되나, 법인의 환경권 주체가 되느냐에 대해 학설이 대립하고 있으나 환경권의 성질상 부정설이 다수설이다. 미래세대가 환경권의 주체가 되는가에 대해 의견이 대립하고 있으나 주체가 된다는 것이 다수설이다. 자연 그 자체가 권리의 주체이냐에 대해 학설이 대립하나 자연은 권리주체가 아니므로 부정적이다.

3. 내 용

① 환경권의 대상: 환경은 자연환경과 문화적 · 사회적 생활환경 모두를 포함하고, 공해는 육체적 건강을 해치는 유해물질의 배출 · 폐기 · 방치뿐 아니라 정신적 건강을 해치는 소음, 진동, 악취, 색채 등을 의미한다.

② 국가의 환경침해에 대한 방어권: 환경권은 국가작용으로 인해 발생하는 각종 환경오염행위에 대한 방어권을 제1차적인 내용으로 한다(사회공동생활에서 감수해야 되는 경우에는 수인하여야 함).

③ 공해의 예방·배제청구권: 공해예방청구권은 훼손·파괴함으로써 공해를 유발하는 결과를 초래하지 않도록 요구할 수 있는 권리이다. 공해배제청구권은 국가 이외의 사인 등의 행위로 발생하는 공해나 환경오염을 국가가 방지하고 배제하여 주도록 요구할 수 있는 권리를 말한다.

④ 생활환경의 조성청구권: 국가에 대하여 건강하고 쾌적한 생활환경을 조성하고 보전해 줄 것을 요구할 수 있는 권리를 말한다. 환경정책결정에의 주민참여권은 참정권 등으로 인정될 여지는 있으나 환경권의 내용은 아니라는 견해가 있다.

⑤ 쾌적한 주거생활권: 쾌적한 주거생활권이란 국민이 국가기관에 주택개발정책 등을 통하여 쾌적한 주거생활의 실현을 청구할 수 있는 권리를 의미한다. 쾌적한 주거생활권은 적극적인 급부나 배려를 국가에 청구할 수 있다는 점에서 주거의 비밀을 보장하는 헌법 제16조의 주거의 자유와 차이점이 있다.

4. 침해와 구제

① 국가권력에 의한 침해와 구제: 환경권은 국가나 지방자치단체가 비행장 등의 건설로 소음공해를 야기하거나 산업단지에 공해산업을 유치함으로써 적극적으로 환경을 침해하는 경우에는 청원권의 행사, 행정소송의 제기, 헌법소원, 국가배상청구 등에 의해서 구제받을 수 있을 것이다.

② 사인에 의한 침해와 구제

㉠ 손해배상청구와 유지청구: 사인의 행위로 말미암은 환경피해에 대한 구제수단으로 사후적 구제방법으로서 손해배상청구와 사전적 구제방법으로서 유지청구가 주된 것이다. 유지청구란 한경피해가 현실로 발생하였거나 발생이 예견되는 경우에 피해자가 환경피해의 배제 또는 예방을 구하는 방법을 말한다. 손해배상청구는 민법 제750조의 불법행위에 기한 것으로 특히 과실과 관련하여 무과실책임주의에 접근하고 있다. 환경정책기본법 제31조에 의하면 사업자는 환경피해에 대하여 무과실책임을 진다.

㉡ 수인한도론: 환경분쟁에 있어 위법성의 판단과 관련하여 수인한도론이

등장하여 판례와 학설의 지지를 얻고 있다. 수인한도론은 공해에 있어서의 피해자와 가해자의 이익, 피해의 정도나 형태, 사업의 유효성 등을 비교형량하여 가해행위가 사회생활상 일반적으로 수인할 수 있을 정도로 초월한 침해가 아닌 경우에는 수인해야 한다고 보는 이론이다.

© 개연성이론: 인과관계의 입증과 관련하여 개연성이론도 학설과 판례의 지지를 받고 있다. 개연성이론이라 함은 환경분쟁에 있어서 인과관계의 증명은 과학적으로 엄밀한 증명을 요하지 아니하고, 침해행위와 손해발생 사이에 인과관계가 존재한다는 상당한 정도의 개연성이 있음을 입증함으로써 족하고, 가해자는 이에 대한 반증을 한 경우에만 인과관계의 존재를 부인할 수 있다는 이론이다.

③ 새로운 환경소송제도의 모색: 사법기관이나 조정위원회를 통한 분쟁해결방안은 피해자가 불특정 다수인인 현대적 환경피해분쟁의 해결방법으로는 한계가 있다는 이유로 미국의 집단소송제도(Class Action)나 독일의 단체소송제도(Verbandsklage)와 같은 새로운 환경소송제도의 도입이 논의되고 있다. 집단소송제란 다수의 피해자 중에서 그 집단을 대표하는 대표당사자가 나와서 소송을 수행하고, 판결의 효력이 피해자 전체에 미치게 하는 집단구제 제도를 말한다. 이에 비해 단체소송이란 피해자 개인이 아닌 단체가 나서서 피해자들의 대표자로서 소송을 수행하는 것을 말한다.

공해(환경)소송(환경권이 추상적 권리설에 입각하고 있다는 대법원 판례)

대학 인근에 고층아파트 건설에 대한 공사중지 가처분신청에 대하여 원심판결은 직접적으로 환경권을 피보전권리로 인정하였으나 대법원은 "환경권에 관한 헌법 제35조의 제1항의 규정은 개개의 국민에 직접적으로 구체적인 사법상의 권리를 부여한 것이라고 보기 어렵고 사법상의 권리로서의 환경권이 인정되려면 그에 관한 명문규정이 있거나 관계법령의 규정취지나 조리에 비추어 권리의 주체·대상·행사방법 등이 구체적으로 정립될 수 있어야 할 것이다"라고 판시하였다(대결 1995.5.23, 94마2218).

제7절 혼인·가족·모성·보건

1. 혼인·가족제도(제36조 제1항)

① 개 념: 헌법은 혼인과 가족생활이 존엄과 평등을 기초로 성립되고 유지되어야 한다는 대원칙을 규정하고 있다. 혼인이란 포괄적인 생활공동체를 구성하고 평생 지속하겠다는 남녀의 합의를 말하며, 가족은 부모와 자녀의 생활공동체이다.

② 혼인제도의 내용

ㄱ 혼인결정의 자유: 우리나라는 법률혼주의에 따르는데, 사실혼 보호문제가 제기된다. 헌법재판소는 혼인의 자유를 제10조의 인간의 존엄과 가치와 행복추구권에서 도출한 바 있다. 결혼퇴직제와 독신조항은 위헌으로 본다. 동성동본금혼제는 헌법불합치 결정을 받았다(헌재 1997.7.16, 95헌가6).

ㄴ 혼인관계 유지의 자유: 혼인관계 유지를 전제로 이혼의 자유(민법 제834조)가 있다.

③ 가족제도의 내용: 남녀평등에 기초한 부부간의 협력, 공동생활의무가 있다. 일부일처제를 취하고 있으며 간통죄는 헌재에 의하여 위헌 결정을 받았다(헌재 2015.2.26, 2009헌바17). 또한 종래의 호주제도는 헌법불합치 결정을 받았다(헌재 2005.2.3, 2001헌가9등).

2. 모성의 보호(제36조 제2항)

① 의 의: 모성이란 여성이 어머니로서 가지는 정신적·육체적 특징으로서 모성의 보호란 국가가 어머니로서의 여성의 특성을 보호하고 어머니로서의 여성에 대해 특별한 배려를 하는 것이다.

② 주 체: 자녀를 가진 여성에 한정된다. 즉 임신하고 있거나 양육의무가 부여된 여성을 말한다.

③ 내 용: 국가에게 보호의무가 있다. 모성을 이유로 고용, 해고, 임금 등의 근로조건에 있어서 부당한 차별을 받아서는 안 된다. 모성에 대한 적극적 보호를 위해 근로기준법은 유해업무의 취급금지, 산전·산후휴가 등을 규정하고 있다.

3. 보건권(제36조 제3항)

① 연 혁: 최초규정은 1919년 바이마르헌법이며 우리나라는 건국헌법 이래로 이어지고 있다.

② 의 의: 물질, 명예, 권력을 추구해보지만 결국은 건강과 장수가 중요하다. 건강은 가족과 국가의 존립과 발전에 기본이 되는 요소이다. 보건권이란 자신과 가족의 건강을 유지하는데 필요한 급부를 요구할 수 있는 권리를 말한다. 보건권의 향유 주체는 국민이다. 보건권의 주체는 가족이 아니라 개개인이다.

③ 주 체: 국민에 한정하며 법인은 제외한다. 외국인은 제외된다고 보는 것이 다수설이다.

[헌법에 위배되는 경우]

① 동성동본금혼제(헌재 1997.7.16, 95헌가6·13 병합) ⇨ 헌법불합치

② 3월 이내 한정승인을 하지 않으면 단순상속승인으로 간주하는 민법 제1026조 제2호 (헌재 1998.8.27, 96헌가22등) ⇨ 헌법불합치

③ 친생부인의 소 제소기간의 1년으로 제한한 민법 제847조 제1항(헌재 1997.3.27, 95헌가14등) ⇨ 헌법불합치

④ 부부자산소득 합산과세는 헌법에 위배된다(헌재 2002.8.29, 2001헌바)

⑤ 호주제(헌재 2005.2.3, 2001헌가9등) ⇨ 헌법불합치

⑥ 부성주의의 원칙을 규정한 것 자체는 헌법에 위반된다고 할 수 없다. 그러나 부의 성을 사용할 것을 강제하는 것이 부당한 것으로 판단되는 경우에 대해서까지 아무런 예외를 규정하지 않고 있는 것에 있다(헌재 2005.12.22, 2003헌가5·6, 민법 제781조 제1항 위헌제청) ⇨ 헌법불합치

⑦ 종합부동산세법상의 세대별 합산규정은 혼인한 자 또는 가족과 함께 세대를 구성한 자를 비례의 원칙에 반하여 개인별로 과세되는 독신자, 사실혼 관계의 부부, 세대원이 아닌 주택 등의 소유자 등에 비하여 불리하게 차별하여 취급하고 있으므로, 헌법 제36조 제1항에 위반된다(헌재 2008.11.13, 2006헌바112 등) ⇨ 헌법불합치

[헌법에 위배되지 않는 경우]

① 부 또는 모가 사망한 때에는 그 사망을 안 날로부터 1년 내에 검사를 상대로 하여 인지에 대한 이의 또는 인지청구의 소를 제기할 수 있도록 규정한 민법 제864조(헌재 2001.5.31, 98헌바9).

② 개정된 민법 제999조 제2항 중 "상속권의 침해행위가 있은 날부터 10년" 부분(헌재

2002.11.28, 2002헌마134).

③ 상속회복청구권 행사기간을 상속침해를 안 날부터 3년, 상속권의 침해행위가 있은 날부터 10년으로 제한하고 있는 민법 제999조 제2항(헌재 2008.7.31, 2006헌바110)

제8절 국민의 기본의무

1. 고전적인 국민의 의무

(1) 납세의 의무

헌법 제38조에 「모든 국민은 법률이 정하는 바에 의하여 납세의무를 진다」고 규정하고 있다. 납세의무는 재산권을 보장하는 소극적인 성격을 가질 뿐만 아니라 국가재정을 형성하는 적극적인 성격을 가지고 있다. 헌법 제59조의 조세법률주의의 원칙은 과세요건과 징수절차 등의 과세권 행사는 법률로써 규정되어야 한다는 것을 말한다.

(2) 국방의 의무

헌법 제39조 제1항의 국방의무는 병역의무, 방공의무, 방첩의무, 징발에 응할 의무를 들 수 있다. 국민개병의 원칙에 의해서 대한민국의 남성은 병역의무를 진다. 헌법 제39조 제2항은 「누구든지 병역의무의 이행으로 불이익한 처우를 받지 아니한다」고 규정하여 불이익처우금지를 명시하고 있다

전투경찰대설치법 등에 대한 헌법소원
국방의 의무라 함은 직접적인 병력형성의무만을 가리키는 것으로 좁게 볼 것이 아니라, 향토예비군설치법, 민방위기본법, 비상대비자원관리법, 병역법 등에 의한 간접적인 병력형성의무 및 병력 형성 이후 군작전명령에 복종하고 협력하여야 할 의무도 포함하는 넓은 의미의 것으로 보아야 할 것이므로, 전투경찰순경으로서 대간첩작전을 수행하는 것도 위와 같이 넓은 의미의 국방의 의무를 수행하는 것으로 볼 수 있다(헌재 1995.12.28, 91헌마80).

2. 현대적 의무

(1) 교육의무

헌법 제31조 제2항에 의해서 「모든 국민은 보호하는 자녀에게 적어도 초등교육과 법률이 정하는 교육을 받게 할 의무를 진다」라고 규정하고 있고, 현행 교육기본법 제8조는 6년의 초등교육과 3년의 중등교육을 합하여 9년의 의무교육을 명시하고 있다. 단, 3년의 중등교육에 대해서는 대통령령이 정하는 바에 의하여 순차적으로 실시한다고 규정하고 있다.

(2) 근로의무

헌법 제32조 제2항에 의해서 모든 국민은 근로의 의무를 진다. 국가는 근로의무의 내용과 조건을 민주주의원칙에 따라 법률로 정한다고 규정하고 있다. 근로의무는 소극적인 성격을 가지는 것으로, 생활권 보장을 위한 윤리적 의무이다.

(3) 환경보전의무

헌법 제35조 제1항에 의해서 「국민은 환경보전을 위하여 노력해야 한다」라고 규정하고 있다. 환경보전의무는 국민의 의무인 동시에 국가의 의무이기도 하다.

(4) 재산권 행사의 의무

재산권의 행사는 공공복리에 적합하게 행사하여야 한다. 재산권 행사의 의무는 재산권의 사회적 구속성에 기초한 것으로, 권리내재적 제약의 성격을 가진다.

통치구조론

PART 03

01 통치구조의 기본원리

제1절 대의제도

① 의 의

　㉠ 대의제: 주권자인 국민이 그들의 대표를 선출하고 선출된 대표자로 하여금 정치를 담당하게 하며 대표자들의 의사를 국민전체의 의사로 보는 제도를 국민대표제 또는 대의민주주의라 한다.

　㉡ 대의제의 이념적 기초

　　ⓐ 기관구성권과 정책결정권의 분리: 대의제는 치자(대표)와 피치자(국민)의 구별, 피치자의 선출권과 치자의 의사결정권의 구별, 치자에 대한 피치자의 권력위임, 피치자를 위한 치자의 의사결정을 그 내용으로 한다.

　　ⓑ 정책결정권의 자유위임(무기속위임): 대의기관은 자신을 뽑아준 선거구민의 의사를 단순히 전달하는 존재가 아니라, 자신의 양심에 따라 '전체 국민'에게 가장 유익한 의사결정을 하여야 한다. 즉 대의기관의 독자적 양식과 판단에 따른 정책결정을 인정한다는 점에서 국민과의 관계에 있어서 자유위임 관계에 놓인다.

② 대의제에 있어서 대표관계의 성질

　㉠ 법적 성격을 인정하는 견해로는 위임대표설, 법정대표설, 헌법적 대표설이 있다.

　㉡ 법적 성격을 부인하는 견해로는 정당대표설, 정치적 대표설(다수설)이 있다.

▸ 오늘날 국민과 국회의원의 관계는 명령적 위임관계가 존재하지 않고 사법적 대리관계도 존재하지 않으므로 국회의원은 단지 국민 전체의 이익을 위해 활동해야 한다는 의미의 정치적·도의적 의무를 지는 데 지나지 않고 그 대표성도 정치적 대표에 불과하다고 한다.

③ 대의제의 위기와 극복방안

　㉠ 대의제를 위협하는 요소로는 대의기관의 관료화에 따른 공개적 토론의 부재, 자신의 이익만을 추구하려는 엘리트 정치의 타락, 정당의 출현과 관료집단의 비대화 등으로 인한 대표성 약화, 정당의 예속과 이익단체

에 의한 무기속위임의 위협, 공동체의식의 파괴로 인한 대중사회화, 이익집단과 압력단체 등의 영향력 증대, 국민의 직접참여욕구의 증대 등이 있다.

ⓛ 극복방안: 대의제(의회주의)의 위기를 극복하는 방안으로는 직접민주제의 가미, 비례대표제·직능대표제 도입, 의사절차의 능률화, 전문위원회의 활성화, 의원의 자질 향상, 당내민주화, 야당의 기능 강화, 집행부에 대한 통제강화, 위임입법에 대한 통제, 선거제도의 개혁 등이 있다.

④ 현대적 실현형태: 현대의 대의제는 대표기관으로 하여금 국민의 추정적 의사를 존중하도록 하면서 동시에 대의기관의 의사결정에 국민의 경험적 의사가 최대한으로 반영될 수 있는 제도적 장치를 마련하는 데 있다.

오늘날 다수의 국가는 이러한 반직접 민주제(반대표제)를 채택하고 있다. 반직접 민주제는 대의의 원리와 직접통치적 민주제 요소를 공존시키고 상호용납하는 원리로서 국민의 직접통치 민주제도는 고전적 대의제도를 보완 또는 개선하는 수단이 된다.

제2절 권력분립주의

① 권력분립의 의의

㉠ 개 념: 국가권력을 입법, 행정, 사법으로 분리하여 각각을 독립된 기관에 분산시킴으로써 국가권력의 남용을 방지하고 국민의 기본권을 보장하기 위한 자유민주적 통치구조의 조직원리를 말한다. 권력분립원리는 절대권력은 절대적으로 부패한다는 진리에 가까운 공리에 그 이념적 기초를 두며, 국가권력이나 국가기능의 분리·분립을 직접적 내용으로 하지만, 궁극적 목적은 기본권 보장에 있다.

㉡ 본질과 성격: 국가권력의 절대성을 부정하는 중립적 원리이고 국가권력에 대한 반항의 원리를 의미한다. 국가권력을 행사하는 인간에 대한 회의적·비관적 인간관에 근거한다. 또한 국가권력의 남용 또는 자의적인 행사를 막는 소극적 목적의 원리로 보는 것이 다수설이지만, 국가권력의 적극적 창설원리로 보는 견해도 있다. 마지막으로 자기목적적 원리가 아니라 국가기관구성의 수단에 불과한 원리로 본다.

② 권력분립론의 발전

㉠ 로크의 권력분립론: 『시민정부이론』(1690)에서 주장했으며 영국의 의원

내각제 기초가 되었다. 입법권과 집행권(대권·동맹권·행정권)으로 2권 분립을 주장했다. 입법권의 우위를 인정하고 있으며, 보통법의 영향으로 사법권은 언급이 없다. 권력의 분리를 강조하였으나. 균형까지는 미치지 못한다.

ⓛ 몽테스키외의 권력분립론: 『법의 정신』(1748)에서 주장했으며 미국의 대통령제 기초가 되었다. 입법권, 행정권, 사법권으로 3권분립을 주장했다. 입법부와 행정부 간에 견제와 균형을 확립하는 것을 강조했으며 사법부는 소극적 독립을 강조하였다.

③ 권력분립제의 변화와 현대적 변용

㉠ 변화(위기)의 원인: 자유민주적 평등사회의 실현, 사회적 이익단체의 출현과 영향 증가, 정당국가의 발달로 인한 권력통합현상, 급부국가적 기능의 확대(행정국가적 경향과 사법권 비중의 강화), 헌법관의 변화(소극적 제한원리가 아닌 적극적 창설원리)를 원인으로 볼 수 있다.

㉡ 현대적 변용

ⓐ 현대적 변용의 개념: 전통적인 권력분립이론이 권력의 수평적 분립과 기계적이고 획일적인 권력분리에서 목적지향적이고 유동적인 기능분리로, 권력 간의 대립적인 제한관계가 기관 간의 협동적인 통제관계로, 형식적인 권력분립에서 실질적인 기능통제로의 전환을 요구한다.

ⓑ 뢰벤슈타인의 동태적 권력분립론: 국가권력의 분립은 국가기능의 배분을 의미하는 것이므로 다원적 대중민주주의에서는 권력의 분립은 국가기능의 분리로 대체되어야 한다고 주장했다. 국가의 기능은 정책으로 나타나는데, 정책결정권, 정책집행권, 정책통제권으로 나누어 설명하였다.

ⓒ 케기의 포괄적 권력분립론: 케기는 권력분립이 달성하고자 하는 자유이념은 불변이지만 이를 실현시키는 형태는 시대에 따라 달라질 수 있다고 하면서 권력분립을 3권분립으로 이해하려는 기계적 이해를 비판하였다. 권력분립은 3권분립보다 더 포괄적이라고 한다. 그러면서 그 요소로서, 헌법제정·개정권과 일반입법권의 이원화, 입법부의 양원제, 집행부 내부에서의 권력분립, 복수정당제의 확립과 여·야 간의 대립, 연방제와 지방자치제에 의한 권력분립, 국가기능 담당자의 임기한정, 자연인의 권력과 국가권력의 분화, 국가와 교회의 이원화, 민간권력과 군사권력의 분리를 들었다.

제3절 정부형태

(1) 정부형태의 유형

정부형태는 권력분립원리가 국가권력구성에 적용된 형태라 할 수 있는데, 권력분립의 원리가 어떻게 적용되고 실현되는가에 따라 정부구조의 조직적·기능적 측면에서 많은 차이를 보이게 된다. 정부형태로는 집행부 우위의 대통령제, 입법부 우위의 의원내각제, 행정부와 입법부의 공화적 균형을 취하는 이원정부제, 입법부 절대 우위의 의회정부제로 구별된다.

    ㉠ 의원내각제

        ⓐ 의 의: 의원내각제란 완화된 권력분립을 기초로 의회에서 선출되고 의회에 대하여 책임을 지는 내각을 중심으로 국정이 운영되는 정부형태를 말한다. 의원내각제는 대통령제와 더불어 입헌민주주의 정부형태로 많은 국가에서 받아들이고 있는 정부형태이다. 의원내각제에서 행정권은 내각에 속하며, 내각은 통상 의회의 다수당에 의해 구성된다. 이런 의미에서 의원내각제는 의회를 매개로 한 다수당에 의한 정부구성의 정치체제라 할 수 있다.

        ⓑ 유 형

           - 고전적 의원내각제는 프랑스 제3·4공화국에서 택했던 의원내각제 정부로서 강한 의회와 약한 정부를 특징으로 한다.

           - 통제된 의원내각제란 독일에서 나타난 의원내각제로서 정치적 안정을 위해 차기 수상을 내정하는 이른바 건설적 불신임제도를 특징으로 한다. 약한 의회와 강한 정부를 특징으로 한다.

           - 내각책임제란 고전적 의원내각제로 운영되던 형태가 시간이 지나면서 내각우위의 수상의 권한이 강화되면서 나탄난 의원내각제로서 수상정부제라고도 불린다.

        ⓒ 특징(의존성의 원리): 행정부와 입법부의 상호관계가 상호의존적인 것을 기본 성격으로 한다. 구체적으로는 행정부의 이원적 구조(국가원수와 내각의 두 기구로 구성), 정부불신임권과 의회해산권에 의한 권력적 균형·견제, 입법부와 행정부 간의 조화와 협조(각료의 의원직 겸임, 정부의 법률안제출권, 각료의 의회출석발언권)를 특징으로 한다.

        ⓓ 장·단점: 장점으로는 능률적 국정수행, 책임정치 구현을 가능하게 한다. 단점으로는 군소정당의 난립으로 정국의 불안정 초래, 국회의 다수파에 의한 다수결의 횡포, 국회의 정쟁장소화 우려가 있다.

ⓛ 대통령제

　　ⓐ 의 의: 대통령제란 엄격한 권력분립을 기초로 국가기관 상호간의
독립을 보장하며 대통령이 임기 중 독립하여 행정권을 행사하는
정부형태를 말한다. 대통령제는 의원내각제와 더불어 민주주의의
전형적인 정부형태의 하나로 자리매김하고 있다. 대통령제는 미국
에서 처음 시작한 이래 200여 년의 역사를 지닌 가장 오래된 민주
적 정부형태라 할 수 있다.

　　ⓑ 특징(독립성의 원리): 행정부와 입법부의 상호관계가 상호독립적인
것을 기본 성격으로 한다. 대통령의 직선제, 행정권와 입법권의 엄
격한 분리와 독립, 행정부의 일원적 구조(대통령은 국가원수이자 행정
부 수반), 입법부와 행정부 상호독립보장으로, 국무위원의 의원직
겸임, 의회의 정부불신임, 정부의 의회해산, 정부의 법률안 제출,
국무위원의 의회출석발언권이 인정되지 않는다.

　　ⓒ 장·단점: 장점으로는 대통령 임기 동안에 정국의 안정, 예측가능
한 국정운영을 가능하게 하며, 국가정책을 신속하고 강력히 추진
할 수 있다. 반면에 단점으로는 대통령의 독재화 우려, 쿠데타 유
발 가능성, 의회와 정부가 협조가 잘 이루어지지 않을 경우 이를
조정하기가 어려워 오히려 정국의 불안정을 초래할 수 있다.

▶ 미국 대통령제와 우리나라 대통령제의 비교

구 분	미국 대통령제	우리나라 대통령제
행정부의 법률안 제출권	×	○
국무위원의 의회 발언권	×	○
의원의 국무위원 겸임	×	○
부통령제	○	×
대통령의 법률안 보류거부권	○	×
대통령의 법률안 환부거부권	○ (10일 이내)	○ (15일 이내)
부서제도	×	○
국무회의 성격	자문기관, 임의기관	심의기관, 필수기관

ⓒ 이원정부제

　　ⓐ 개 념: 이원정부제란 행정권이 국가원수와 내각에 분산되어 있는
정부형태를 말한다. 의원내각제 역시 행정부가 이원적 형태를 지

니지만 의원내각제의 국가원수는 형식적 지위를 지니는 데 반해 이원정부제는 실질적 국가원수의 지위를 지니고 있다는 점에서 구별된다

ⓑ **연 혁:** 이원정부제는 바이마르헌법에서 시작되어 핀란드헌법에 전파되었고, 1929년과 1945년 오스트리아헌법에 계수되었다. 1958년의 프랑스 제5공화국 헌법도 여기에 해당한다.

ⓒ **특징 및 내용:** 대통령의 국민직선, 행정부의 이원적 구조, 내각의 의회에 대한 책임, 대통령의 의회해산권 등이다. 이원정부제에서 대통령을 직선하는 이유는 행정권의 수장인 대통령이 의회에서 선출될 경우 대통령이 의회에 종속될 수밖에 없으므로 이를 극복하기 위함이다. 아울러 입법과 행정의 균형을 확보하기 위해서는 내각불신임과의 균형을 이룰 수 있는 의회해산제도가 인정되어야 하는데, 의회해산권은 간선의 대통령에게 부여할 수 없고 직선의 대통령이라야 인정될 수 있기 때문이다. 대통령의 직선, 행정부의 이원적 구조, 대통령의 의회해산권과 의회의 내각불신임을 특징으로 한다.

ⓓ **장·단점:** 장점으로는 평상시에는 입법부와 행정부의 균형·공동으로 안정된 국정처리, 전시에는 대통령의 신속한 국정처리가 가능하다. 단점으로는 대통령의 독재화 우려가 있다.

㉣ 의회정부제

ⓐ **개 념:** 의회정부제(회의제)란 모든 권력이 의회와 같은 회의체에 집중된 직접민주제적 정부형태를 말한다. 의회정부제는 집단에 의한 지배를 그 내용으로 하기에 민주주의, 특히 직접민주주의의 원시적 정부형태로 볼 수 있다. 의회정부제는 직접민주정치를 그 이념적 기초로 한다는 점에서 대의제를 기초로 하는 대통령제나 의원내각제와 다르다. 그리고 의회정부제는 권력혼합의 원리에 기초를 두고 있다는 점에서 권력분립을 기초로 하는 대통령제나 의원내각제와는 구별된다.

ⓑ **유 형:** 민주적 의회정부제로서 스위스헌법이 있고, 전제적 의회정부제로는 구소련, 중국, 북한이 있다.

ⓒ **특 징:** 의회정부제의 특징은 입법권의 행정권에 대한 절대적 우위라 할 수 있다. 의회정부제는 국가의 모든 권력이 의회에 집중되는, 즉 권력혼합 원리에 기초한 정부형태이다. 이러한 의회정부제

는 루소의 직접민주제 사상에 기초한 가장 민주적이고 가장 공화
적인 정부형태라고 할 수 있다. 민선의회만이 유일한 권력의 보유
자가 된다.

ⓓ 장·단점: 장점으로는 민의에 의한 정치가 가능하다. 단점으로는
의회의 독주를 막는 견제장치가 없다는 점이다.

02 국 회

제1절 입법권

1. 국회의 법률제정권

① 법률의 특성: 적정한 절차에 의해서 민주적 정당성을 가진 것으로 성립되어야 하며 일반성(불특정다수) · 추상성(불특정한 경우)을 갖추어야 한다.

② 법률의 형태

　㉠ 일반적 법률: 규범의 대상과 내용이 일반적이고 추상적인 규범형태의 법률을 말한다.

　㉡ 처분적 법률: 행정적 집행을 매개로 하지 않고 직접 국민에게 권리나 의무를 발생하게 하는 법률, 즉 어떤 처분이나 조치와 같이 구체적 · 개별적 사항의 규율을 내용으로 하는 법률을 말한다.

구 분	내 용
개별인적 법률	일정한 범위의 소수인을 대상(부정선거관련자처벌법, 정치활동정화법, 부정축재자처리법, 정치풍토쇄신을 위한 특별조치법)
개별사건 법률	구체적 상황 또는 사건을 대상(긴급금융조치법, 긴급통화조치법) → 헌재는 5 · 18특별법이 개별사건 법률이라고 판시
한시적 법률	적용기간이 한정된 법률(재외국민취적 · 호적정정 및 호적정리에 관한 특별법 등)

　㉢ 처분적 법률의 위헌성 여부: 헌법재판소는 5 · 18민주화운동등에관한특별조치법 제2조에 관한 위헌법률심판에서 특별법을 개별사건법률이라고 판단하면서도 개별사건법률의 위헌 여부는 그 형식만으로 가려지는 것이 아니라 입법을 정당화 할 수 있는 공익이 있고, 불평등요소를 합리화 할 만한 합리적 이유가 있으면 개별사건 법률도 인정될 수 있다고 판시(헌재 1996.2.16, 96헌가2)하였다.

제2절 국회의 구성원리

(1) 양원제와 단원제의 의의

의회를 구성함에 있어 하나의 합의체로 할 것인가 아니면 두 개의 합의체로 할 것인가에 따라 단원제와 양원제로 구별된다.

양원제란 의회가 두 개의 합의체로 구성된 것으로, 권력분립원리에 의한 입법권의 분할의 성격을 가진다. 자유주의를 그 정신적 기초로 하는 양원제는 근대적 의회의 필수적 조건이었다. 양원제의 기원은 영국이며, 이론적 작품이라기보다는 역사적 발전과정에서 필요에 의해 만들어진 결과이다. 양원제는 몽테스키외적 권력분립원리와 조화를 이루며, 19세기 유럽의회에 결정적인 영향을 주었다. 영국, 미국, 독일, 프랑스, 일본 등이 채용하고 있다.

단원제란 의회가 하나의 합의체로 구성되는 의회제도를 말한다. 이는 민주주의 원리에 충실한 것으로 군주제를 무너뜨리고 새로운 공화국을 출범시킨 1791년 프랑스 헌법에서 처음으로 채택되었다. 단원제는 루소의 민주주의 이론에 충실한 것으로, 국민의 합의는 하나밖에 없으므로 '대표기관도 하나'이어야 한다는 데 이론적 근거를 두고 있다. 신생국가의 경우나 인구수가 적고 정치적 안정을 유지하고 있는 국가에서 채택된다. 덴마크, 스웨덴, 노르웨이, 뉴질랜드, 대한민국 등이 채용하고 있다.

【양원제와 단원제의 비교】

구 분	양원제	단원제
주창자	Montesquieu, Bryce	Rousseau, 시예스
개 념	국회를 두 개의 합의체로 구성하고 상호 독립하여 활동하되 의사가 일치한 의사만을 의회의사로 간주하는 국회의 구성원리	국회를 하나의 합의체로 구성하는 국회의 구성원리
연 혁	① 양원제는 역사적 유산으로서 각각 특수한 정치적 상황을 배경으로 하여 탄생한 제도 ② Montesquieu, Bryce에 의해 주장 ③ 영국에서 기원. 미국, 독일, 프랑스, 이탈리아, 일본, 스페인 등에 채택	① Rousseau, 시예스에 의해 주장 ② 프랑스 혁명헌법(1791) 채택 이후 전파 ③ 시예스: 제2원이 제1원과 같은 결정을 한다면 제2원은 무용한 존재이고, 반대로 제2원이 제1원과 다른 결정을 한다면 제2원은 유해한 존재임
장 점	① 입법권의 우위를 전제 ② 심의의 신중·공정성 → 단원제의 경솔방지 ③ 의회다수파의 전제·횡포방지	① 의회의 지위를 강화 ② 신속한 국정처리 → 국가경비를 절감 ③ 책임소재의 명확성 ④ 국민의사를 직접적으로 반영

	④ 정부와의 충돌시에 조정	
단 점	① 심의 지연 및 국비낭비 ② 책임소재 불명 → 책임전가 ③ 의회지위의 약화 ④ 이원적 구성은 국민대표성과 모순	① 경솔한 의안처리 ② 정부에 대한 의회의 횡포우려 ③ 의회·정부 충돌시에 해결곤란

(2) 각국의 의회제도

구 분	상 원	하 원
영 국	① 귀족원 1,000여 명　② 종신제	① 서민원(635명) ② 5년, 21세 이상
미 국	① 100명 ② 6년, 30세 이상 ③ 2년마다 1/3 개선 ※ 미국상원의 권리 　ⓐ 부통령결선권 　ⓑ 조약비준동의권, 　ⓒ 공무원임명동의권 　ⓓ 탄핵심판결정권	① 435명 ② 2년, 25세 이상

※ 우리나라
- 양원제: 제1차 개헌(채택, 그러나 실시는 안 함), 제2공화국 헌법(실시)
- 단원제 → 제헌헌법·제3~제6공화국 헌법

제3절　국회의원

1. 국회의원의 헌법상 지위

① 국민의 대표자로서의 지위: 국회의원이 국민전체의 대표자라고 함은 대의
제의 본질상 명문규정이 없는 현행헌법 아래서도 당연히 인정된다. 그러나
그 대표의 성격에 관해서는 국회의원의 전체대표의 원칙과 자유위임(무기
속위임)의 원칙을 살펴볼 때 정치적 대표설이 타당하다.

② 정당대표자로서의 지위: 정당제민주주의에 있어서, 정당소속 국회의원이
소속정당의 대표자로서 가지는 지위이다. 당적이탈의 자유와 무소속이 허
용되는 현 헌법 아래서는 의원의 정당대표자의 지위를 부정하는 설도 있
으나, 긍정설이 다수이다.

③ 국민대표자로서의 지위와 정당대표자로서의 지위(이중적 지위): 이처럼 국회
의원은 이중적 지위에 있기 때문에 이 이중적 지위가 충돌할 때 어느 지위

를 우선시켜야 하는지가 문제된다. 이 경우 헌법상 정당설립의 자유(제8조 제1항)와 의원의 국가이익우선의 의무(제46조 제2항)와의 관련상 국민대표자의 지위가 우선한다(다수설). 다만, 이러한 의무는 정치적 의무로서의 성질을 가지는 것이다.

2. 국회의원의 신분상 지위

의원자격의 발생	의원자격의 소멸
① 선거에 의한 당선: 취임승낙시설, 당선결정시설, 임기개시설(다수설) ② 총선의 경우 • 임기만료: 전임의원의 만료일 다음날(공직선거법 제14조 제2항) • 국회해산: 총선 후 최초집회일 ③ 기타: 보궐선거 – 당선결정시(공직선거법 제14조 제2항 단서)	① 임기만료(4년) ② 사직(국회법 제135조) → 국회본회의 허가 (폐회시는 국회의장의 허가) ③ 제명(헌법 제64조 제3항) → 재적 2/3 찬성 ④ 퇴직(국회법 제136조)→ 국회허가 불필요 ⑤ 당선·선거무효의 판결(공직선거법) ⑥ 형사사건의 유죄판결 확정 ⑦ 비례대표의원의 당적이탈·변경, 이중당적 (공직선거법) ⑧ 자격심사(헌법 제64조 제2항, 국회법 제142조) ※ 탄핵결정은 제외(탄핵대상에서 제외되므로)

3. 당적변경시 의원자격상실여부(비례대표의원의 경우)

공직선거법 제192조 제4항은 "비례대표의원이 소속정당의 합당·해산 또는 제명 외의 사유로 당적을 이탈·변경하거나 둘 이상의 당적을 가질 경우 퇴직 또는 당선을 무효로 한다"고 규정하고 있다.

국민의 국회구성권에 대하여 헌재에 따르면, "유권자가 설정한 국회의원 분포에 국회의원들을 기속시키고자 하는 내용의 "국회구성권"이라는 기본권은 오늘날 이해되고 있는 대의제도의 본질에 반하는 것이어서 헌법상 인정될 여지가 없고, 청구인들 주장과 같은 대통령에 의한 여야 의석분포의 인위적 조작행위로 국민주권이라든지 복수정당제도가 훼손될 수 있는지의 여부는 별론으로 하고 그로 인하여 바로 헌법상 보장된 청구인들의 구체적 기본권이 침해당하는 것은 아니다"(헌재 1998.10.29, 96헌마186)라고 한다.

4. 불체포특권

① 연　혁: 영국에서 기원, 미국헌법에서 최초로 명문화하였다.

② 법적 성질

　　㉠ 국회의 특권: 의원개인은 포기할 수 없다.

　　㉡ 특　권: 불기소특권을 의미하며, 책임의 면제를 뜻하지 않는다.

③ 불체포특권의 내용

　　㉠ 체포·구금: 형사절차상은 물론 행정상의 강제처분도 포함된다.

　　㉡ 회기중에는 의원을 체포·구금할 수 없으며(제44조 제1항) 임시회·정기회를 불문하고 "휴회중"도 포함된다.

　　㉢ 회기 전에 체포·구금한 때에도 국회의 요구가 있으면 석방한다(제44조 제2항).

　　㉣ 회기 전이라 함은 전회기도 포함되므로 전회기에 국회의 동의가 있는 경우에도 현회기에는 석방을 요구할 수 있다.

④ 불체포특권의 예외

　　㉠ 국회의 동의가 있는 경우: 정부의 체포 동의요청에 국회가 구속되는가에 관해서 기속설과 재량설(다수설)이 대립하나 국회가 반드시 동의할 필요는 없다고 할 것이다. 국회가 동의한 이상 동의에 조건이나 기한을 붙일 수 없다(다수설).

헌법

제44조 ① 국회의원은 현행범인을 제외하고는 회기중 국회의 동의 없이 체포 또는 구금되지 아니한다.

② 국회의원이 회기 전에 체포 또는 구금된 때에는 현행범인이 아닌 한 국회의 요구가 있으면 회기중 석방된다.

국회법

제26조【체포동의요청의 절차】 의원을 체포 또는 구금하기 위하여 국회의 동의를 얻으려고 할 때에는 관할법원의 판사는 영장을 발부하기 전에 체포동의요구서를 정부에 제출하여야 하며, 정부는 이를 수리한 후 지체없이 그 사본을 첨부하여 국회에 체포동의를 요청하여야 한다.

제28조【석방요구의 절차】 의원이 체포 또는 구금된 의원의 석방요구를 발의할 때에는 재적의원 4분의 1 이상의 연서로 그 이유를 첨부한 요구서를 의장에게 제출하여야 한다. 국회에 체포동의를 요청하여야 한다.

계엄법

제13조【국회의원의 불체포특권】 계엄선포 중 국회의원은 현행범인인 경우를 제외하고는 체포 또는 구금되지 아니한다.

       ⓛ 지방의회의원: 지방의회의 성격상 불체포특권이 인정되지 않는다.

5. 국회의원의 면책특권

① 연 혁: 1689년 영국의 권리장전에서 기원, 미국헌법에서 최초로 헌법전에 명문화하였다.

② 법적 성질

    ㉠ 인적 처벌조각사유: 회기가 지난 후, 임기만료 후에도 책임을 지지 않는다.

    ⓛ 영구면책의 특권: 국회의 의결로도 효력제한이 불가능하다. 이 점이 불체포특권과 차이점이다.

③ 면책의 주체: 국회의원에 한정된다. 의원직을 겸한 국무총리, 국무위원에 대해서는 긍정설과 부정설이 대립하나, 의원자격으로서의 발언에 대해서만 면책특권이 인정된다.

④ 면책특권의 내용

    ㉠ 면책의 대상: '국회에서 직무상 행한 발언과 표결'

       ⓐ "국회에서"라 함은 국회가 활동하고 있는 모든 공간을 말한다. 본회의, 위원회 또는 교섭단체가 개최되는 장소를 포함한다.

       ⓑ "직무상 행한" 행위란 직무집행 자체는 물론 직무집행과 관련된 부수행위를 포함한다. 대법원은 유성환의원 사건에서 직무부수행위도 직무행위에 포함되는 것으로 보았다.

       ⓒ "발언"은 의제에 관한 의사의 표명이며, "표결"이란 의제에 관하여 찬반의 의사를 표시하는 것을 말한다.

    ⓛ 면책의 효과: 국회 외에서 책임을 지지 않는다.

       ⓐ 국회의 민사상·형사상 책임과 공직자로서의 징계책임, 즉 법적책임을 지지 않는다.

       ⓑ 책임이란 법적책임의 면제를 말하므로 국회 내에서의 징계책임 소속정당에서의 당적의 제명, 선거구민의 정치적 탄핵은 가능하다.

       ⓒ 재임중은 물론 임기만료 후에도 책임을 지지 않는다.

⑤ 면책특권의 한계

    ㉠ 국회 내에서의 발언, 표결일지라도 원외에서 발표, 출판은 면책되지 않는다.

    ㉡ 공개하지 않기로 국회에서 결정한 의사록을 공개하는 것은 면책되지 않는다.

    ㉢ 공개회의에서 기록된 회의록의 공개는 알 권리 보장 차원에서 면책된다.

6. 국회의원의 의무

헌법상 의무	국회법상 의무
① 국민전체에 대한 봉사의무(제7조 제1항)	① 본회의 · 위원회 출석의무
② 겸직금지 의무(제43조)	② 의사에 관한 법령 · 규칙준수의무
③ 청렴의무(제46조 제1항)	③ 회의장 질서유지의무
④ 국가이익우선의무(제46조 제2항)	④ 국정감사 · 조사상 의무
⑤ 지위 · 특권남용금지의무(제46조 제3항)	⑤ 의장의 내부경찰권에 복종할 의무
	⑥ 선서의무

7. 국회의원의 권리

① 국회의 운영과 의사에 관한 권리

    ㉠ 발의권: 의제로 될 수 있는 의안을 제출하는 권리가 있다.

    ㉡ 질문권: 의원이 정부에 대하여 하는 질문으로 '현재의 의제와 관계없이' 서면으로 한다.

    ㉢ 질의권: '현재 의제와 관련'하여 구두로만 한다.

② 수당과 여비를 받을 권리: 수당설과 보수설이 있다.

제4절   국회의 운영과 조직

1. 국회의 운영

① 입법기와 회기

    ㉠ 입법기(회의기): 선거에 의해 구성된 국회의원의 임기개시로부터 임기만료까지의 기간, 즉 의원의 임기(4년)와 일치한다.

    ㉡ 회 기: 입법기 내에서 국회가 실제로 활동능력을 가지는 일정한 기간,

즉 집회일부터 폐회일까지(정기회, 임시회)이다.

② 정기회와 임시회

구 분	정기회	임시회
의 의	매년 1회 정기적으로 집회	필요시마다 수시로 집회
회 기	100일을 초과할 수 없음 (제47조 제2항)	30일을 초과할 수 없음 (제47조 제2항)
소 집	매년 정기적으로 9월 1일	① 요구절차 　• 대통령: 국무회의 심의를 거쳐 　• 국회의원: 재적의원 1/4 이상 ② 공고: 국회의장, 집회 3일 전 ③ 총선 후 최초 임시회 　• 임기개시 후 7일에 집회함 　• 국회사무총장의 집회공고 ④ 임시회 개최 정족수 　• 1/4 이상: 제헌헌법~제6차헌법· 　　제9차(현행) 헌법 　• 1/3 이상: 제7차·제8차 헌법

2. 국회의장과 부의장

① 선 거
　㉠ 무기명 투표로 하며 재적의원 과반수의 찬성으로 선출한다.
　㉡ 의장·부의장 궐위시에는 지체없이 보궐선거로 선출한다.
② 임 기: 2년이다. 보궐선거의 경우는 전임자의 잔여기간 동안 재임한다.
③ 권 한: 국회의장은 국회를 대표하고, 의사를 진행하며, 질서를 유지하고 사무를 감독한다(국회법 제10조). 국회의장은 위원회에 출석하여 발언할 수 있으나 표결할 수 없다.
④ 기 타
　㉠ 사 임: 국회의 동의를 요한다.
　㉡ 겸 직: 의원직 외 겸직이 금지된다.
　㉢ 당 적: 국회의장은 원칙적으로 당적을 가질 수 없으나 예외적으로 가능하다(국회법 제20조의2 신설). 제2공화국 당시에는 국회의장은 당적보유가 불가능했다.

3. 위원회

① 위원회제도의 기능: 위원회는 의안처리의 효율성과 전문성을 높여 의회주

의 회복에 기여하는 순기능도 있으나 반면에 위원회가 소관 행정관청의 이익대표기관으로 전락할 우려가 있으며 압력단체와 연계되기 쉽고 의원에게 폭넓은 국정심의 기회를 박탈할 수 있는 역기능적 요소도 있다.

② 위원회의 종류

  ㉠ 상임위원회: 상임위원회는 소관사항에 관한 입법 등 의안에 예비적 심의를 위해 상설적으로 설치한 것으로 현재 16개의 위원회가 있다. 상임위원은 국회의장이 교섭단체의 소속의원의 비율에 따라 선임하며 임기는 2년이다.

  ㉡ 특별위원회: 특별위원회란 상임위원회에 속하지 않은 특별한 안건을 처리하기 위하여 상설화된 윤리특별위원회(국회법 제46조), 예산결산특별위원회(국회법 제45조) 등이 있다.

  ㉢ 연석회의(국회법 제63조): 연석회의란 둘 이상의 위원회가 연석하여 개최하는 협의체로서, 의견진술과 토론만 가능하고 표결은 불가능하며 법적으로 독립된 의미의 위원회는 아니다.

  ㉣ 전원위원회: 위원회 중심주의로 인한 본회의에서 심의가 형식화하는 것을 보완하기 위하여, 주요의안의 상정 전이나 상정 후에 재적의원 4분의 1 이상의 요구가 있을 경우에 의원 전원으로 구성되는 위원회를 말한다(국회법 제63조의2). 전원위원회는 법안에 대한 수정권을 가진다.

③ 위원회의 운영

  ㉠ 폐기권한

    ⓐ 보류함(pigeon hole): 소관위원회에서 본회의에 부의할 필요가 없다고 판단될 때, 본회의에 부의하지 않고 의안을 폐기할 수 있다(국회법 제87조 제1항 본문).

    ⓑ 위원회의 해임(discharge of committee): 다만, 의안폐기결정 후 7일 이내에 의원 30인 이상의 요구가 있으면 다시 본회의에 부의된다(동법 제87조 제1항 단서).

④ 위원회의 의사절차

  ㉠ 정족수(국회법 제54조): 위원회는 재적위원 5분의 1 이상의 출석으로 개회하고 재적의원 과반수의 출석과 출석위원 과반수의 찬성으로 의결한다.

  ㉡ 일사부재의의 원칙(국회법 제92조): 일단 부결된 의안은 동일회기 중에 다시 발의하지 못하나, 위원회의 의결은 국회자체의 결정이 아니므로 본회의에서 다시 심의해도 동일사안의 재의가 아니다.

4. 교섭단체

① 의 의: 교섭단체란 원칙적으로 동일정당의 소속의원들로 구성된 원내정당을 의미한다. 이는 원내에서 의사를 원활하게 운영하려는 데 그 목적이 있다.

② 구 성: 동일정당의 20인 이상의 소속의원으로 구성한다. 정당단위가 아니더라도 다른 교섭단체에 속하지 아니하는 20인 이상도 가능하다.

③ 국회법상의 기관: 의원총회를 두며, 교섭단체의 대표위원은 그 정당의 대표가 아니라 원내총무이다.

제5절 국회의사원칙

국회의사원칙으로는, 다수결의 원칙, 의사공개의 원칙, 회기계속의 원칙, 일사부재의의 원칙, 정족수의 원리 등이 있다.

1. 다수결의 원칙

① 다수결원칙의 전제조건: 다수결 참여성원의 평등한 지위보장, 다수결 방식의 결정에 대한 합의, 이해관계의 다양성과 토론의 보장, 기본적 동질성을 가진 투표기관의 조직, 표결된 결정의 집행 등이 필요하다.

② 다수결원칙의 한계: 소수자 보호가 필요하다.

2. 의사공개의 원칙

① 적용범위: 위원회 포함설(다수설)과 본회의 한정설이 있다.

② 예외(헌법 제50조 제1항 단서): 비공개가 가능하다.
출석의원 과반수의 찬성이나 국가의 안전보장에 필요시 의장에 의하여 비공개가 가능하다.

3. 회기계속의 원칙

① 개 념: 회기 중에 의결되지 못한 의안도 폐기되지 아니하고 다른 회기에

계속하여 심의할 수 있다는 원칙을 말한다(헌법 제51조).

② 예외 — 회기불계속: 국회의원의 임기가 만료되었을 때에는 회기가 계속되지 아니한다. 이는 선거에 의한 대의민주주의 본질상 입법기 자체가 변경되므로, 입법기 내에 의결되지 못한 의안은 입법기 만료로 당연히 폐기된다.

4. 일사부재의의 원칙(국회법 제92조)

국회법
제92조【일사부재의】 부결된 안건은 같은 회기중에 다시 발의 또는 제출하지 못한다.

① 개　념: 의회에서 일단 부결된 의안은 동일회기 중에 다시 발언하거나 심의하지 못한다는 원칙이다. 소수파에 의한 의사방해(filibuster)를 방지하기 위한 것이다.

② 적　용: 동일회기 내일 것, 동일사항일 것, 본회의 의결(특히, 부결)일 것을 요한다.

▶ 가부동수가 된 안건은 부결되는 것으로 보므로 다시 발의하는 것은 일사부재의의 원칙에 반한다.

③ 예　외: 일사부재의의 적용이 없는 경우는 다음과 같다.
　　㉠ 회기 내의 부결 → 다음 회기에서 다시 발의, 심의할 수 있다.
　　㉡ 의제로 된 안건이라도 의결 전에 철회된 경우
　　㉢ 위원회에서의 부결 후 본회의에서 다시 심의: 일사부재의에 해당 안 된다.
　　㉣ 동일대상에 대한 해임건의안이더라도 새로이 발견된 사유로 인한 경우
　　㉤ 동일한 문제일지라도 사정의 변경으로 말미암아 목적, 수단, 방법 등이 변경되면 다시 재의가 가능하다(통설).

5. 정족수의 원리

정족수란 합의체기관에서 회의를 열거나 의결을 하는 데 필요한 출석자 수를 말한다. 정족수는 일정 수 이상이 출석하여야 회의를 열 수 있고, 일정 수 이상의 찬성이 있을 때 회의체의 의사결정으로 인정될 수 있다는 데 의의가 있다. 국회의 정족수는 의사결정에 절차적 정당성을 부여한다. 정족수에는 의사정족수(개의정족수)와

의결정족수가 있다. 전자는 회의가 성립되기에 필요한 수이며, 후자는 유효한 의결에 요구되는 수이다.

6. 국회법상 표결방법(국회법 제112조)

① 국회의 투표방식: 원칙적으로 전자투표로 하고 본회의 의결로 기명, 호명, 무기명 또는 의장이 이의를 물어서 가결하는 방법으로 한다.
② 무기명투표로 하는 것: 대통령으로부터 환부된 법률안 재의결, 인사에 관한 안건, 국회에서 하는 각종 선거(국회의장, 부의장, 임시의장선거 등), 국무총리 또는 국무위원해임건의권, 탄핵소추의결 등이 있다.
③ 기명투표로 하는 것: 헌법개정안 의결

제6절   국회의 권한

1. 법률의 제정절차

① 제안(제52조)
　　㉠ 국회의원 10인: 국회의원 10인의 찬성을 얻어 법률안을 제출할 수 있으며 예산상 조치가 수반하는 법률안 기타 의안의 경우에는 10인 이상의 찬성으로 예산명세서를 아울러 제출하면 된다(국회법 제79조).
　　㉡ 정　부: 국무회의 심의를 거쳐 제출한다.
　　㉢ 상임위원회 소관사항과 관련된 법률안 제출: 위원회가 법률안을 제출한 때에는 국회의원 10인 이상의 찬성을 얻지 않고 위원회의 의결로 한다. 이때 위원장이 제출자가 된다(국회법 제51조).
　　㉣ 특별위원회: 본회의 의결로 설치되는 특별위원회는 따로 소관이 있는 것이 아니므로 본회의 의결로 특정사항에 대한 법률안의 입안을 위해 특별위원회를 구성한 경우에 한해 그 범위 안에서 특별위원회는 법률안을 제출할 수 있다.
② 심　의
　　㉠ 국회의장: 의원에 배부→본회의에 보고→소관상임위원회에 회부
　　㉡ 소관상임위원회의 심사: 축조심사는 조문을 하나하나 낭독하면서 심사하는 것으로 세부적인 심사를 말한다. 소위원회는 축조심사를 생략할

수 없다(국회법 제57조 제7항). 위원회는 의결로 축조심사를 생략할 수 있다. 다만, 위원회는 제정법률안 및 전문개정법률안에 대하여 위원회의 의결로 생략할 수 없다. 위원회는 제정법률안 및 전문개정법률안에 대하여는 공청회 또는 청문회를 개최하여야 한다. 다만 위원회의 의결로 이를 생략할 수 있다(국회법 제58조 제5항). 위원회 심사대상인 법률안에 대하여 국회공보 등에 게재하여 입법예고할 수 있다. 폐회 중에는 위원장이 간사와 협의하여 입법예고할 수 있다(국회법 제82조의2).

ⓒ 체계·자구의 심사: 위원회의 심사를 마치거나 위원회가 입안한 때에는 법제사법위원회에 회부하여 체계·자구심사를 거쳐야 한다.

③ 의 결: 재적의원 과반수의 출석과 출석의원 과반수의 찬성으로 한다. 법률안의 수정동의안은 의원 30인 이상의 찬성으로 한다.

④ 성 립: 대통령의 서명이 필요하다.

⑤ 공 포

　　㉠ 공포권자

　　　　ⓐ 원 칙: 대통령이다. 대통령이 공포의무에 위반한 경우 탄핵소추사유가 된다.

　　　　ⓑ 예 외: 국회의장(제53조 제6항)이 하는 경우가 있다.

　　㉡ 효력발생

　　　　ⓐ 법률은 특별한 규정이 없는 한 공포한 날로부터 20일을 경과함으로써 효력을 발생한다. 법령 등 공포에 관한 법률은 국민의 권리제한 의무부과와 직접 관련된 법률은 특별한 사유가 있는 경우를 제외하고는 공포일로부터 30일이 경과한 날로부터 시행되도록 한다고 규정하고 있다(법령 등 공포에 관한 법률 제13조의2).

　　　　ⓑ 법률에 시행시기에 관한 특별한 규정이 있는 경우 그 날에 효력을 발생하나 법률에 규정된 시행일 이후 대통령이 공포한 경우, 공포한 날로부터 20일이 경과한 후 효력이 발생한다.

　　㉢ 공포시기: 현행법상 공포는 관보에 게재됨으로써 한다. 관보에 게재된 시기는 일반국민이 구독할 수 있는 상태에 놓인 최초의 시점으로 보는 최초구독가능시설과 공포 발행일로 보는 견해가 있으나 최초구독가능시설이 다수설이다.

2. 재정에 관한 권한

① 예 산
  ⊙ 예산의 의의
    예산이란 1회계연도에 있어서 국가의 세입·세출의 예산준칙을 정한
    것으로 국회의 의결로 성립되는 법규범의 일종이다. 예산은 정치적
    공동체의 가장 중요한 문제를 결정하고 좌우하며 국가의 방향과 모든
    정책을 결정한다. 또한 예산은 국가의 세입과 세출을 계획함으로써
    국가를 합리적으로 경영하게 하는 기초가 된다.
  ⓛ 예산의 존재형식
    ⓐ 존재형식: 예산법률주의를 취하는 나라는 미국, 영국, 독일, 프랑스
      등이다. 한편 예산비법률주의를 취하는 나라는 한국, 일본, 스위스
      가 있다.
    ⓑ 예산안의 편성·제출: 회계연도 개시 90일 전까지 국회에 제출하여
      야 한다(국무회의 심의사안).
    ⓒ 예산안의 심의·수정: 예산안의 심의는 시정연설 → 소관 상임위원
      회의 예비심사 → 예산결산특별위원회의 종합심사 → 국회 본회의
      의 의결·확정이라는 4단계의 절차를 가진다.
    ⓓ 예산결산특별위원회의 수정: 예산결산특별위원회는 소관상임위원회
      의 예비심사내용을 존중하여야 하며, 소관상임위원회에서 삭감한
      세출예산 각항의 금액을 증가하게 하거나 새 비목을 설치할 경우
      에는 소관상임위원회의 동의를 얻어야 한다. 다만, 새 비목의 설치
      에 대한 동의요청이 소관상임위원회에 회부되어 그 회부된 때부터
      72시간 이내에 동의여부가 예산결산특별위원회에 통지되지 아니
      한 경우에는 소관상임위원회의 동의가 있는 것으로 본다(국회법 제
      84조 제5항).
    ⓔ 국회수정: 예산안에 대해 수정동의하려면 의원 50인 이상의 찬성
      을 얻어야 한다(국회법 제95조).
    ⓕ 예산의 의결: 회계연도 개시 30일 전까지 국회는 예산을 의결해야
      한다. 예산안은 국회의 의결로써 성립되며, 예산의 공고는 법률과
      달리 효력발생요건이 아니다.
  ⓒ 예산의 내용: 예산은 예산총칙, 세입세출예산, 계속비, 명시이월비, 국고
    채무부담행위 등으로 구성되어 있다(국가재정법 제19조). 이 중 헌법이

특별히 따로 규율하고 있는 것으로는 계속비와 예비비제도가 있다.

ⓐ 계속비(헌법 제55조 제1항): 계속비란 수년도(5년 이내)에 걸치는 대규모 사업에 대한 경비를 미리 일괄하여 국회의 의결을 얻고 이를 변경할 경우 이외에는 따로이 국회의 의결을 얻을 필요가 없는 경비를 말한다. 계속비는 예산 1년주의원칙에 대한 예외로서 사업목적, 경비총액, 각 연도에 지출할 금액을 미리 정하여 국회의 의결을 얻어야 한다.

ⓑ 예비비(헌법 제55조 제2항): 예비비란 예측하기 어려운 예산 외의 지출이나 예산초과의 지출에 충당하기 위하여 예산에 계상되는 경비를 말한다. 예비비는 총액으로 국회의 의결을 얻어야 하며 예비비의 구체적 지출에 대하여는 차기 국회의 승인을 얻어야 한다. 국회의 승인을 얻지 못한 경우에는 지출행위의 효력에는 영향이 없으나 정부는 정치적 책임을 지게 된다.

ⓔ 예산의 종류: 예산은 본예산과 보정예산(추가경정예산), 확정예산과 임시예산(준예산, 잠정예산), 일반회계예산과 특별회계예산 등으로 구별된다.

ⓐ 추가경정예산: 예산이 성립한 후에 발생된 사유에 의하여 예산을 변경할 필요가 있는 때에는 정부는 추가경정예산안을 편성하여 제출할 수 있다(제56조). 추가경정예산안의 제출시기와 심의기간에 관한 헌법상 제한은 없으며, 심의방법도 본예산과 동일하다.

ⓑ 준예산: 정부가 제출한 예산안은 회계연도 개시 30일 전까지 국회가 의결하여야 한다(제54조 제2항). 다만, 어떠한 사유로 회계연도가 개시될 때까지 예산안이 의결되지 못한 경우 정부는 예산안이 국회에서 의결될 때까지 다음의 목적을 위한 경비는 전년도 예산에 준하여 집행할 수 있다(제54조 제3항).

- 헌법이나 법률에 의하여 설치된 기관 또는 시설의 유지·운영
- 법률상 지출의무의 이행
- 이미 예산으로 승인된 사업의 계속

ⓜ 예산의 효력

ⓐ 예산은 1회계연도 내에서만 효력을 가진다(시간적 효력).

ⓑ 예산은 법률과 달리 국가기관만을 구속한다(대인적 효력).

ⓒ 예산은 외국의 공관에서 행해지는 수입·지출에 대하여도 효력(지역적 효력)이 미친다(다수설).

ⓓ (세출예산)은 지출목적·금액·시기의 면에서 국가의 재정행위를 구

속하며, (세입예산)은 계상되지 않은 수입을 법률에 근거하여 징수하였다 하더라도 당해 연도의 세출에 충당할 수 없다는 효력이 있다(실질적 효력).

    ⓔ 예산은 법률과 조약보다는 하위의 효력을 지닌다고 본다(형식적 효력).

② 정부의 재정행위에 대한 권한: 예비비 지출에 대한 승인권(제55조 제3항), 기채동의권(제58조 전단), 예산 외에 국가의 부담이 될 계약체결에 대한 동의권(제58조 후단), 재정적 부담을 지우는 조약의 체결·비준에 대한 동의권(제60조 제1항), 긴급재경처분 및 명령에 대한 승인권(제76조 제3항) 등이 있다.

제58조 국채를 모집하거나 예산 외에 국가의 부담이 될 계약을 체결하려 할 때에는 정부는 미리 국회의 의결을 얻어야 한다.

③ 결산심사권

제99조 감사원은 세입·세출의 결산을 매년 검사하여 대통령과 차년도 국회에 그 결과를 보고하여야 한다.

④ **조세법률주의**: 헌법에는 "조세의 종목과 세율은 법률로 정한다"(제59조)고 규정하고 있다. 조세법률주의란 조세는 국민의 대표인 의회가 만든 법률에 의해서만 부과되고 징수될 수 있음을 말한다. 이는 절대군주의 자의적인 과세에 대항하여 납세자인 국민의 주세부담에 관한 자기결정권을 획득하는 과정에서 생성된 원칙이다.

    ㉠ **과세요건법정주의**: 과세요건법정주의는 「조세는 국민의 재산권을 침해하는 것이 되기 때문에 납세의무를 발생하게 하는 납세의무자·과세물건·과세표준·과세기간·세율 등 과세요건과 조세의 부과·징수절차를 모두 국민의 대표기관인 국회가 제정한 법률로써 규정하여야 한다」는 원칙을 말한다(헌재 1989.7.21, 89헌마38 등). 따라서 과세요건뿐만 아니라 조세의 부과·징수절차도 법률도 정해야 한다. 또한 과세요건법정주의는 조세의 부과·징수뿐만 아니라 조세감면의 근거 역시 법률로 정할 것을 요구한다(헌재 1996.6.26, 93헌바2).

    ㉡ **과세요건명확주의**: 과세요건명확주의는 과세요건에 관한 법률규정의 내용이 지나치게 추상적이거나 불명확하면 이에 대한 과세관청의 자의적인 해석과 집행을 초래할 염려가 있으므로 그 규정내용이 명확하고 일의적이어야 한다는 것을 의미한다(헌재 1992.12.24, 90헌바21 등). 그러

나 조세법 규정이 당해 조세법의 일반이론이나 그 체계 및 입법취지 등에 비추어 그 의미가 분명해질 수 있다면 과세요건명확주의에 위반된다고 할 수 없다.

ⓒ 소급과세금지의 원칙: 소급과세금지의 원칙은 조세를 납부할 의무가 성립한 소득·수익·재산 또는 거래에 한하여 그 성립 이후의 새로운 세법에 의하여 소급하여 과세하지 않는다는 원칙을 의미한다.

ⓔ 엄격해석의 원칙: 이는 조세법의 집행에 있어서 법률은 엄격하게 해석·적용되어야 하며 행정편의적인 확장해석이나 유추해석은 허용되지 않음을 의미한다(헌재 1990.9.3, 89헌가95). 그러나 법규 상호간의 해석을 통하여 그 의미를 명백히 하는 것은 확장해석이나 유추해석이라고 할 수 없다.

ⓜ 적정성의 원칙(=실질적 조세법률주의): 오늘날의 법치주의는 형식적 법치주의에 머무르는 것이 아니라 실질적인 법치주의를 포함하는 것으로 이해되고 있다. 따라서 조세법률주의도 형식적으로 국민의 대표가 제정한 법률에 의하지 아니하고는 과세 없다는 의미를 넘어 조세법의 목적이나 내용이 기본권 보장의 헌법이념과 이를 뒷받침하는 헌법상의 제 원칙에 합치할 것을 요구하는 실질적 조세법률주의를 의미한다.

ⓗ 조세법률주의의 예외

ⓐ 지방세의 특례: '지방세과세권' 국가귀속설이 다수설이며, 타당하다. 따라서 지방세기본법은 「지방자치단체는 지방세의 세목, 과세대상, 과세표준, 세율 그 밖에 부과징수에 필요한 사항을 정할 때에는 이 법 또는 지방세관계법에서 정하는 범위에서 조례로 정하여야 한다」(제5조 제1항)고 규정하여 지방자치단체에 의한 지방세의 부과·징수의 법적 근거를 마련하고 있는 것이다.

ⓑ 조약에 의한 협정관세율: 외국과의 조약에 의하여 관세에 관한 협정세율을 정하는 것도 조세입법권의 침해라고 볼 수 없다. 그러한 조약의 체결비준에는 국회의 동의가 필요하고, 국회의 동의를 얻은 조약은 국내법과 같은 효력을 갖기 때문이다.

ⓒ 긴급재정경제처분·명령: 국가가 중대한 재정경제상의 위기에 처할 경우 위기의 극복을 위하여 긴급한 조치가 필요하고 국회의 집회를 기다릴 여유가 없을 때에는 대통령이 최소한으로 필요한 재정·경제상의 처분을 하거나 이에 관하여 법률의 효력을 가지는 명령을 발할 수 있다. 이때의 긴급재정경제명령·처분이 조세에 관한

규정을 한다면 이는 조세법률주의의 예외가 될 것이다.

⑤ 조세평등주의

   ⊙ 의　의: 조세평등주의는 법 앞의 평등의 원칙을 조세의 부과와 징수과정에서도 구현함으로써 조세정의를 실현하려는 원칙이다. 이러한 조세평등주의의 원칙에 따라 과세는 개인의 경제적 급부능력을 고려한 것이어야 하고, 동일한 담세능력자에 대하여는 원칙적으로 평등한 과세가 있어야 한다. 또 나아가 특정의 납세의무자를 불리하게 차별하는 것이 금지될 뿐만 아니라 합리적 이유 없이 특별한 이익을 주는 것도 허용되지 아니한다.

   ⊙ 실질과세의 원칙: 실질과세의 원칙은 과세를 함에 있어 법적 형식과 경제적 실질이 상이한 때에는 경제적 실질에 따라 과세한다는 원칙이다. 즉, 법적 형식이나 명의·외관 등과 그 진실·실태·경제적 실질 등이 서로 다른 경우에는 후자에 따라 과세한다는 원칙이다.

3. 조약의 체결 · 비준에 대한 동의권

① 개　념: 조약이란 국가 간에 문서에 의한 합의(조약, 협정서, 의정서, 약정서 등)를 의미한다.

② 조약에 대한 국회의 동의: 민주적 정당성, 입법행위, 조약의 국내법적 수용에 대한 동의를 의미한다.

③ 동의를 요하는 조약: 예시설과 한정적 열거설(다수설)이 잇다.

④ 일부동의 · 수정동의 여부: 원칙적 불가, 단 가분적 조약, 상대국 협의시 가능하다.

⑤ 조약의 종료: 대통령이 단독으로 한다. 국회의 동의는 필요하지 않다.

4. 국정감사 · 조사권

① 개　념: 의회의 기능수행에 필요한 정보를 수집하기 위하여 의회에 부여된 강력한 질문·통제권으로 헌법은 국회의 조사적 권한을 국정감사와 국정조사로 구별하여 규정한다.

② 연혁 및 입법례

   ⊙ 국정조사권의 효시: 영국의회가 1689년 아일랜드전쟁(가톨릭폭동)의 패인을 조사·책임소재를 규명하기 위해 특별위원회를 구성하여 조사한

것에서 기원한다.

     ⓛ **미연방헌법**: 헌법에 명문 규정은 없으나, 학설과 판례상 의회의 보조적 권한으로 인정한다.

     ⓒ **최초명문규정**: 바이마르헌법(1919)에서 최초로 명문화하였다.

     ⓔ **우리나라의 경우**: 국정감사는 제헌헌법부터 규정되었다가 제4공화국, 제5공화국 헌법에서 삭제되었다가 현행헌법에 다시 규정되었다. 국정조사는 제5공화국 헌법에서 처음 규정되어 현행헌법에 이르고 있다.

  ③ **주 체**: 국회가 주체가 된다. 이때 국회는 본회의·위원회도 포함된다고 보는 것이 다수설이다.

  ④ **국정감사와 국정조사의 구별**

구 분	국정조사	국정감사
시 기	부정기	정 기
대 상	특정사안, 한정적 국정통제	국정전반, 포괄적 국정통제
공 개	공개원칙	공개원칙
주 체	특별위원회, 상임위원회	상임위원회

▸ 국정조사·감사는 국정의 합법성뿐만 아니라 국정의 합목적성까지 조사할 수 있다.

  ⑤ **국정감사·조사방법**

     ㉠ **청문회(국회법 제65조)**: 위원회는 중요한 안건(국정감사 및 조사를 포함)의 심사에 필요한 경우 증인·감정인·참고인으로부터 증언·진술의 청취와 증거의 채택을 위하여 청문회를 열 수 있다.

     ㉡ **동행명령**: 증인에 대해 강제구인할 수 없으나 위원장이 동행명령장을 발부할 수 있다. 증인은 변호인을 대동할 수 있다(국회에서의 증언·감정 등에 관한 법률 제6조, 제9조).

     ㉢ **고 발**: 본회의 또는 위원회는 증인, 감정인 등이 불출석의 죄, 국회모욕죄, 위증의 죄를 범하였다고 인정될 때에는 고발하여야 한다(국회에서의 증언·감정 등에 관한 법률 제15조).

  ⑥ **국정감사·조사의 한계**

     ㉠ **집행부의 독립에 의한 한계**

       ⓐ 국정감사·조사가 행정작용을 구체적·직접적으로 통제하는 것이어서는 안 된다. 즉, 국회가 직접 행정처분을 행하거나 그 취소를 명하는 것은 인정되지 않는다.

       ⓑ 검찰사무의 수사·기소 등은 행정작용에 속하는 것으로 감사·조

사의 대상이 될 수 있지만 현재 진행 중인 수사의 속행을 방해하거나 소추에 간섭하는 것은 허용되지 않는다고 본다.

 〚 사법권의 독립에 의한 한계

  ⓐ 구체적 사건이 법원에 계속 중인 경우: 긍정설과 부정설이 있으나, 현재 법원에 계속 중인 사건에 관하여 정치적 압력을 가하거나, 절차를 감사·조사하는 것은 허용되지 않으므로 부정설이 타당하다(통설).

  ⓑ 판결 후 재판내용, 소송절차에 대한 당·부당의 감사·조사: 법관이 독립하여 재판을 행하는 것에 대하여 중대한 영향을 미칠 가능성이 있는 행위가 된다는 부정설(다수설)과 현재 계속 중이 아닌 사건에 관하여는 인권옹호나 공정한 재판의 보장여부를 조사할 수 있다는 견해가 있다.

 〚 사생활 불가침 등 기본권보장상의 한계: 국회의 국정감사, 조사권은 국정에 관한 것이므로 국정과 관계가 없는 개인의 사생활 사항에 관해서는 이를 감사·조사할 수 없다고 보는 것이 통설이다. 다만, 이러한 사항이라 하여도 국가작용과 관련이 있는 사항은 감사·조사의 대상이라 할 수 있다.

 〚 중대한 국가이익상의 한계: 원칙적으로 증인 또는 제출할 서류가 직무상 비밀에 속한다는 이유로 증언이나 서류제출을 거부할 수 없으나(국회에서의 증언·감정 등에 관한 법률 제4조 본문), 군사·외교 등의 국가기밀에 관한 사항으로서 그 발표로 말미암아 국가안위에 중대한 영향을 미친다는 주무부장관의 소명 등이 있는 경우에는 거부가 가능하다(국회에서의 증언·감정 등에 관한 법률 제4조 단서).

5. 국정통제에 관한 권한

① 국무총리·국무위원 등의 출석요구 및 질문권, 대정부 서면질문권: 국회나 그 위원회는 국무총리·국무위원 또는 정부위원의 출석을 요구할 수 있고, 질문할 수 있다(헌법 제62조 제2항).

② 국무총리·국무위원 해임건의권

 ㉠ 의 의: 대통령의 권한을 약화시키고 국회의 권한을 강화시키기 위한 제도로서 제5공화국 헌법의 해임의결권을 해임건의권으로 변경한 것이다.

ⓛ 사유(정치적 책임): 직무집행이 위헌·위법은 물론이고 정책의 과오·무능력도 해당한다.

▶ 탄핵소추: 직무집행이 위헌·위법인 경우에 한정한다.

ⓒ 해임건의 절차

ⓐ 발　의: 재적의원 1/3 이상의 발의가 필요하다.

ⓑ 본회의 보고: 그때부터 24시간 이후 72시간 이내 무기명투표로 한다.

ⓒ 건　의: 재적과반수의 찬성으로 하며, 그 기간 내 표결이 없으면 폐기된 것으로 본다.

ⓔ 효　과

ⓐ 대통령에 대한 구속력이 없다고 보는 것이 다수설이다.

ⓑ 국무총리에 대한 해임건의시 국무위원의 해임여부: 개별책임의 본질상 국무총리의 해임건의가 당연히 국무위원 전원의 해임을 결과하는 것은 아니다.

6. 국회의 자율권

① 자율권의 내용

㉠ 국회규칙의 제정권(규칙자율성)

ⓐ 성　질

• 명령설: 국회규칙은 본질적으로 국회의 자주적 결정에 의한 규칙이기는 하지만 그것은 국회법 등 법률의 시행세칙을 그 내용으로 하고 그 형식적 효력은 명령에 준하는 것으로 본다(국회법 시행령).

• 자주법설: 국회규칙에 대해 그 자주법적 성격을 강조하는 견해로, 국회규칙의 제정은 국회의 자주적 결정에 임하고 있는 것이며 그것은 명령과는 본질적으로 다르다.

㉡ 의사자율권으로 집회 및 의사에 관한 권한이 있다.

㉢ 내부조직권(조직자율권)이 있다.

㉣ 내부경찰권, 의원가택권(질서자율권)이 있다.

㉤ 의원 신분에 관한 권한(신분자율권)이 있다.

ⓐ 자격심사: 법률의 정하는 의원의 자격, 즉 피선자격, 겸직위반여부 등을 대상으로 한다. 의원 30인 이상의 청구와 윤리특별위원회의 예심을 거쳐 국회법상 재적의원 3분의 2 이상의 찬성으로 본회의

의결로 이루어진다. 자격심사는 법원에 제소가 금지된다. 무자격
결정은 장래에 대하여 효력이 발생한다.

　　　ⓑ 윤리심사 · 징계권: 윤리심사에 해당하는 것은 국회의원윤리강령 및
국회의원윤리실천규범위반(국회법 제155조)이고, 징계심사에 해당
하는 것은 청렴의무위반, 이권운동의 금지 등(국회법 제155조)이다.
징계의 종류로는 30일 이내의 출석정지, 제명, 공개회의에서의 경
고, 공개회의에서의 사과이다. 법원에 제소가 금지된다. 회의는
비공개원칙이 적용된다. 징계의결시는 공개회의에서 의장이 선포
한다.

　② 국회의 자율권의 한계
　　㉠ 의원의 자격심사 · 징계의 사법심사 여부: 헌법은 국회의원의 자격심사,
징계에 대하여 법원에 제소할 수 없도록 명문의 규정을 두고 있으나(제
64조 제4항), 지방의회 의원의 징계는 행정소송의 대상이 되며 고등법
원이 제1심 관할법원이 된다고 한다(대판).

　　㉡ 국회의 입법절차(날치기문제)와 사법심사: 법치주의 원리상 모든 국가기
관은 헌법과 법률에 의하여 기속을 받는 것이므로 국회의 자율권도 헌
법이나 법률을 위반하지 않는 범위 내에서 허용되어야 하고 따라서 국
회의 의사절차나 입법절차에 헌법이나 법률의 규정을 명백히 위반한
흠이 있는 경우에도 국회가 자율권을 가진다고는 할 수 없다(헌재
1997.7.16, 96헌라2).

7. 탄핵소추권

　① 개　념: 일반적 사법절차나 행정절차에 따라 소추하거나 징계하기가 곤란
한 신분이 보장된 고위직 공무원이 직무상 중대한 비위를 범한 경우에, 이
를 의회가 소추하여 처벌 혹은 파면하는 제도이다.

　② 법적 성격
　　㉠ 형사벌적 성질: 공직박탈과 징역, 금고가 가능하다(영국, 프랑스).
　　㉡ 징계벌적 성질: 공직만 박탈한다(우리나라, 미국, 독일).

　③ 탄핵소추의 대상: 헌법에 열거된 자(헌법 제65조 제1항)
　　㉠ 탄핵소추대상을 법률로 정하도록 하고 있으나 아직 입법화되어 있지
않다.
　　㉡ 개별법적 차원에서 검찰청법 제37조(검사)가 있다.

ⓒ 처장, 정부위원, 각군 참모총장, 외교관 등은 해석상 포함된다.

▸ 국회의원은 탄핵대상이 되지 않는 것이 원칙이다.

④ 탄핵소추의 사유

    ㉠ 직무집행에 있어서

        ⓐ 직무집행과 관련된 현직 중의 행위만 해당된다.

        ⓑ 직무관련 없는 행위: 사생활의 행위 또는 취임 전이나 퇴직 후의 행위는 탄핵소추의 사유가 되지 않는다.

    ㉡ 헌법과 법률에 위배

        ⓐ 정치적 무능력, 정책결정상의 과오는 탄핵사유가 아니다.

        ⓑ 헌법과 법률(국제법규와 긴급명령 포함)에 위반할 것

    ㉢ 위법행위가 있을 것: 위법행위에는 고의나 과실에 의한 경우뿐만 아니라 법의 무지로 인한 경우도 포함된다(다수설).

⑤ 탄핵소추의 절차

    ㉠ 발　의: 재적의원 3분의 1 이상(대통령의 경우는 재적과반수)

    ㉡ 법제사법위원장이 소추의원을 대표하여 소추결의서를 헌재에 제출한다.

    ㉢ 의　결: 재적의원 과반수 찬성(대통령의 경우는 재적의원 3분의 2 이상) 과 무기명표결로 한다.

⑥ 소추의결의 효과

    ㉠ 권한행사의 정지: 탄핵심판이 있을 때까지 자동정지(가처분제도 불필요)

    ㉡ 사퇴 · 해임의 금지: 임명권자는 피소추자의 사직원을 접수하거나 해임할 수 없다. 그러나 탄핵소추가 의결된 자가 파면된 경우에는 탄핵의 목적을 달성하였다고 보기 때문에, 헌법재판소는 탄핵청구를 기각하여야 한다(헌법재판소법 제53조 제2항).

⑦ 탄핵심판

    ㉠ 심판의 주체: 헌법재판소이다.

    ㉡ 결정의 정족수: 재판관 7인 이상의 출석 · 심리, 6인 이상의 찬성으로 결정한다.

    ㉢ 결정의 효력

        ⓐ 공직으로부터 파면함에 그친다.

        ⓑ 탄핵결정에 대하여 대통령은 사면할 수 없다(통설).

03 정 부

제1절 대통령

1. 대통령의 선출

① 현행 헌법에 있어서 대통령의 선거방법

    ⊙ 대통령의 피선거권: 대통령으로 선거될 수 있는 자는 국회의원의 피선거권이 있고, 대통령선거일 현재 40세에 달하여야 한다(5년 이상 국내거주요건을 부활시켰다. 1996. 12. 공직선거 및 선거부정방지법 개정).

    ⓛ 대통령후보자: 후보자가 되려고 하는 자는 3억원을 기탁하여야 한다. 무소속후보는 5개 이상 시·도에서 각 700인 이상 추천장을 첨부하여야 한다.

    ⓒ 대통령의 선거

        ⓐ 선거일: 임기만료에 의한 대통령선거는 대통령의 임기만료일 70일 내지 40일 전에 실시하여야 하며(임기만료 전 70일 후 첫째 수요일), 대통령이 궐위된 때의 선거는 궐위된 날로부터 60일 이내에 실시한다. 후임자의 임기는 새로이 5년의 임기가 시작된다.

        ⓑ 당선인의 결정: 중앙선거관리위원회는 유효투표의 다수를 얻은 자를 당선인으로 결정한다. 대통령후보자가 1인일 때에도 선거를 하며, 그 득표수가 선거권자 총수의 3분의 1 이상에 달하여야 한다. 최고득표자가 2인 이상인 때에는 국회에서 선출하며, 국회의원 재적과반수가 출석한 공개회의에서 다수표를 얻은 자를 당선인으로 한다.

2. 대통령의 신분상 지위

① 임 기: 대통령의 임기는 5년이며 중임할 수 없다(제70조). 대통령의 임기 연장 또는 중임변경을 위한 헌법개정은 그 헌법개정 제안 당시의 대통령에 대하여는 효력이 없도록 규정하여(제128조 제2항), 1인의 장기집권의 병폐를 방지하고 있다.

② 취임선서: 대통령은 취임에 즈음하여 "나는 헌법을 수호하고 국가를 보위하며 조국의 평화적 통일과 국민의 자유와 복리의 증진 및 민족문화의 창달에 노력하여 대통령으로서의 직책을 성실히 수행할 것을 국민 앞에 엄숙히 선서합니다"라는 선서를 하여야 한다(제69조).

③ 특 권

  ㉠ 의 의: 내란·외환의 죄를 범한 경우를 제외하고는, 재직 중 형사소추를 받지 않는 특권으로서 내란·외환의 죄, 민사·행정·탄핵의 소추는 재직중에도 그 소추가 가능하다.

    ⓐ 재직중의 특권이다. 영구적인 것이 아니라 일시적 특권이다.

    ⓑ 소추의 유예이다. 면제되는 것이 아니라, 퇴직 후 소추가 가능하다.

  ㉡ 대통령의 형사상 특권과 공소시효(헌재 1995.1.20, 94헌마246): 내란·외환의 죄는 재직 중 소추가 가능하므로 재직(대통령 임기) 중에 공소시효가 진행되나 그 외(군형법상의 반란죄 등)에는 재직 중 소추가 불가능하므로 재직 중에는 공소시효가 정지된다.

④ 의 무: 대통령은 헌법을 준수하고, 국가를 보위하며, 조국의 통일과 국민의 자유와 복리의 증진 및 민족문화의 창달을 위하여 대통령의 직책을 성실히 수행할 의무(직무에 관한 의무)가 있다. 또한 대통령은 국무총리·국무위원·행정각부의 장 기타 법률이 정하는 공·사의 직을 겸할 수 없다(겸직금지의무).

⑤ 권한대행: 대통령이 궐위되거나 사고로 인하여 직무를 수행할 수 없을 때에는 1차적으로 국무총리가 그 권한을 대행하고, 2차적으로 법률이 정한 국무위원의 순서로 그 권한을 대행한다(제71조).

【대통령의 권한대행】

궐 위	사 고
대통령의 부존재: 대통령의 사망, 탄핵결정에 의한 파면, 피선자격의 상실, 사임	대통령은 재위, 그러나 직무를 수행할 수 없는 경우: 신병(정신장애), 해외여행, 탄핵소추의 결정이 있을 때까지 권한행사가 정지된 경우

⑥ 전직 대통령에 대한 예우: 전직 대통령의 신분과 예우에 관하여는 법률로 정하게 되어 있는바(제85조), 현재 국가원로자문회의법은 존재하지 아니한다. 1989년에 폐지하였다. 전직 대통령에게 국민의 알 권리 충족을 위하여 증언 등의 진술을 요구하는 것은 예우에 어긋난다고 볼 수 없다.

3. 대통령의 권한

(1) 긴급재정경제처분 · 명령과 긴급명령권

① 역　할: 제1공화국 헌법은 긴급명령, 긴급재정처분을 규정하였고, 제2공화국 헌법은 긴급재정명령 · 처분을 규정하였다. 제3공화국 헌법은 긴급명령, 긴급재정 · 경제처분 및 명령으로 세분 · 확대하였으며, 유신헌법은 긴급조치를, 제5공화국 헌법은 비상조치를 규정하였다. 현행 헌법은 대통령의 국가긴급권을 축소시켜서 긴급명령, 긴급재정 · 경제처분 및 명령을 규정하고 있다(제76조 제2항).

② 의의와 요건

구 분	긴급재정 · 경제처분권	긴급명령권
의 의	중대한 재정 · 경제상의 위기에 있어서 국가안전보장 또는 공공의 안녕질서를 유지하기 위하여 대통령이 행하는 재정 · 경제상의 치분(재정의회주의의 예외)	국가의 안위에 관계되는 중대한 교전상태에 있어서 국가를 보위하기 위해서 발하는 예외적 긴급 · 비상의 입법조치(법치주의 · 일반적 법률유보원칙의 예외)
요 건	국회의 집회를 기다릴 여유(임시회집회에 요구되는 3일)가 없을 때, 폐회중인 경우에 해당하고 개회중(휴회중 포함)에는 해당 안 됨	국회의 집회가 불가능할 때(폐회중 · 개회중 상관없이 집회가 법률상 또는 사실상 불가능한 경우)
내 용	재정 · 경제상의 사항	내정 · 외교 · 국방 · 사법 등 국정전반

③ 절　차
　　㉠ 처분 · 명령 후 지체없이 국회에 보고하여 승인을 얻을 것
　　㉡ 폐회중인 경우 대통령이 임시회의 소집을 요구하여 승인을 얻을 것
　　㉢ 국회의 승인정족수는 재적과반수의 출석과 출석과반수의 찬성(다수설)이 필요하다.

④ 한　계
　　㉠ 사후적 · 소극적 · 방어적 목적으로만 발동이 가능하다.
　　㉡ 공공복리실현 · 정권연장 · 야당탄압 · 통일촉진 등의 목적으로는 안 된다.

⑤ 효　력
　　㉠ 국회의 승인을 얻지 못하면 그때부터 효력이 상실한다.
　　㉡ 국회의 승인을 얻으면 확정적으로 유효하다.
　　㉢ 국회는 법률로써 긴급명령을 개폐할 수 있으며, 대통령도 해제할 수 있다.

⑥ 공　포: 국회에 보고하여 승인 요청했다는 사실과 그 승인 여부를 지체 없

이 공포한다.

⑦ 통 제

　㉠ 국회는 수정승인·탄핵소추·법률개정 등으로 통제할 수 있다.

　㉡ 사법심사의 대상이 된다(긴급명령 자체의 위헌성 여부는 헌법재판소의 심판 대상, 긴급명령에 기한 처분의 위헌·위법성 여부는 법원의 대상).

　㉢ 국회는 그 해제를 요구하거나 건의할 수 없다.

4. 계엄선포권

① 계엄의 효력

구 분	경비계엄	비상계엄
관 할	① 계엄지역 내의 군사에 관한 행정사무, 사법사무(재판작용은 제외) ② 계엄사령관이 관장	① 계엄지역 내의 모든 행정사무, 사법사무(재판작용은 제외) ② 계엄사령관이 관장
특별한 조치	① 기관에 관한 특별한 조치 • 정부·법원의 권한 해당 안 됨 • 헌법재판소, 국회의 권한 해당 안 됨 ② 기본권에 관한 특별한 조치: 경비계엄 하에서는 국민의 자유와 권리를 제한할 수 없음	① 기관에 관한 특별한 조치 • 정부·법원의 권한에는 해당 • 헌법재판소, 국회의 권한에는 해당 안 됨 ② 기본권에 관한 특별한 조치 • 헌법 제77조 제3항: 영장제도, 언론·출판·집회·결사의 자유 • 계엄법: 거주·이전의 자유, 단체행동의 자유

▶ 헌법 제77조 제3항에 정하지 아니한 거주·이전의 자유를 계엄법 제9조에 정하고 있는 것에 대하여 위헌설과 합헌설이 대립하고 있다.

② 계엄의 해제

　㉠ 해제권자: 대통령

　㉡ 해제요건

　　• 비상사태의 평상상태로의 회복(국무회의 심의)

　　• 국회의 해제요구(재적과반수 찬성)

▶ 단, 대통령이 필요하다고 인정할 때에는 계엄이 해제되더라도 군사법원의 재판권을 1월 내에 한하여 연기 가능하다. 이 규정의 위헌설과 관련하여 합헌설(대판)과 위헌설이 대립한다.

③ 계엄의 통제
    ㉠ 사전통제(기관 내 통제): 행정부 내(자문, 국무회의 심의, 문서, 부서 등)
    ㉡ 사후통제(기관 간 통제)
        ⓐ 국회에 의한 통제: 국회의 해제요구(재적과반수 찬성), 국정조사, 탄핵소추 등
        ⓑ 법원에 의한 통제
            • 계엄선포행위: 통치행위라는 이유로 사법심사의 대상이 아니다.
            • 포고령, 구체적 처분: 사법심사의 대상이다.
            • 기본권 침해시: 헌법소원 제기가 가능하다.

5. 행정에 관한 권한

행정에 관한 권한은 원칙적으로 대통령을 수반으로 하는 행정부에 귀속된다.
  ① 행정의 최고지도자: 대통령은 행정부의 수반으로서 행정에 관한 최고의 결정권과 집행권을 가지며, 법률을 공포하고 집행할 권한을 가진다. 법률을 집행함에 필요한 위임명령과 집행명령을 발할 수 있다. 행정권은 대통령의 권한과 책임 하에서 이루어지며, 행정부 구성원을 지휘·감독한다.
  ② 외교에 관한 권한

제73조 대통령은 조약을 체결·비준하고, 외교사절을 신임·접수 또는 파견하며, 선전포고와 강화를 한다.

    ㉠ 조약의 체결·비준권
        ⓐ 형식적 행정이나, 실질적 입법작용이다.
        ⓑ 국무회의 심의(제89조 제3항)와 국회의 동의(제60조 제1항)가 필요하다.
    ㉡ 외교사절의 신임·접수·파견: 국회의 동의가 필요없다. 대통령의 자율적 권한이다.
    ㉢ 선전포고·강화권: 전쟁의 개시와 종결을 위한 권한, 국무회의의 심의(제89조 제2항), 국회의 동의(제60조 제1항·제2항)가 필요하다.
  ③ 공무원임면권

제78조 대통령은 헌법과 법률이 정하는 바에 의하여 공무원을 임면한다.

【공무원 임명에 관한 제한】

자 격	일정한 자격을 요하는 경우
일정기관의 제청	국무위원·행정각부장관(국무총리가 제청), 대법관(대법원장이 제청), 감사위원(감사원장이 제청)
국회의 동의	국무총리(제86조 제1항), 감사원장(제98조 제2항), 대법원장(제104조 제1항), 대법관(제104조 제2항), 헌법재판소장(제114조 제4항)
국무회의의 심의	검찰총장, 합동참모의장, 각군 참모총장, 국립대학교총장, 대사, 기타 법률이 정하는 공무원과 국영기업체 관리자(제89조 제16항)

④ 국군통수권

제74조 ① 대통령은 헌법과 법률이 정하는 바에 의하여 국군을 통수한다.
② 국군의 조직과 편성은 법률로 정한다.

㉠ 국군통수권자로서의 대통령: 국가원수의 지위(다수설), 행정부 수반으로서의 지위, 양자의 지위로 보는 학설이 있다.

㉡ 국군통수권의 내용

ⓐ 군 정: 국군을 조직·편성·취득·유지·관리하는 양병작용을 의미한다.

ⓑ 군 령: 작전계통에 따라 현실적으로 군을 지휘·명령하고 통솔하는 용병작용을 의미한다.

ⓒ 군정과 군령의 통합여부에 따라

• 병정분리주의(군정·군령이원주의): 군정과 군령을 분리하여 군령은 법률에 의하지 않고, 대통령 직속하에 특수한 명령으로 규율하는 방법으로 신속한 용병이 가능하나 군국주의화의 위험이 있다.

• 병정통합주의(군정·군령일원주의): 군정·군령 모두를 국가행정의 일부로서 대통령이 관장함으로써 군의 통제를 용이하게 한다. 군국주의를 경계하고 민주군정을 실현하기 위해서 우리 헌법이 취하고 있다.

⑤ 영전수여권: 대통령은 법률이 정하는 바에 의하여 훈장 기타의 영전을 수여한다(제80조). 영전수여는 국무회의의 심의를 거쳐야 한다.

6. 국회에 관한 권한

① 임시회의 소집요구권: 대통령은 임시회의 소집을 요구할 수 있다(제47조 제1항). 임시회의 소집요구는 국무회의의 심의를 거쳐야 하며, 기간과 집회요구의 이유를 명시하여야 한다(제47조 제3항). 특히, 대통령이 긴급명령, 긴급재정 · 경제처분 및 명령을 하거나 계엄을 선포한 경우에 국회가 휴회 · 폐회중이면 국회의 승인이나 통고를 위하여 임시회의 소집을 요구하여야 한다. 대통령이 요구한 임시회에서는 정부가 제출한 의안만을 심의할 수 있다고 본다.

② 국회출석 · 발언권: 대통령은 국회에 출석하여 발언하거나 서한으로 의견을 표시할 수 있다(제81조).

7. 입법에 관한 권한

① 법률안 제출권: 대통령은 정부의 수반으로서 법률안을 제출할 권한을 가진다(제52조). 대통령제 하에서는 대통령에게 법률안제출권을 인정하지 않는 것이 원칙이나, 우리 헌법은 정부와 국회의 긴밀한 유대관계를 도모하기 위하여 이를 인정하고 있다.

② 법률안 거부권

　㉠ 의 의: 대통령의 법률안 거부권(right of veto)이라 함은 국회가 의결하여 정부에 이송한 법률안에 대하여 대통령이 이의가 있을 때에 국회에 재의를 요구할 수 있는 권한을 말하며, 법률안재의 요구권이라고도 한다. 미국 헌법에서 유래된 것이다.

▶ 행정부의 자기방어수단으로서 대통령제의 요소이다.

　㉡ 법적 성질: 정지조건설, 해제조건설, 공법상 특유한 제도설이 있으나 법률 완성에 대한 조건부의 소극적 정지권으로 보는 정지조건설이 다수설이다.

　㉢ 법률안 거부권의 행사요건

　　ⓐ 실질적 요건: 현행 헌법상 어떠한 경우에 법률안 거부권을 행사할 수 있는지에 대해서 명문의 규정은 없다. 다만, 그 행사는 정당한 이유가 있고, 객관적으로도 타당성이 인정되는 경우이어야 한다. 즉, 헌법에 위반되는 경우, 집행이 불가능한 경우, 국가적 이익에

반하는 경우, 대통령에 대한 부당한 정치적 공세의 경우, 예산상의 뒷받침이 없는 경우 등이 그 행사요건이 될 것이다.

ⓑ 절차적 요건: 절차적 요건으로는 법률안이 정부로 이송되어온 날로 부터 15일 이내에 국무회의의 심의를 거쳐(생략불가, 헌법 제89조 제3호) 법률안에 이의서를 붙여(필수적 요건) 국회로 환부하여 재의를 요구한다는 것 등이다.

ⓔ 법률안 거부권의 행사방법

　ⓐ 환부거부

　　• 환부거부의 의의: 환부거부(direct veto)라 함은 국회가 의결하여 정부에 이송한 법률안을 지정된 기일(15일) 안에 대통령이 이의서를 붙여서 국회에 환부하고 재의를 요구하는 것을 말하는데, 국회가 폐회 중인 때에도 환부하여야 한다. 현행헌법은 행사방법으로 이를 채택하고 있다(제53조 제2항).

　　• 일부거부와 수정거부: 일부거부는 국회의 법률안심의권을 침해하고, 수정거부는 거부권의 소극적 성격 자체에 반하므로 우리 헌법은 이를 명문으로 금지하고 있다(제53조 제3항).

　ⓑ 보류거부: 보류거부의 인정여부에 대해서는 학설 대립이 있으나, 부정설이 다수설이다. 부정설(다수설)에 따르면, 헌법은 회기계속의 원칙을 규정하고 있고(헌법 제51조), 국회의 폐회중에도 환부를 인정하고 있으며, 제53조 제5항은 15일 이내에 공표도 하지 아니하고 재의의 요구도 없으면 그 법률안은 법률로서 확정된다고 규정하고 있으므로 보류거부는 인정되지 않는다고 한다.

ⓜ 법률안 거부권의 통제

　ⓐ 법률안재의결: 대통령에 의해 거부권이 행사된 법률안이라도 국회 재적의원 과반수의 출석과 출석의원 3분의 2 이상의 찬성으로 재의결된다면 그 법률안은 법률로서 확정된다(제53조 제5항). 그러나 효력에 있어서는 국회의장이 공포해야만 효력이 발생한다.

　ⓑ 거부권의 남용: 정당한 이유가 없는 법률안거부권의 남용에 대해서는 탄핵소추가 가능하나, 실질적으로 국회가 대통령에 대한 탄핵소추를 결의한다는 것은 어려우므로 사실상 '국회의 재의결'에 의해 대통령의 법률안거부권을 통제하는 방법이 더 효과적이다.

③ 법률안 공포권: 대통령은 국회에서 의결되어 정부에 이송되어 온 법률안을 15일 이내에 공포한다(제53조 제1항). 법률안에 대하여 이의가 있을 때에

는 국회에 재의를 요구할 수 있다. 대통령이 15일 이내에 공포나 재의를 요구하지 아니하면 법률안은 법률로서 확정되며(제53조 제5항), 대통령은 확정된 법률을 지체없이 공포하여야 한다(제53조 제6항). 만일 대통령이 확정된 법률을 5일 이내에(확정된 후이거나 확정되어 정부로 이송된 후) 공포하지 아니하면 국회의장이 이를 공포한다. 법률은 특별한 규정이 없으면 공포한 날로부터 20일이 경과함으로써 효력을 발생한다.

④ 행정입법권: 행정입법권이란 행정부가 법률의 위임 또는 법률의 집행을 위하여 법(명령)을 만드는 것이다. 공동체유지에 필요한 사항은 의회가 법률로 정해야 하는 것이 법치국가의 기본원리이다. 그러나 국가의 성격이 사회국가화 되면서 모든 사항을 의회입법으로 처리하는 것은 불가능하고 부적절하게 되었다. 전문적이고 기술적인 입법이 증대되었으며 법률만으로는 상황변화에 신속하게 대처하기가 어렵기 때문이다. 세계 각국의 모든 헌법은 행정입법을 승인하고 있다. 행정입법의 허용여부는 해결되었기에 허용범위와 정도만이 문제된다.

행정입법은 제정자에 따라 대통령령, 총리령, 부령으로 나눌 수 있다. 대통령령은 시행령으로, 총리령과 부령은 시행세칙으로 불려진다. 행정입법은 성질에 따라 법규명령과 행정명령(규칙)으로 나뉘며, 법규명령은 다시 위임명령과 집행명령으로 구별된다.

제75조 대통령은 법률에서 구체적으로 범위를 정하여 위임받은 사항과 법률을 집행하기 위하여 필요한 사항에 관하여 대통령령을 발할 수 있다.

㉠ 법규명령과 행정명령

구 분	법규명령	행정명령(규칙)
근 거	• 헌법의 근거가 필요함 • 일반권력관계를 기초로, 일반통치권을 근거	• 헌법의 근거가 필요없음 • 특별권력관계를 기초로, 특별권력을 근거
규정 사항	• 법규사항을 규정 • 국민의 권리·의무에 관한 사항을 규정	• 법규사항은 규정불가 • 국민의 권리·의무에 관한 사항을 규정 못함
효 력	• 대외적·일반적 효력 • 일반국민과 국가기관을 모두 구속	• 대내적·일면적 효력(예외적으로 대외적 효력 있다) • 행정권 내부에서 수명기관만을 구속

ⓛ 위임명령과 집행명령: 법규명령을 위임명령과 집행명령으로 나눌 수 있다.

구 분	위임명령	집행명령
의 의	법률에서 구체적 범위를 정하여 위임받은 사항을 정하는 법규명령	대통령이 법률을 집행하기 위하여 필요한 사항에 관하여 발하는 법규명령
근 거	헌법적 근거 외에 법률의 위임이 필요(제75조)	헌법적 근거가 있어야 하나 법률의 위임은 불요
규정 사항	새로운 법규사항 규정 가능 • 처벌법규설정: 가능 • 법률에 기준을 설정한 후에 구체적 행위를 위임하는 것은 허용됨(대판)	• 모법에 규정이 없는 새로운 법규사항규정 불가능 • 법률의 시행에 관한 구체적인 절차·형식을 규정

ⓒ 위임입법의 한계

ⓐ 포괄적 입법금지의 원칙 — 포괄적 입법금지원칙에 위반된 사례: 지방세법상 "대통령령이 정하는 고급주택" 지방세법 제112조 제2항은 … "대통령령으로 정하는 고급주택"이라고 불명확하고 포괄적으로 규정함으로써 … 헌법상의 조세법률주의, 포괄적 위임입법금지의 원칙에 위배된다(헌재 1999.1.28, 98헌가17).

ⓑ 포괄적 입법금지의 예외로서의 조례제정권: 조례의 제정권자인 지방의회는 선거를 통하여 그 지역적인 민주적 정당성을 지니고 있는 주민의 대표기관이고 헌법이 지방자치단체에 포괄적인 자치권을 보장하고 있는 취지로 볼 때, 조례에 대한 법률의 위임은 법규명령에 대한 법률의 위임과 같이 반드시 구체적으로 범위를 정하여 할 필요가 없으며 포괄적인 것으로 족하다.

ⓓ 행정규칙의 법규성: 행정규칙이 법령의 규정에 의하여 행정관청에 법령의 구체적 내용을 보충할 권한을 부여한 경우, 또는 재량권행사의 준칙인 규칙이 정하는 바에 따라 되풀이 시행되어 행정관행이 이루어지면, 평등의 원칙이나 신뢰보호의 원칙에 따라 행정기관은 그 상대방에 대한 관계에서 그 규칙을 따라야 할 자기구속을 당하게 되고, 그러한 경우에는 대외적인 구속력을 가지게 된다(헌재 1998.2.27, 97헌마64).

8. 사법에 관한 권한

① 사면의 의의: 사면은 죄를 용서하고 벌을 면하게 하는 것으로, 국가적 경사가 있거나 국경일 또는 경축일을 기념할 때 이루어지며, 국가원수에 의해 행해진다. 사면은 사법권에 대한 제약으로 권력분립원칙에 대한 중대한 제

한에 해당하나 세계 대다수 헌법에서 인정되고 있다. 사면은 협의로는 형의 선고나 공소권을 소멸시키는 것을 말하지만, 광의로는 복권과 감형을 포함한다. 대통령은 법률이 정하는 바에 따라 사면권을 행사할 수 있다.

② 사면권의 내용

㉠ 사 면

ⓐ 일반사면: 대통령령으로 죄의 종류를 지정하여 공소권이나 형의 선고의 효력을 상실하게 한다.

ⓑ 특별사면: 대통령이 명으로써 형의 선고를 받은 "특정인"을 대상으로 하며 형의 집행을 면제한다(예외적으로 사면 후의 선고효력을 상실케 할 수 있음).

㉡ 감 형: 국가원수로서의 특권이다. 선고받은 형을 변경하는 일반감형과 형의 집행을 경감하는 특별감형으로 나뉜다.

㉢ 복 권: 일반복권과 특별복권이 있다. 형의 선고의 효력으로 상실 또는 정지된 자격을 회복시킨다. 형집행이 종료된 자, 집행이 면제된 자를 대상으로 한다.

9. 대통령의 권한행사의 방법과 통제

대통령은 헌법과 법률이 부여한 권한을 자신의 책임하에서 독자적으로 행사함이 원칙이다. 이러한 권한행사도 국민적 정당성을 확보하고, 전제를 막기 위하여 헌법과 법률이 정한 절차와 방법에 따라야 하며, 사후에도 민주적 통제를 받아야 한다.

① 대통령의 권한행사의 방법

㉠ 문서주의, 부서제도: 대통령의 국법상 행위는 문서로써 하여야 한다. 이 문서에는 국무총리와 관계 국무위원의 부서가 있어야 한다. 군사에 관한 것도 또한 같다(제82조). 부서제도는 대통령의 전횡을 방지하고, 국무총리와 국무위원의 책임소재를 명백히 하려는 데 있다. 부서 없이 행한 대통령의 행위는 당연무효는 아니며, 탄핵소추의 사유가 될 뿐이다(다수설).

제82조 대통령의 국법상 행위는 문서로써 하며, 이 문서에는 국무총리와 관계 국무위원이 부서한다. 군사에 관한 것도 또한 같다.

㉡ 국무회의의 심의: 대통령은 헌법 제89조가 열거한 사항에 관하여는 반드시 국무회의의 심의를 거쳐야 한다. 심의결과에 대통령이 법적으로 구속되지는 않으나 반드시 거쳐야 하며, 이를 위반하였을 때에는 무효

설과 유효설의 대립이 있다.

   ⓒ 각종 자문기관의 자문: 대통령은 국가안전보장에 관련되는 대외정책·
군사정책·국내정책의 수립에 관하여(국가안전보장회의), 국정의 중요한
사항에 관하여(국가원로자문회의), 평화통일정책의 수립에 관하여(민주평
화통일자문회의) 또는 국민경제정책의 수립에 관하여(국민경제자문회의)
자문기관의 자문을 거쳐야 할 의무는 없으나 자문을 거치는 것이 원칙
이다.

   ⓔ 국회의 동의나 승인: 대통령이 외국과 조약을 체결·비준하거나 선전포
고, 국군해외파견 그리고 일반사면 등을 행할 때에는 국회의 사전동의
를 얻어야 한다. 예비비 지출이나 긴급명령, 긴급재정경제처분 및 명령
등에 대하여는 사후승인을 얻어야 한다.

제2절 행정부

1. 국무총리

(1) 현행헌법상 국무총리제도의 의의

현행헌법은 국무총리를 두고 있는데 국무총리는 대통령이 궐위되거나 사고에
대비하여 그 권한대행자로서의 역할을 담당하며, 대통령의 권한을 일부라도
견제하면서 행정을 통할하는 역할을 수행한다. 헌법의 국무총리는 행정부를
이원적으로 구성하여 헌법상 권한을 일정부분 할당받고 있는 이원정부제의
국무총리와는 구별되며, 대통령주의제의 국무총리(수상)의 지위와 유사하다고
하겠다.

(2) 국무총리의 헌법상 지위

국무총리의 헌법상 지위는 대통령의 권한대행자로서의 지위, 대통령의 보좌
기관으로서의 지위, 행정부의 제2인자로서의 지위, 국무회의의 부의장, 독립
된 중앙행정관청으로서의 지위로 나눌 수 있다.

① 대통령의 권한대행자: 대통령 유고시 제1순위의 권한대행자이다.

② 대통령의 보좌기관

   ㉠ 대통령의 명을 받아(자신의 책임하에서 이루어지지 않음) 행정각부를 통할
한다.

ⓛ 대통령의 국법상 행위에 관한 부서의무가 있다(제82조).

③ 행정부의 제2인자이다.

④ 국무회의의 부의장: 부의장으로서 대통령을 보좌할 권한과 책임이 있다.

⑤ 대통령 다음가는 중앙행정관청: 상급행정관청으로서 행정각부를 관할(제86조 제2항)하며, 행정각부와 동등한 지위를 갖는 독임제 행정관청이다.

(3) 국무총리의 신분상 지위와 권한

① 국무총리의 신분상 지위

㉠ 국무총리의 임명: '국회의 동의'를 얻어 대통령이 임명한다.

ⓛ 국무총리의 문민원칙: 군인은 현역을 면한 후에만 가능하다.

ⓒ 국무총리의 국회의원 겸직: 가능하다.

ⓔ 국무총리의 해임: 대통령은 해임권을 갖고, 국회는 해임건의권을 갖는다.

② 국무총리의 권한

㉠ 대통령의 권한대행권이 있다(제71조).

ⓛ 국무위원·행정각부의 장의 임면에 제청권·해임건의권을 갖는다.

ⓒ 국무회의에서 심의·의결권이 있다(제88조, 제89조).

ⓔ 대통령의 국무행위에 부서할 권한이 있다(제82조).

ⓜ 행정각부의 통할·감독권이 있다(제86조 제2항).

ⓗ 총리령 발포권이 있다(제95조).

ⓢ 국회에의 출석발언권이 있다(제62조 제1항).

정부조직법 제14조 제1항 헌법소원사건

헌법재판소는 정부조직법 제14조 제1항에 대한 헌법소원사건에서 헌법 제86조 제2항(행정에 관하여 대통령의 명을 받아 행정각부를 통할한다)은 행정부의 조직이 모두 국무총리의 통할을 받아야 하며 국무총리의 통할을 받지 않는 행정조직은 설치할 수 없다는 의미가 아니며, 정보기관을 대통령 직속으로 하는가의 여부는 입법정책의 문제이므로, 국무총리의 통할을 받지 않는 국가안전기획부의 설치근거인 정부조직법은 합헌이라고 하였다(헌재 1994.4.28, 89헌마221).

---

2. 국무위원

(1) 국무위원의 헌법상 지위

대통령의 보좌기관으로서의 지위, 국무회의의 구성원으로서의 지위를 갖는다.

(2) 국무위원의 임면

국무총리의 제청으로 대통령이 임명한다. 대통령의 자유로운 해임권이 인정된다. 국무총리와 국회는 해임건의권을 가진다.

(3) 국무위원의 대상

국무위원으로 보하고 국무위원 중에서 행정각부의 장을 임명한다.

(4) 국무위원의 권한

국무회의에서 국정을 심의·의결하며, 사무의 한계가 없다. 부서할 권한, 국회에의 출석·발언권, 대통령의 권한대행권을 가진다.

(5) 국무위원의 의무와 책임

국회의 요구에 따라 출석·답변할 의무와 책임이 있으며, 부서할 의무와 책임이 있다.

3. 국무회의

(1) 국무회의의 헌법상 지위

① 헌법상 필수기관이다.
② 집행부 최고의 정책심의기관이다.
③ 독립된 합의제 기관(합의제 관청이 아님): 국무회의는 합의제 기관이므로 국무회의의 심의에 있어서 대통령, 국무총리, 국무위원은 법적으로 동등한 지위를 가지며, 사실상 대통령에 종속하는 것은 별론으로 하고 대통령의 지휘나 명령을 받지 아니한다.
④ 대통령의 회의제 보좌기관

(2) 국무회의의 구성

① 구 성: 대통령·국무총리와 15인 이상 30인 이하의 국무위원으로 구성한다.
② 의장과 부의장: 대통령은 의장, 국무총리는 부의장이 된다.
③ 국무위원: 국무총리의 제청으로 대통령이 임명한다(제86조, 제87조 제1항).

(3) 국무회의의 심의

① 심의절차: 대통령이 소집한다. 구성원 과반수 출석으로 개의하며, 출석 3분의 2의 찬성으로 의결한다.

② 심의사항: 헌법 제89조에 규정된 사항

③ 심의의 효과

㉠ 대통령이 심의를 경유하지 않은 경우의 효력에 대해서는 무효설과 유효설이 대립하나 무효설이 다수설 입장이다.

ⓐ 무효설: 헌법이 요구하는 필수적 절차이므로 효력이 없다.

ⓑ 유효설: 위헌으로 탄핵소추의 사유이나 당연무효는 아니다.

㉡ 심의결과의 구속력

구속설과 비구속설이 대립하나 비구설이 다수설이다.

(4) 심 의

① 내 용(헌법 제89조): 국정의 기본계획과 정부의 일반정책, 선전·강화 기타 중요한 대외정책, 헌법개정안·국민투표안·조약안·법률안 및 대통령령안, 예산안·결산·국유재산처분의 기본계획·국가의 부담이 될 계약 기타 재정에 관한 중요사항, 대통령의 긴급명령·긴급재정경제처분 및 명령 또는 계엄과 그 해제, 군사에 관한 중요사항, 국회의 임시회 집회의 요구, 영전수여, 사면·감형과 복권, 행정각부 간의 권한의 획정, 정부 안의 권한의 위임 또는 배정에 관한 기본계획, 국정처리상황의 평가·분석, 행정각부의 중요한 정책의 수립과 조정, 정당해산의 제소, 정부에 제출 또는 회부된 정부의 정책에 관계되는 청원의 심사, 검찰총장·합동참모의장·각군참모총장·국립대학교총장·대사 기타 법률이 정한 공무원과 국영기업체관리자의 임명, 기타 대통령·국무총리 또는 국무위원이 제출한 사항으로 17가지가 헌법 제89조에 규정되어 있다.

4. 대통령의 자문기관

대통령의 자문기관으로서 국가원로자문회의, 국가안전보장회의, 민주평화통일자문회의, 국민경제자문회의가 있다. 국가원로자문회의나 민주평화통일자문회의는 제5공화국 헌법에 규정되었던 국정자문회의와 평화통일정책자문회의의 명칭을 변경한 것이고, 국가원로자문회의, 민주평화통일자문회의는 제5공화국 때, 국가안전보장회의는 제3공화국 때, 국민경제자문회의는 현행헌법에서 신설된 것이다. 이 중 국가안전보장회의만이 필수기관이다. 나머지 자문기관은 임의기관이다. 그리고 과학기술자문기구를 둘 수 있는데(제127조 제3항, 국가과학기술자문회의), 이는 헌법상 자문기관이 아니다.

국가원로자문회의법은 폐지되었고 현재 국가원로자문회의는 설치되지 않고 있다. 국가안전보장회의는 국무회의와 같은 심의기관이 아닌 자문기관이므로 그 자문을 거치지 아니하고 국무회의심의에 부의한 경우에도 그 효력과 적법성에는 영향이 없다는 주장이 있다.

5. 행정각부

(1) 행정각부의 개념

행정각부란 행정부의 구성단위로서, 법률이 정한 사항을 집행하는 중앙행정기관을 말한다. 행정각부는 대통령의 지배하에 있지만 대통령의 단순한 보좌기관이 아니라 대통령 하위에 있는 중앙행정관청이다.

(2) 행정각부의 장의 지위

행정각부의 장은 행정각부를 지휘·감독하는 지위를 가진다. 행정각부의 장으로서의 지위는 국무위원으로서의 지위와 구별된다. 우선 행정각부의 장은 독자적으로 자신의 소관 행정업무를 추진할 수 있다는 점에서 단순한 정책심의의 보좌기관에 불과한 국무위원과는 구별된다. 또한 행정각부의 장은 집행기관이므로 소관사무가 분명하나, 정책심의를 주된 사무로 하는 국무위원의 경우 사무의 한계가 없다. 그리고 행정각부의 장은 대통령의 지휘·감독을 받게 되나 국무위원은 국무회의 구성원적 지위에서 대통령이나 국무총리의 지휘·감독을 받지 않는다는 점에 차이가 있다.

(3) 행정각부의 장의 권한

중앙행정관청으로서 소관사무를 결정하고 집행한다. 또한 부령발포권을 갖는다. 소속공무원을 지휘·감독하며 소관사무에 관하여 지방행정의 장을 지휘·감독하는 권한을 갖는다.

6. 감사원

(1) 헌법상 지위

① 대통령 소속기관으로서의 지위를 갖는다.
② 독립된 기관으로서의 지위: 감사원은 독자적으로 자신의 업무를 수행할 수 있는 독립기관이다. 감사원은 대통령에 대해서도 직무에 관해 독립적이며, 감사원의 조직 및 예산편성시 독립성이 확보될 수 있도록 하여야 한다.
③ 합의제 기관으로서의 지위를 갖는다.
④ 헌법상 필수기관: 감사원은 조직상 대통령의 직속기관이나 그 직무와 기능에 있어서는 독립된 합의기관이므로 대통령의 지휘나 감독을 받지 아니한다.

(2) 감사원의 조직과 구성

① 구 성
  ㉠ 헌법 제98조: 원장을 포함한 5인 이상 11인 이하로 규정되어 있다.
  ㉡ 감사원법 제3조: 원장을 포함하여 7인으로 구성한다.
② 임 명
  ㉠ 감사원장: 대통령이 국회의 동의를 얻어 임명한다. 직무대행은 최장기 재직한 감사위원이 행사한다.
  ㉡ 감사위원: 원장의 제청으로 대통령이 임명한다.
③ 임 기: 감사원장과 감사위원의 임기는 4년이며, 1차에 한하여 중임할 수 있다.

(3) 감사원의 직무범위

우리 헌법은 감사원에게 회계검사권 이외에 직무감찰권까지 부여하고 있다. 감사원은 그 소속에 따라 행정부소속형, 의회소속형, 독립기관형으로 분류되는데 우리나라는 행정부소속형의 형태를 띠고 있다. 미국, 프랑스, 일본, 독일은 독립기관형의 형태를 취하고 있는 반면 영국은 의회소속형의 형태를 띠고 있다.

① 결산의 조사 · 보고권이 있다.
② 회계검사권: 필요적 검사사항에는 국가, 지방자치단체, 한국은행과 정부가 1/2 이상 투자한 기관, 다른 법률로 규정된 단체가 해당하고, 선택적 검사사항에는 감사원이 인정하거나 국무총리의 요청이 있을 때에 이루어진다.
③ 직무감찰권: 공무원의 비위적발을 위한 비위감찰권뿐만 아니라 행정관리의 개선을 도모하기 위한 행정감찰권도 포함한다. 그러나 구체적인 집행부분

에만 개선을 요구할 수 있을 뿐 행정정책면에는 관여할 수 없다.

▶ 직무감찰의 대상: 감찰대상이 되는 공무원 중 국회, 법원 및 헌법재판소의 공무원은 대상에서 제외한다(감사원법 제24조 제3항).

④ 감사원규칙제정권: 근거규정이 헌법에 있지 않고 감사원법에 있다. 성격에 대해서는 행정규칙설과 법규명령설이 대립한다. 감사에 관한 절차, 내부규율, 사무처리에 관한 규칙을 제정할 수 있다.

⑤ 감사결과에 따른 처분권: 변상책임유무판단권, 징계처분 및 문책요구권, 시정·주의 등의 요구권, 법령·제도·행정 개선요구권, 고발권, 재심의권이 있다.

1. 지 위

① 제도적 의의: 선거나 국민투표의 공정한 관리는 민주정치의 가장 중요한 요소로서 이를 행정부의 관할로 두면 공정성을 기대하기가 어렵다. 더욱이 우리나라는 역사적 경험(3·15 부정선거)에 대한 반성으로 제2공화국 헌법에다 중앙선거관리위원회를 헌법기관으로 격상시켰으며, 이는 드문 예로서 우리 헌법의 한 특색을 이루고 있다. 각급 선거관리위원회를 헌법에 처음으로 규정한 것은 제3공화국 헌법부터이다.

② 헌법상 지위: 선거관리위원회는 헌법상 필수기관이며, 합의제 행정관청이다. 독립된 기관으로서 위원의 신분도 철저히 보장된다.

2. 조 직

선거관리위원회에는 중앙선거관리위원회(9인) 밑에 시·도선거관리위원회(9인), 시·군·구선거관리위원회(9인), 읍·면·동선거관리위원회(7인)가 있다.

3. 구 성

중앙선거관리위원회는 9인의 위원으로 구성되며(3인은 대통령이 임명, 3인은 국회에서 선출, 3인은 대법원장이 지명함) 위원장은 위원 중에서 호선한다(제114조 제2항). 1인의 상임위원을 두고 나머지는 비상임의 명예직으로 한다. 위원의 임기는 6년이며, 연임에 대한 제한이 없다. 또한 탄핵·금고 이상의 형의 선고를 제외하고는 파면되지 아니한다. 위원은 정당에 가입할 수 없고 정치에 관여할 수 없다.

4. 운 영

각급 선거관리위원회는 위원 과반수의 출석으로 개의하고, 출석위원 과반수의 찬성으로 의결한다. 위원장은 표결권을 가지며, 가부동수인 때에는 결정권을 가진다(선거관리위원회법 제10조 제2항).

5. 권 한

① **선거 및 국민투표의 관리**: 중앙선거관리위원회는 선거운동을 관리하고, 투표 및 개표, 당선자의 확정 등의 선거관리사무와 국민투표사무를 담당한다. 선거관리위원회는 선거사무와 국민투표사무에 관하여 관계 행정기관에 필요한 지시나 협조요구를, 공공단체에 대하여는 협조요구를 할 수 있다. 선거관리위원회는 선거법 위반행위를 발견한 경우에는 중지·경고·시정명령을 발할 수 있으며, 위반행위가 선거의 공정을 해하거나 상기명령에 대한 불이행이 있을 때에는 수사의뢰나 고발할 수 있다.

② **정당사무의 관리**: 중앙선거관리위원회는 정당의 창당등록의 신고·공고·취소 등의 사무와 정치자금의 기탁·배분 등의 사무를 담당한다. 선관위에 기탁된 정치자금과 국고보조금을 각 정당에 분배한다.

③ **규칙제정권**

　ㄱ 중앙선거관리위원회는 법령의 범위 안에서 선거관리·국민투표관리·정당사무에 관한 규칙을 제정할 수 있고, 법률에 저촉되지 않는 범위 안에서 내부규율에 관한 규칙을 제정할 수 있도록 규정하고 있다(제114조 제6항 후단).

　ㄴ 중앙선거관리위원회는 자신의 업무와 관련된 법률의 제정·개정에 있어 필요한 의견을 국회에 제출할 수 있다.

④ **선거사범조사권**: 중앙선거관리위원회는 선거사범을 조사하여 검찰에 고발할 수 있는 권한이 있다.

05 법 원

제1절 사법권의 범위와 한계

1. 행정소송

우리나라는 행정소송을 일반법원이 담당하는 사법형주의를 택하고 있다. 1994년 행정소송법 개정으로 임의적 행정심판전치주의로 전환하고 행정소송의 제1심관할 법원을 지방법원급의 행정법원으로 변경하여 행정소송 3심제를 채택하였다. 행정 법원은 3심제인 행정소송사건의 제1심 관할법원에 해당한다. 행정법원의 심판권은 판사 3인으로 구성된 합의부에서 행한다. 다만, 행정법원의 결정으로 사건의 심판 권을 단독판사가 행하게 할 수도 있다.

2. 사법권의 한계

① 헌법상의 한계

헌법재판소의 권한에 속하는 사항(제111조 제1항)은 헌재가 담당하고, 국 회의 자율권에 속하는 사항(국회의원 자격심사·제명)은 국회가 담당한다.

② 국제법상의 한계

㉠ 외교특권자: 외교특권자는 체재국의 사법을 적용하지 않는다.

㉡ 조 약: 위헌조약이 사법적 심사의 대상이 될 수 있는가에 관해서는 부정 설과 긍정설이 대립하나, 헌법 우위의 입장에서 조약에 대한 위헌심사가 가능하다고 보는 긍정설이 타당하다(다수설, 헌재 1995.12.28, 95헌바3).

③ 사법 본질상의 한계

㉠ 구체적 사건성: 구체적 법률의 분쟁이 발생하는 것

㉡ 당사자적격: 재판을 청구하는 자격이 있을 것

㉢ 소의 이익: 소송을 수행하는 정당한 이익이 존재할 것

㉣ 사건의 성숙성: 현재 심사할 필요가 있을 것

④ 정책적 또는 현실적 한계

㉠ 행정소송상 이행소송: 권력분립의 원칙상 법원은 행정처분의 취소, 무 효 확인만 가능하고 직접적 행정처분이나 이행을 명하는 권한은 없다

(다수설, 판례).

　ⓛ 자유재량행위이더라도, 재량권의 일탈이나 남용이 있는 때에는 가능하다.

⑤ 통치행위 또는 정치문제

　㉠ 통치행위의 개념: 통치행위란 고도의 정치성을 띠거나 국가적인 이해를 직접대상으로 하는 국가행위로서 사법심사의 대상으로 하기에 적합하지 아니한 성질의 것을 말한다. 통치행위에 대해서는 사법심사긍정설과 사법심사부정설의 대립이 있는데 사법심사부정설이 다수설과 판례의 입장이다.

　㉡ 사법심사긍정설(＝통치행위개념 부정설): 법치주의가 지배하고 행정소송의 개괄주의를 채택하고 있는 이상 모든 행정작용은 사법심사의 대상이 되어야 하며, 권력분립이론상 사법권에 의한 집행부 통제수단으로서 통치행위도 사법심사의 대상이 된다고 한다.

　㉢ 사법심사부정설(＝통치행위개념 긍정설)

　　ⓐ 권력분립설(미국의 판례): 헌법상 3권이 분립되어 있고 통치행위는 집행부의 권한에 속하는 사항이므로 사법심사의 대상이 되지 않는다고 한다.

　　ⓑ 내재적 한계설: 사법권에는 그에 내재하는 일정한 한계가 있으므로 통치행위에 대한 사법심사는 부정되어야 한다고 한다.

　　ⓒ 자유재량행위설: 통치행위는 정치적 문제이므로 행정행위이기는 하나 자유재량행위로 보아 사법심사의 대상이 되지 않는다고 한다.

　　ⓓ 사법부자제설(헌재 2004.4.29, 2003헌마814): 통치행위에 대해서는 이론상 사법권이 미치나 사법부의 자제에 의하여 법원은 그 정치분야를 담당하는 각 기관의 결정을 존중해야 한다고 한다.

　㉣ 헌법재판소의 견해: 헌법재판소는 통치행위의 개념을 인정하면서 국회가 해결하겠다고 나선다면 헌법재판소로서는 이를 존중함이 마땅하다고 하였으나, 최근에는 국민의 기본권 침해와 직접 관련되는 통치행위는 헌법재판소의 심판대상이 된다고 하고 있다. 그러나 대통령의 이라크파병결정('자이툰부대파견결정위헌확인사건')은 통치행위로서 헌법소원 대상이 아니라는 견해를 취한 것도 있다.

　　ⓐ 헌재 1996.2.29, 93헌마186: 대통령의 긴급재정경제명령은 이른바 통치행위에 속한다고 할 수 있으나, 통치행위를 포함한 모든 국가작용은 국민의 기본권적 가치를 실현하기 위한 수단이라는 한계를 반드시 지켜야 하고, 고도의 정치적 결단에 의해 행해지는 국가

작용이라 해도 그것이 국민의 기본권 침해와 직접 관련되는 경우에는 당연히 헌재의 심판대상이 된다.

ⓑ 헌재 2004.4.29, 2003헌마814: 대통령의 이라크파병결정('자이툰부대 파견결정위헌확인사건')은 통치행위로서 헌법소원대상이 아니다.

제2절　대법원

1. 헌법상 지위

최고법원, 기본권의 보장기관, 헌법보장기관, 최고사법행정기관으로서의 지위를 갖는다.

2. 구　성

① 대법원의 구성: 대법원은 대법원장과 대법관으로 구성되며, 법률이 정하는 바에 따라 대법관이 아닌 법관을 둘 수 있다. 대법관의 수는 대법원장을 포함하여 14인이다.

② 대법원장: 대법원장은 대법원의 장으로서 법원을 대표하며, 대법관회의의 의장이 되고, 대법원 전원합의체의 재판장의 지위를 가진다. 대법원장 유고시에는 선임대법관이 그 권한을 대행한다.

③ 대법관회의: 대법원에는 대법관 전원으로 구성되는 대법관회의를 두는데, 대법원장이 의장이 된다. 대법관회의는 대법관 3분의 2 이상의 출석과 출석 대법관 과반수의 찬성으로 의결한다.

3. 대법원의 권한

재판권, 최종적 명령·규칙심사권(제107조 제2항), 위헌법률심사제청권(제107조 제1항), 규칙제정권(제108조), 최고의 사법행정권을 갖는다.

제3절 사법권의 독립

1. 법원의 독립

의회로부터의 독립, 정부로부터의 독립, 사회로부터의 독립이 필요하다.

2. 법관의 독립

① 법관의 직무상의 독립(물적 독립)
  ㉠ 직무상 독립의 의의: 사법권 독립의 본질적인 요소로서 법관은 재판을 함에 있어서 내·외부의 영향을 받지 아니하고 오로지 헌법과 법률 그리고 법관의 양심에 따라서만 재판을 하여야 한다.
  ㉡ 헌법과 법률 및 양심에의 구속(제103조)
    ⓐ 헌법과 법률에 의한 심판: 헌법은 헌법적 관습까지 포함하며, 법률은 재판의 기준이 되는 조약·명령·자치법규·국회규칙·대법원규칙·관습법과 같은 모든 법규를 포함한다.
    ⓑ 양심에 따른 심판: 양심은 공정성과 합리성이 요구되는 법조적·객관적·논리적인 법관으로서의 양심, 즉 직업적 양심이다. 이러한 직업적 양심이 도의적 양심과 일치하지 않을 경우에는 법적 확신을 우선시켜야 한다.
  ㉢ 외부작용으로부터의 독립: 다른 국가기관으로부터의 독립(정부, 국회), 소송당사자로부터의 독립, 사회적·정치적 세력으로부터의 독립(매스컴, 여론, 시위)
  ㉣ 사법부 내부로부터의 독립
    ⓐ 상소심법원이나 소속법원장 등 사법부의 상관에 의한 지휘나 명령을 받지 않으며 이들도 지시나 간섭을 할 수 없다.
    ⓑ 법원조직법 제8조의 "상급법원 재판에서의 판단은 해당 사건에 관하여 하급심을 기속한다"라는 규정이 문제인데, 이는 상급법원이 행한 법적 판단에 하급심법원이 기속된다는 것을 의미할 뿐이므로 동 규정이 법관의 직무상 독립을 규정한 헌법규정에 위반되는 것은 아니다.
② 법관의 신분상 독립(인적 독립)
  ㉠ 신분상 독립의 의의: 법관의 재판상 독립을 보장하기 위하여 법관의 신

분상 독립, 즉 신분보장이 이루어져야 한다.

ⓒ 법관인사의 독립: 대법원장과 대법관이 아닌 일반법관은 대법관회의의 동의를 얻어 대법원장이 임명(제104조 제3항)한다.

ⓒ 법관의 자격제: 법관의 신분상의 독립을 위하여 법관의 자격은 법률로 정한다(제101조 제3항).

ⓒ 법관의 임기제 · 연임제 및 정년제: 법관의 임기는 10년으로 법률이 정하는 바에 의하여 연임할 수 있다. 대법원장과 대법관은 임기가 6년이며, 대법원장은 중임할 수 없다. 대법원장과 대법관의 정년을 70세, 법관의 정년은 65세로 한다(법원조직법 제45조 제4항).

대법관의 임기는 6년이고 일반법관의 임기는 10년이지만 법률이 정하는 바에 의하여 연임할 수 있다. 다만, 대법원장의 임기는 6년으로 하며 중임할 수 없다. 이와 같이 법관의 임기를 종신제로 하지 아니하고 임기제로 한 것은 법관의 보수화나 관료화를 막기 위한 것이며, 연임제는 법관의 전문적 숙련성을 확보하기 위한 것이다.

ⓒ 법관의 신분보장

ⓐ 탄핵 또는 금고 이상의 형의 선고에 의하지 아니하고는 파면되지 아니하며, 징계처분에 의하지 아니하고는 정직 · 감봉 기타 불리한 처분을 받지 아니한다(제106조 제1항).

ⓑ 중대한 심신장해로 직무를 수행할 수 없을 때에는 법률이 정하는 바에 의하여 퇴직하게 할 수 있다(제106조 제2항). 퇴직사유는 헌법이 정하고 퇴직절차는 법률로 정한다.

ⓒ 타 기관으로부터 법관의 파견근무의 요청이 있는 경우에 타당성이 인정되고 해당 법관이 동의하는 경우에는 기간을 정하여 허가할 수 있다(법원조직법 제50조).

제4절 위헌법률심판제청권(제107조 제1항)

1. 개 념

법률이 헌법이나 법률에 위반되는 여부가 재판의 전제가 된 경우에 법원이 헌법재판소에 위헌심판을 제청하는 권한이자 의무이다.

2. 제청의 주체

모든 법원이 제청할 수 있다. 당해 소송의 당사자는 제청의 주체가 될 수 없다. 당사자는 신청할 수 있을 뿐 제청권자가 될 수 없다.

3. 제청의 요건

재판의 전제성(구체적 규범통제)이 필요하다. 즉 법원이 재판 중에 재판에 적용되는 법률 조항에 대하여만 제청할 수 있다.

4. 제청의 대상

형식적 법률 이외에 실질적 의미의 법률인 긴급명령·긴급재정·경제명령과 국회의 동의를 얻어 비준된 조약도 포함된다.

5. 제청절차

① 당해 법원이 직권으로 제청하는 경우가 있다.
② 소송당사자의 제청의 신청에 대하여 법원이 기각결정을 내리면 당사자는 불복항고할 수 없고 헌법소원을 청구할 수 있다. 이때의 헌법소원을 헌법재판소법 제68조 제2항의 헌법소원(위헌형 헌법소원)이라고 한다.

6. 제청의 효과

당해 사건의 재판은 당연히 정지된다. 다만, 법원이 긴급하다고 인정하는 경우 종국재판 외의 소송절차 진행은 가능하다.

제5절   명령규칙심사권(제107조 제2항)

(1) 개 념

재판의 대상이 되고 있는 구체적 사건에 적용해야 할 명령·규칙이 헌법이나 법률에 위반여부가 재판의 전제가 된 경우에, 법원이 이를 심사할 수 있는 권한을 말한다.

(2) 제도적 의의

헌법수호 및 법률보장의 기능, 기본권보장의 기능을 갖는다.

(3) 주 체

모든 법원이 갖는다. 대법원은 최종심사권을 갖는다.

(4) 요 건

① 구체적 규범통제: 명령·규칙이 헌법이나 법률에 위반되는지 여부가 재판의 전제가 된 경우에 심사한다.
② 헌법과 법률에 위반: 형식적·실질적 의미의 헌법과 법률을 의미한다.
③ 심사대상: 명령·규칙(국회·대법원·헌법재판소규칙 등)이 대상이 된다. 행정규칙이 포함되는지 여부에 대해서는 제외된다는 설이 다수설이다. 조약·협정은 명령과 동일한 효력을 가진 것은 심사대상을 인정하는 것이 다수설이다.

(5) 위헌·위법판결의 효력

명령·규칙의 무효를 선언하는 것이 아니라, 당해 사건에 적용을 거부할 수 있을 뿐이다. 즉 개별적 효력이 부인된다.

【법령심사권의 비교】

구 분	위헌법률심사권(제107조 제1항)	위헌위법명령심사권(제107조 제2항)
주 체	헌법재판소	법원(모든 법원)
대 상	법률(법률, 긴급명령, 제60조 제1항의 조약)	명령, 규칙
방 법	구체적 규범통제	구체적 규범통제
효 력	일반적 효력	개별적 효력

제6절 군사법원과 특허법원

1. 우리 헌법상의 특별법원

군사법원은 우리 헌법이 인정한 유일한 특별법원이다. 특별법원이 인정되려면 헌법적 근거가 필요하다. 군사법원은 그 재판이 법관의 자격이 없는 국군장교에 의해서 행하여진다는 점, 그 재판에 대하여 원칙적으로 대법원에의 상고가 인정되지만 비상계엄하의 일정한 범죄의 경우에는 단심으로 할 수 있다는 점에서(제110조 제4항) 특별법원(예외법원)으로 볼 수 있다.

군사법원은 헌법 제110조 제1항에 의하여 인정되는 특별법원에 해당한다. 즉, 군사법원의 재판은 법원조직법이 정한 법관의 재판이 아닌 군사법원법이 정한 군재판관에 의하므로, '헌법과 법률이 정한 법관'에 의한 재판이라고는 할 수 없기 때문이다. 그러나 군사법원의 상고심은 대법원에서 관할하고 있으므로(제110조 제2항), 우리 헌법은 대법원을 최종심으로 하지 아니하는 특별법원은 인정하지 않고 있다고 할 것이다. 그런데 헌법 제110조 제4항은 비상계엄하의 군사재판은 단심으로 할 수 있다고 하여, 이런 점에서는 특별법원의 성격을 가진다고 말할 수 있다.

2. 특허법원

법원조직법은 특허소송의 제1심 관할법원을 특허법원으로 하고, 특허법원의 재판에 대해서 대법원에 상고할 수 있도록 함으로써 2심제를 채택하고 있다(특허청 산하의 특허심판원→특허법원→대법원). 특허법원에 기술심리관을 두며, 법원은 결정으로 기술심리관을 소송의 심리에 참여하게 할 수 있다. 기술심리관에게는 소송관계인에 대한 질문권과 재판합의에서의 의견진술권이 인정된다.

06 헌법재판소

제1절 헌법재판제도

1. 헌법재판의 의의

헌법재판이란 헌법적 분쟁이 있을 때 이를 유권적으로 해결함으로써 헌법의 규범적 효력을 지키는 국가작용을 말한다. 헌법재판은 국가권력으로부터 국민의 기본권을 보호하고, 정치권력을 헌법의 테두리 안에서 작동하게 함으로써 헌법을 실현하고 수호하는 중요한 역할을 담당한다. 헌법재판은 협의로는 위헌법률심판을 지칭하나, 광의로는 위헌법률심판 이외에 탄핵심판, 권한쟁의심판, 헌법소원심판, 위헌정당해산심판, 선거소송심판 등을 포괄한다. 헌법재판은 헌법이 지니는 정치적 성격 때문에 민·형사재판과 달리 불가피하게 정치형성적 재판의 성격을 지니게 되며, 국가가 헌법재판의 결과를 실효적으로 보장해 주지 못하는 한계를 지닌다. 이는 다른 재판에서 볼 수 없는 헌법재판만의 특성이자 한계이다.

2. 헌법재판의 기능

헌법재판은 다양한 형태의 심판으로 구성되어 있어 헌법재판의 일반적 기능을 한마디로 말하기가 쉽지 않지만, 헌법의 유지·수호 기능, 기본권보장 기능, 권력통제 기능, 정치적 평화유지 기능을 수행한다.

3. 헌법재판의 본질

헌법재판의 본질과 관련하여 사법작용설, 정치작용설, 입법작용설, 제4의 국가작용설 등의 견해가 있으나, 헌법재판을 사법작용으로 이해하는 입장이 다수설이다.

제2절 헌법재판소의 구성·조직

1. 구 성

① 법관의 자격을 가진 9인의 재판관으로 구성된다(제111조 제2항).
② 국회선출 3인, 대법원장 지명 3인, 대통령 지명 3인으로 구성된다(제111조 제3항).

2. 임 명

① 헌법재판소장: 대통령이 국회의 동의를 얻어 재판관 중에서 임명한다(제111조 제4항).
② 헌법재판관: 재판관 9인을 대통령이 임명한다(제111조 제2항).

3. 임 기

① 임　기: 6년이며, 법률이 정하는 바에 의하여(헌법재판소장도) 연임(제112조 제1항)할 수 있다.
② 정　년: 헌법재판소장, 헌법재판관은 70세가 정년이다(헌법재판소법 제7조).

4. 신 분

① 신분보장: "헌법재판소 재판관은 탄핵 또는 금고 이상의 형의 선고에 의하지 아니하고는 파면되지 아니한다"는 규정은 헌법에 직접 명문규정(제112조 제3항)이 있고 이는 선거관리위원회와 동일하다.
② 정치적 중립: 정당가입 및 정치관여를 금지(제112조 제2항)하는 헌법상 명문규정이 있다. 이는 선거관리위원회와 동일하다.
③ 겸직금지: 헌법재판소 재판관은 각급 의회의원, 그밖의 공무원직 및 법인·단체의 고문이나 임원직을 겸하거나 영리를 목적으로 하는 사업의 영위를 금지한다(헌법재판소법 제14조).

제3절   헌법재판소의 운영

1. 심판 및 결정정족수

① 7인 이상의 출석, 출석과반수 찬성으로 결정하는 것이 원칙이다.
② 아래의 경우는 예외적으로 6인 이상의 찬성이 필요하다.

    ㉠ 법률의 위헌결정
    ㉡ 탄핵결정
    ㉢ 정당해산결정
    ㉣ 헌법소원의 인용결정
    ㉤ 판례변경(권한쟁의 판례변경 포함)

       ▸ 권한쟁의는 6인 이상의 찬성이 아니라 원칙이 적용되어 출석과반수의 찬성으로 결정된다.

2. 변호사강제주의

헌법소원심판, 사인이 당사자로 되는 탄핵심판의 경우는 변호사강제주의가 적용된다.

3. 심리의 방식

탄핵심판, 정당해산심판, 권한쟁의심판은 **구두변론**에 의하고, 위헌법률심판, 헌법소원심판은 **서면심리**를 원칙으로 한다.

4. 가처분

헌법재판소법은 정당해산심판과 권한쟁의심판에 대해서만 가처분규정을 두고 있다. 나머지 헌법소원심판 등 다른심판절차에서 가처분이 허용되는가가 문제된다. 헌법재판소는 헌법소원심판에서 가처분을 인정하고 있다.

제4절 권한쟁의심판

1. 의 의

권한쟁의심판이라 함은 국가기관, 지방자치단체 등 상호간에 헌법적 권한과 의무의 유무 또는 범위, 내용에 관하여 다툼이 발생한 경우에 제3의 독립된 기관인 헌법재판소가 이를 유권적으로 심판함으로써 그 분쟁을 해결하는 제도를 말한다.

2. 구별해야 할 제도

기관소송이란 국가 또는 공공단체의 기관 상호간에 있어서 권한의 존부 또는 그 행사에 관한 다툼이 있을 때에 제기하는 소송을 말한다(행정소송법 제3조 제4호). 다만, 헌법재판소법 제2조의 규정에 의하여 헌법재판소의 관장사항인 소송은 여기서 제외된다(행정소송법 제3조 제4호 단서).

3. 권한쟁의심판의 청구

① 청구사유: 국가 또는 지방자치단체의 일정한 작위 또는 부작위에 의하여 다른 국가기관 또는 지방자치단체의 헌법 내지 법률상의 권리와 의무가 침해되었거나 적어도 직접적이고 현실적인 침해의 위협을 받는 등 구체적인 권리보호의 이익이 있을 때에만 권한쟁의심판의 청구가 가능하다.
② 청구기간: 권한쟁의의 심판은 그 사유가 있음을 안 날로부터 60일 이내에, 그 사유가 있은 날로부터 180일 이내에 청구하여야 한다. 위 기간은 불변기간으로 한다(헌법재판소법 제63조).

4. 권한쟁의심판의 심리 및 결정

① 심리방식 및 결정정족수: 권한쟁의심판은 구두변론에 의하며, 재판부가 변론을 열 때에는 기일을 정하고 당사자와 관계인을 소환하여야 한다(헌법재판소법 제30조 제1항·제3항). 재판관 7인 이상의 출석으로 심리하고 관여한 재판관 과반수의 찬성으로 결정한다(헌법재판소법 제23조).
② 가처분: 헌법재판소가 권한쟁의심판의 청구를 받은 때에는 직권 또는 청구인의 신청에 의하여 종국결정의 선고시까지 심판대상인 피청구기관의 처

분의 효력을 정지하는 결정을 할 수 있다(헌법재판소법 제65조).

③ **결정의 내용과 효력**: 헌법재판소는 심판의 대상이 된 국가기관 또는 지방자치단체의 권한의 유무 또는 범위에 관하여 판단한다. 이 경우 피청구기관의 처분 또는 부작위가 이미 청구인의 권한을 침해한 때에는 이를 취소하거나 그 무효를 확인할 수 있다(헌법재판소법 제66조). 국가기관 또는 지방자치단체의 처분을 취소하는 결정은 그 처분의 상대방에 대하여 이미 생긴 효력에 영향을 미치지 아니한다(헌법재판소법 제67조 제1항·제2항).

> **판례문제** 국회의원과 국회의장 간의 권한쟁의(헌재 1997.7.16, 96헌라2)

① **국회의원의 국가기관 여부**: 국회의원과 국회의장 사이에 위와 같은 각자 권한의 존부 및 범위와 행사를 둘러싸고 언제나 다툼이 생길 수 있고, 이와 같은 분쟁은 단순히 국회의 구성원인 국회의원과 국회의장간의 국가기관 내부의 분쟁이 아니라 각각 별개의 헌법상의 국가기관으로서의 권한을 둘러싸고 발생하는 분쟁이라고 할 것인데, 이와 같은 분쟁을 행정소송법상의 기관소송으로 해결할 수 없고 권한쟁의심판 이외에 달리 해결할 적당한 기관이나 방법이 없으므로 국회의원과 국회의장은 헌법 제111조 제1항 제4호의 소정의 권한쟁의심판의 당사자가 될 수 있다고 보아야 할 것이다.

② **헌법재판소법 제62조 제1항 제1호 규정의 성질**: 국회의원과 국회의장을 헌법 제111조 제1항 제4호의 '국가기관'에 해당하는 것으로 해석하는 이상 국회의원과 국회의장을 권한쟁의심판을 할 수 있는 국가기관으로 열거하지 아니한 헌법재판소법 제62조 제1항 제1호의 규정도 한정적·열거적인 조항이 아니라 예시적인 조항으로 해석하는 것이 헌법에 합치된다고 할 것이다.

③ **국회의 자율권 여부**: 국회는 국민의 대표기관, 입법기관으로서 폭넓은 자율권을 가지고 있고, 그 자율권은 권력분립의 원칙이나 국회의 지위, 기능에 비추어 존중되어야 하는 것이지만, 한편 법치주의의 원리상 모든 국가기관은 헌법과 법률에 의하여 기속을 받는 것이므로 국회의 자율권도 헌법이나 법률을 위반하지 않는 범위 내에서 허용되어야 하고, 따라서 국회의 의사절차나 입법절차에 헌법이나 법률의 규정을 명백히 위반한 흠이 있는 경우에도 국회가 자율권을 가진다고는 할 수 없다.

5. 헌재판례 적용례

① 국회에서의 법률안 날치기통과: 피청구인이 1996년 12월 26일 06: 00경 제182회 임시회 제1차 본회의를 개의하고 국가안전기획부법 중 개정법률 안, 노동조합 및 노동관계조정법안, 근로기준법 중 개정법률안, 노동위원 회법 중 개정법률안, 노사협의회법 중 개정법률안을 상정하여 가결선포한 것은 청구인들의 법률안 심의·표결의 권한을 침해한 것이다. ─ 국회의원 과 국회의장간의 권한쟁의심판(헌재 1997.7.16, 96헌라2)

② 국회의 동의를 얻지 않은 국무총리의 임명: 국회의 동의없는 대통령의 국무 총리 임명에 대한 권한쟁의심판에 대해 평의한 결과(당사자능력이 없다는 견 해: 2인, 당사자적격이 없다는 견해: 1인, 소의 이익이 없다는 견해: 2인, 인용의견: 3인, 기각의견: 1인)이므로 이를 각하한다. ─ 대통령과 국회의원간의 권한쟁 의(헌재 1998.7.14, 98헌라1)

③ 국회의 동의를 얻지 않은 감사원장의 임명: 국회의 동의없는 대통령의 감사 원장 임명에 대한 권한쟁의심판에 대해 평의한 결과(당사자능력이 없다는 견 해: 2인, 당사자적격이 없다는 견해: 1인, 소의 이익이 없다는 견해: 2인, 인용의견: 3인, 기각의견: 1인)이므로 이를 각하한다. ─ 대통령과 국회의원간의 권한쟁 의(헌재 1998.7.14, 98헌라2)

④ 국회의장이 국회에서 표결결과를 선포하지 않은 것의 위헌성 여부: 표결이 적 법하게 진행되어 정상적으로 종결된 것인지 불분명하고, 이에 관한 여·야 의 합의조차 무산된 경우라면 투표절차에 관한 최종적 판단권은 국회의장 인 피청구인에게 유보되어 있다고 보아야 하며, 따라서 국회의장은 이 경우 이미 행해진 투표의 효력여하, 투표의 종결여부, 개표절차의 진행여부 등 의사절차를 어떻게 진행할 것인지에 관한 선택을 가진다 할 것이기 때문에, 본건에서 국회의장은 표결결과를 반드시 선포하여야 할 의무가 없다. ─ 국 회의원과 국회의원간의 권한쟁의(헌재 1998.7.14, 98헌라3)

⑤ 영일군과 정부간의 권한쟁의: 이 사건 분쟁의 본질은 어업면허의 유효기간 연장 불허가처분으로 인한 어업권자에 대한 손실보상금 채무를 처분을 행 한 청구인이 부담할 것인가, 그 연장에 동의하지 아니한 피청구인이 부담 할 것인가의 문제로서, 이와 같은 다툼은 유효기간 연장의 불허가처분으로 인한 손실보상금 지급권한의 존부 및 범위 자체에 관한 청구인과 피청구 인 사이의 직접적인 다툼이 아니라, 그 손실보상금 채무를 둘러싸고 어업 권자와 청구인, 어업권자와 피청구인 사이의 단순한 채권채무관계의 분쟁

에 불과하므로, 이 사건 심판청구는 청구인이 피청구인을 상대로 권한쟁의 심판을 청구할 수 있는 요건을 갖추지 못한 것으로서 부적법하다(전원일치)(헌재 1998.6.25, 94헌라1).

⑥ 직접처분효력정지가처분신청: 피신청인 경기도지사가 1998. 4. 16, 경기도 고시 제1998 - 142호로 행한 성남도시계획시설에 대한 도시계획사업자지 정 및 실시계획인가처분 중 동공원구역 외의 도시계획도로에 대한 도시계 획사업시행자 지정 및 실시계획인가처분과 그 선행절차로서 행한 도시계 획입안의 효력은 헌법재판소 98헌라4 권한쟁의심판청구사건에 대한 종국 결정의 선고시까지 이를 정지한다(헌재 1999.3.25, 98헌사98).

제5절   위헌법률심판

1. 의 의

법률이 헌법에 위반되는 여부가 재판의 전제가 되는 경우에, 법원의 제청에 의해 헌법재판소가 심판하여 위헌법률의 효력을 부인하는 제도를 말한다. 즉, 법률에 의 한 '위헌제청권'은 일반법원이 담당하며, '위헌결정권'은 헌법재판소가 담당한다.

2. 연 혁

미국에서 Marbury v. Madison(1803) 사건의 판례를 통해 확립되었다.

3. 법원의 합헌결정권

① 학설의 대립: 긍정설과 부정설이 대립한다.
② 헌재의 태도: 헌법재판소법 제68조 제2항은 위헌제청신청이 기각된 때에 는 그 신청인이 바로 헌법재판소에 법률의 위헌여부에 관한 심사를 구하 는 헌법소원을 제기할 수 있다는 것으로서, 그 경우에 위헌제청이 기각된 때라 함은 반드시 합헌판단에 의한 기각결정만을 의미하는 것이 아니라 재판의 전제성을 인정할 수 없어 내리는 기각결정도 포함하는 것이므로, 동조항을 두고 합헌판단권의 근거가 된다고 볼 수 없다(헌재 1993.7.29, 90 헌바35). 즉 부정설 입장이다.

4. 재판의 전제성

① 재판의 개념: 재판의 형식여부, 본안에 관한 재판여부, 소송절차에 관한 재판을 불문(판결과 결정, 명령 포함)하므로 종국판결뿐 아니라 "영장발부 여부에 관한 재판"과 인지첨부를 명하는 "보정명령", 그리고 법원이 행하는 증거채부결정도 포함한다(헌재).

② 재판의 전제성의 개념(헌재 1992.12.24, 92헌가8): 구체적 사건이 '법원에 계속중'일 것이어야 하고, 위헌여부가 문제되는 법률이 '당해 소송사건'의 재판과 적용되는 것이어야 하며, 그 법률의 위헌여부에 따라 법원이 '다른 내용의 재판'을 하는 경우를 말한다.

③ 다른 내용의 재판

    ㉠ 헌재의 태도: 당해 사건의 재판의 결론이나 주문에 영향을 주는 경우뿐만 아니라, 주문 자체에 영향을 주지 않더라도 재판의 결론을 이끌어내는 이유를 달리하는 데 관련되거나, 재판의 내용과 효력에 관한 법률적 의미가 전혀 달라지는 경우를 말한다.

    ㉡ 대법원의 견해: 법원이 어떤 법률을 위헌제청하기 위하여는 당해 법률이 헌법에 위반되는지의 여부가 재판의 전제가 되어야만 하는 것인데, 여기서 재판의 전제가 된다고 하기 위해서는 우선 그 법률이 헌법에 위반되는지의 여부에 따라 당해 사건을 담당하는 법원이 다른 판단을 할 수밖에 없는 경우, 즉 판결주문이 달라질 경우여야만 한다(대판 1997.2.11, 96부7).

④ 재판의 전제성 여부에 관한 판단: 재판의 전제성 요건을 갖추고 있는지의 여부는 헌법재판소가 별도로 독자적인 심사를 하기보다는 되도록 법원의 이에 관한 법률적 견해를 존중하여야 할 것이며(헌재 1996.10.4, 96헌가6), 다만 그 전제성에 관한 법률적 견해가 명백히 유지될 수 없을 때에는 헌법재판소는 이를 직권으로 조사할 수 있다 할 것이다(헌재의 부차적 직권조사, 헌재 1993.5.13., 92헌가10).

5. 법원의 제청

① 제청의 결정: 법률이 헌법에 위반되는 여부가 재판의 전제가 된 경우에는 법원이 '직권 또는 당사자의 신청에 의한 결정'으로 각급 법원은 형식상 대법원(전심권한 없음)을 거쳐 헌재에 제청한다.

② 제청의 효과: 당해 사건은 헌재의 결정이 있을 때까지 정지된다. 다만, 법원이 긴급하다고 인정한 경우에는 종국재판 외의 소송절차는 진행할 수 있다(헌법재판소법 제42조). 법원의 위헌법률심판제청신청을 기각한 경우에 신청인은 항고할 수 없다. → 이때 당사자는 헌법재판소법 제68조 제2항의 헌법소원을 제기할 수 있다(단, 재판은 중지되지 않는다. 헌재의 인용시 재심청구가 가능할 뿐임).

6. 위헌법률심판의 대상

① 형식적 의미의 법률
  ㉠ 현행 법률: 헌법재판소의 위헌심판의 대상이 되는 법률은 일차적으로는 국회에서 제정된 형식적 의미에 있어서의 법률을 말한다. 현재 효력을 가지고 있는 법률이 주로 위헌법률심판의 대상이 된다.
  ㉡ 국가보위입법회의에서 제정한 법률: 국가보위입법회의에서 제정된 법률도 구 헌법부칙에 따라 그 효력을 지속하며 그 제정절차에 하자가 있다는 것을 이유로는 무효를 주장할 수 없다(헌재 1997.1.16, 89헌마240).
  ㉢ 폐지된 법률과 개정 전 법률조항
    ⓐ 헌재판례(헌재 1989.7.14, 88헌가5 등): "국민의 기본권이 침해된 경우는 비록 침해한 법률이 합헌적으로 개정되었다 하더라도 종전의 위헌성이 치유된 것은 아니고, 신·구법 중 어느 법률의 조항이 피감호청구인에게 유리한 가를 판단해야 한다는 이유로 폐지된 법률에 대한 위헌심사를 해야 한다"고 한다.
    ⓑ 학설의 견해: 신법이 보다 유리하게 개정되었을 때에만 신법이 소급적용될 수 있으므로 그 전제문제로서 폐지된 구법 내지는 개정 전 법률조항에 대해서도 심사할 수 있다는 것이 다수설이다.
  ㉣ 입법의 부작위: 진정입법부작위는 위헌법률심판의 대상이 될 수 없다. 부진정입법부작위는 위헌법률심판의 대상이 될 수 있다.

② 실질적 의미의 법률
  ㉠ 긴급명령, 긴급재정·경제명령: 긴급명령, 긴급재정·경제명령도 국회의 승인을 얻으면 법률과 동일한 효력을 갖게 되므로 위헌심판의 대상이 된다. 헌법재판소도 금융실명거래 및 비밀보장에 관한 긴급재정·경제명령에 대한 헌법소원사건에서 "긴급재정·경제명령은 법률의 효력을

갖는다"(헌재 1996.2.29, 93헌마86)라고 판시하고 있다.

ⓛ 조 약

　ⓐ 학 설: 법률과 동일한 효력의 조약은 그 대상이 됨은 당연하나 행정협정과 같은 명령·규칙과 동일한 효력을 가지는 조약을 위헌심사의 대상이 되지 않는다. 한편 일반적으로 승인된 국제법규는 위헌심사의 대상이 된다. 긍정설이 다수설이다.

　ⓑ 판 례: 국회의 비준동의를 얻어 체결된 조약은 위헌심사의 대상이 된다. 헌법재판소는 기본적으로 "형식적 의미의 법률과 동일한 효력을 갖는 조약 등은 포함된다고 볼 것이지만 헌법의 개별규정 자체는 그 대상이 아님이 명백하다"라고 판시하고 있다(헌재 1995.12.28, 95헌바3).

③ 헌법규정: 헌법제정권력과 헌법개정권력을 준별하고 헌법규정 상호간의 우열관계를 긍정하여 하위의 헌법규정에 대한 규범통제를 긍정하는 견해가 있다. 그러나 위헌법률심사의 대상은 형식적 의미의 법률과 그와 동일한 효력을 가지는 조약이라고 헌법과 법률에 명문으로 규정되어 있으며, 헌법의 개별규정 자체는 규범통제의 대상이 될 수 없음이 명백하다(헌재 1995.12.28. 95헌마196).

7. 위헌법률심판의 기준

① 심판의 기준: 헌법의 모든 규정이 법률의 합헌성 심사의 기준이 될 수 있다. 헌법전은 물론이고 헌법의 원칙·원리와 근본결단을 포함하는 뜻이며, 그밖에 헌법관습법도 기준이 될 수 있을 것이다.

② 심판의 범위: 위헌법률심판은 법률이 헌법의 규정에 합치하는가 하는 합법성 여부의 판단을 그 내용으로 하는 것이지, 헌법의 목적에 합치하는가 하는 합목적성 여부의 판단을 그 내용으로 하는 것이 아니다.

8. 변형결정

① 변형결정의 인정여부

　㉠ 긍정설(다수설, 헌재): 헌법재판소는 제청된 법률의 위헌여부만을 심사하는 것이지만 국회의 입법형성권의 존중, 위헌결정시에 야기되는 법정불안정성의 방지, 법률의 공백방지, 전부부정을 할 수 있는 권한 속

에는 부분부정을 할 수 있는 권한도 당연히 포함된다.

ⓛ 부정설(소수설, 대판 1996.4.9, 95누11405): 헌법재판소법 제45조 규정을 따르면 헌법재판소는 위헌 또는 합헌결정만을 할 수 있을 뿐이고, 제47조 제1항에서는 위헌결정에만 기속력을 인정하므로 변형결정에는 결정의 실효성이 없으며, 제45조, 제47조 등의 규정은 과거 권위주의 시대의 위헌법률의 잠정적 적용으로 인한 위헌적 상태를 정당화시키는 어떠한 결정도 배제하는 데 그 입법취지가 있으므로 변형결정은 허용할 수 없다.

9. 위헌심판결정의 효력

① 위헌결정의 기속력
　ⓐ 의　의: 법률의 위헌결정은 법원 기타 국가기관 및 지방자치단체를 기속한다(헌법재판소법 제47조 제1항).
　ⓛ 변형결정의 기속력 문제
　　ⓐ 헌재는 헌법불합치결정에 있어서는 "이 변형재판은 위헌결정의 일종이며 타국가기관에 대한 기속력을 가진다"(헌재 1989.9.8, 88헌가6)고 판시하고 있고, 대법원도 불합치결정을 위헌결정의 일종으로 보고 법원에 대한 기속력을 인정하였다(대판 1991.6.11, 90다5450).
　　ⓑ 한정합헌·한정위헌에 대하여는 그 기속력에 대하여 대법원의 기속력을 부인하는 판례(대판 1996.4.9, 95누11405)가 나와 기속력의 인정여부가 논의되고 있으나, 헌재(헌재 1997.12.24, 96헌마172)와 다수설은 기속력을 인정하고 있다.

② 헌법재판소법 제47조
　ⓐ 일반적 효력: 현행 제도상 위헌법률심판은 구체적 규범통제이므로 구체적 사건에 대한 적용거부에 그치는 것이어야 하나 위헌으로 결정된 법률은 그 효력을 상실한다(헌법재판소법 제47조 제2항). 즉, 선고즉시 법률효력의 상실을 발생시키는 장래효를 가져온다. 그러므로 이를 객관적 규범통제라고 하든가 규범통제가 갖는 객관적 소송의 성질을 존중하는 것이라고도 한다.
　ⓛ 효력소멸시기
　　ⓐ 일반법률: 장래효를 인정한다. 즉 그 결정이 있는 날로부터 효력을 상실한다. 예외적으로 소급효를 인정하고 있다.

ⓑ 형벌: 형벌법규는 소급하여 그 효력을 상실한다. 일정한 경우(형의 면제규정·공소제기금지규정)는 예외적으로 소급효가 제한될 수 있다.

ⓒ 부수적 효과: 유죄의 확정판결에 대하여는 재심을 청구할 수 있다.

③ 일반법률의 경우에 예외적으로 소급효가 인정되는 경우

㉠ 대법원 판례의 견해: 헌법재판소의 위헌결정의 효력은 ⓐ 위헌제청을 한 당해 사건은 물론 ⓑ 위헌결정이 있기 전에 이와 동종의 위헌여부에 관하여 헌법재판소에 위헌여부심판제청을 하였거나 법원에 위헌여부심판제청신청을 한 경우의 당해 사건과 ⓒ 따로 위헌제청신청은 아니하였지만 당해 법률 또는 법률의 조항이 재판의 전제가 되어 법원에 계속 중인 사건뿐만 아니라 ⓓ 위헌결정 이후에 위와 같은 이유로 제소된 일반사건에도 미친다고 봄이 타당하다(대판 1993.1.15, 92다12377).

㉡ 헌법재판소의 견해: 예외적으로 소급효를 인정할 수 있는 경우로 대법원 판결에서 실시한 ⓐ, ⓑ, ⓒ의 각 경우(단, 위 ⓓ의 경우는 원칙적 불포함)와 당사자의 권리구제를 위한 구체적 타당성의 요청이 현저한 반면에 소급효를 인정하여도 법적 안정성을 침해할 우려가 없고 나아가 구법에 의하여 형성된 신뢰이익을 크게 해칠 사안이 아닌 경우로서 소급효의 부인이 오히려 정의와 형평 등 헌법적 이념에 심히 배치되는 경우를 들고 있다(헌재 1993.5.13, 92헌가10 등 병합).

제6절   헌법소원심판

1. 의 의

헌법소원은 국가의 공권력행사로부터 기본권이 침해된 경우 이를 구제하는 기본권 보장수단을 말한다. 헌법소원은 독일에서 국가권력에 대한 기본권의 특별한 보호수단으로 발달하였는데, 우리나라는 1987년 헌법에 처음으로 도입되었다. 독일, 스위스, 스페인은 모든 국가작용을 헌법소원의 대상으로 삼고 있으나 오스트리아, 우리나라는 법원의 재판을 그 대상에서 제외하고 있다.

2. 헌법소원심판의 순서

① 심판청구서 접수: 심판청구서 기재사항 확인, 사건번호를 부여하여, 청구서

등본을 피청구인에게 송달한다.

② 사전심사

    ⊙ 재판관 3인으로 구성된 지정재판부에서 사전심사(각하 또는 심판회복 결정여부만 심사하고, 본안심사는 하지 않음)를 한다.

    © 청구능력·청구적격·청구기간·권리보호이익·대리인(변호사)선임여부·사전구제절차완료(보충성)여부 등 형식적 요건에 대한 심사를 한다.

    © 각하는 재판관 3인의 전원일치로 결정한다.

    ® 청구서 접수일로부터 30일 내에 각하결정이 없으면 본안심판에 회부된 것으로 간주한다.

    ◎ 각하할 경우 청구인·피청구인에게 통지한다.

③ 본안 심판회부결정: 청구인·피청구인·법무부장관에게 통지한다.

④ 심 리

    헌재재판관 9인 중 7인 이상의 출석으로 시작한다. 서면심리가 원칙이며, 필요시 구두변론(당사자·이해관계인 소환, 진술)이 가능하다. 당사자 신청 또는 직권으로 증거조사가 가능하다. 국가 또는 공공단체에 자료제출요구가 가능하다. 평의는 비공개로 한다.

⑤ 종국결정은 각하, 인용, 기각 결정으로 나온다.

▶ 심판절차 종료선언을 하는 경우: 청구인이 심판도중 소를 취하한 경우, 청구인이 심판도중 사망한 경우에는 심판절차 종료선언을 한다.

【헌법소원의 요건】

구 분		요 건
공권력의 행사 또는 불행사		입법작용, 집행작용, 사법작용의 행사·불행사
기본권의 침해	자기관련성	공권력작용에 대하여 자신이 스스로 법적으로 관련되어야
	직접성	공권력작용으로 인하여 직접적으로 기본권이 침해되어야
	현재성	현재 기본권을 침해당한 경우
보충성		원칙: 여기서 말하는 권리구제절차는 공권력의 행사 또는 불행사를 직접 대상으로 하여 그 효력을 다툴 수 있는 권리구제절차를 의미하는 것이지, 사후적·보충적 구제수단인 손해배상청구나 손실보상청구 또는 사후보충적 또는 우회적인 소송절차를 의미하는 것이 아님
권리보호의 이익		주관적 권리구제 + 객관적 헌법질서의 수호·유지
청구기간		① 그 사유가 있음을 안 날로부터 90일, 그 사유가 있는 날로부터 1년 이내에 청구 ② 다른 법률에 의한 구제절차를 거친 헌법소원의 심판은 그 최종결정을 통

변호사강제주의 (합헌)	지받은 날로부터 30일 이내에 청구 ③ 헌재 발족 전의 기본권침해는 헌재가 발족된 1988. 9. 19.부터 기산 장점으로는 ① 업무상 분업화원리의 도입, ② 사법의 원활한 운영, ③ 헌법재판의 질적 개선, ④ 헌법재판심리의 효율화, ⑤ 재판관의 관료적 편견으로부터의 당사자의 보호를 들 수 있다.

3. 헌법소원의 대상

① 입법작용

　㉠ 법률 · 법규명령(법령): 헌법재판소법 제68조 제1항의 '공권력'에는 입법권도 포함되므로 입법작용인 법률도 헌법소원의 대상이 된다. 헌법재판소도 "법률 자체에 의한 기본권 침해가 문제될 때에는 일반법원에 법령 자체의 효력을 직접 다투는 것을 소송물로 하여 제소하는 길은 없어 구제절차가 없으므로, 이 경우에는 보충성의 예외적인 경우로서 문제가 된 법률을 직접 대상으로 하여 헌법소원을 제기할 수 있다"고 판시하고 있다.

　㉡ 입법부작위: 입법부작위에 대한 헌법소원이 인정될 수 있는가에 대해 우리 헌법재판소법은 명문의 규정을 두고 있지 않지만, 일정범위에서 인정된다고 보는 것이 지배적 견해이며 헌재도 인정하고 있다.

　　ⓐ 진정입법부작위: 헌법에서 기본권보장을 위하여 법령에 명시적 입법위임을 하였음에도 이를 전혀 이행하지 아니한 경우, 헌법해석상 특정인에게 구체적인 기본권이 생겨 이를 보장하기 위한 국가의 행위의무 내지 보호의무가 발생하였음이 명백함에도 불구하고 입법자가 전혀 아무런 입법조치를 취하고 있지 않은 경우는 입법부작위로 헌법소원을 제기할 수 있다.

　　ⓑ 부진정입법부작위: 부진정입법부작위 또는 불완전(불충분)입법의 경우에는 그 불완전한 법규 자체를 대상으로 하여 그것이 헌법위반이라는 적극적인 헌법소원을 제기하여야 하고, 입법부작위 그 자체를 헌법소원의 대상으로 삼을 수 없다.

　㉢ 명령 · 규칙

　　• 긍정설(헌법재판소의 견해): 명령 · 규칙에 대한 대법원의 최종심사권은 구체적인 소송사건에서 명령 · 규칙의 위헌여부가 재판의 전제가 되었을 경우에는 법률의 경우와 달리 헌법재판소에 제청할 것 없이 대법원이 최종적으로 심사할 수 있다는 의미이며, 헌법이 법률의 위헌여부심사권을 헌법재판소에 부여한 이상 통일적인 헌법해석과 규

범통제를 위해 공권력에 의한 기본권침해를 이유로 하는 헌법소원
사건에서는 법률의 하위법규인 명령·규칙의 위헌여부심판권이 헌
법재판소에 있다고 본다(헌재 1990.10.15, 89헌가178).

② 행정작용

㉠ 행정처분: 행정처분도 공권력의 행사이므로 헌법소원의 대상이 되나,
헌법소원의 보충성의 원칙상 먼저 행정소송을 거쳐야 하는데, 그 확정
판결은 재판소원금지의 원칙 때문에 헌법소원의 대상이 될 수 없다. 그
러므로 행정쟁송절차를 경유한 후 다시 원행정처분에 대한 헌법소원을
인정할 수 있는지 문제된다.

- 헌법재판소: 헌재는 행정처분에 대한 재판결과에 불복, 법원의 판결
  이 아닌 재판의 대상이 되었던 행정처분 자체(원행정처분)에 대한 헌
  법소원심판은 불가능하다고 하였다. 재판부는 "원행정처분에 대한
  헌법소원심판청구를 받아들여 이를 취소하는 것은 원행정처분을 심
  판의 대상으로 삼았던 법원의 재판이 예외적으로 헌법소원의 심판
  이 되어 그 재판 자체까지 취소되는 경우에 한하여 국민의 기본권
  을 신속하고 효율적으로 구제하기 위해 가능한 것이고, 이와는 달리
  법원의 재판이 취소되지 아니하는 경우에는 확정판결의 기판력으로
  인해 그 판결의 기판력이 제거되지 않는 한 원행정처분은 헌법소원
  심판의 대상이 되지 않는다"고 하였다. 즉, 원칙적으로 부정설 입장
  이다.

㉡ 행정규칙: 예규의 관계규정에 의해서 직접 기본권을 침해한 경우 소원
대상이 되는바, 원칙적으로 행정규칙은 행정조직 내부에서만 효력을
가지므로 기본권을 침해할 수 없기에 원칙상 소원대상은 아니다. 예컨
대, 어린이헌장 제정선포행위, 인사관리규칙 등이 그것이다. 다만, 행
정규칙이 법령의 규정에 의하여 행정관청에 법령의 구체적 내용을 보
충할 권한을 부여한 경우, 재량권행사의 준칙인 규칙이 그 정한 바에
따라 되풀이 시행되어 행정관행이 되면 신뢰보호원칙에 따라 행정기관
은 그 상대방에 대한 관계에서 그 규칙에 따라야 할 자기구속을 당하게
된 경우에는 대외적 구속력이 있어서 소원대상이 된다.

㉢ 권력적 사실행위: 우리나라의 경우 학설은 강제격리, 고문 등 권력적 사
실행위의 처분성을 인정하지만, 판례상으로는 행정소송의 대상이 되는
지 정립되지 아니하여 행정소송에 의한 권리구제가 불확실하므로 보충
성의 원칙의 예외로서 헌법소원의 제기가 가능하다고 한다.

ⓡ 검사의 공소권행사

    ⓐ 검사의 불기소처분(무혐의, 공소권 없음, 기소중지)이나 기소유예처분

       • 긍정설(다수설): 검사의 불기소처분은 헌법재판소법 제68조 제1
항 소정의 공권력 행사에 포함되는 것이 명백하므로, 이 처분으
로 말미암아 헌법상 보장된 기본권이 침해된 경우에는 헌법소원
심판의 대상이 된다.

       • 헌법재판소: 검사의 불기소처분은 공권력의 행사에 포함되고 검
사의 자의적인 불기소처분이 이루어진 경우에는 헌법 제11조에
규정된 평등권과 헌법 제27조 제5항에 규정된 재판절차진술권이
각각 침해되었음을 이유로 헌법소원을 청구할 수 있다고 본다(헌
재 1993.5.13, 62헌마297).

    ⓑ 검사의 기소처분: 기소처분의 경우 당해 형사소송절차에서 그 구제
가 가능하므로 독립하여 이에 대한 헌법소원은 불가능하다고 보아
야 할 것이다. 우리 헌법재판소도 같은 태도이다(헌재 1989.3.17,
89헌마21 결정 등). 검사의 약식명령도 기소처분의 일종으로 헌법소
원을 제기할 수 없다고 보고 있다.

  ⓜ 행정기관의 내부적 의사결정: 헌법재판소는 세무대학장의 교수재임용
추천거부행위에 대하여 직접 헌법소원심판청구를 제기하는 것은 적법
하다고 함으로써 종래의 대법원이 행정소송의 대상이 아니라고 한 행
정기관 상호간의 내부적 의사결정과정에 대하여도 헌법소원의 대상이
된다고 한다.

③ 사법작용

  ㉠ 법원의 재판(헌법재판소법 제68조 제1항의 위헌성) — 헌법재판소의 견해

    ⓐ 헌법재판소는 법원의 판결이나 결정을 대상으로 제기한 헌법소원
은 부적법하다고 판시하고 있다(헌재 1992.6.26, 89헌마132등).

    ⓑ 법원의 재판에는 종국판결 이외에 본안 전 종국판결 및 중간판결
이 모두 포함되고 기타 소송절차의 파생적·부수적 사항인 재판장
의 소송행위, 재판권행사에 관한 명령이나 사실행위도 포함된다고
보고 있다(헌재 1992.12.24, 90헌마158).

    ⓒ 헌법재판소법 제68조 제1항 본문의 '법원의 재판'에 헌법재판소
가 위헌으로 결정한 법령을 적용함으로써 국민의 기본권을 침해한
재판도 포함되는 것으로 해석하는 한도 내에서 헌법재판소법 제68
조 제1항은 헌법에 위반된다고 하여 일부나마 재판에 대한 헌법소

원을 인정하였다(헌재 1997.12.24, 96헌마172·173 병합).

      ⓒ 헌법재판소 결정: 헌법재판소가 행한 결정은 자기구속성 때문에 이를 취소·변경할 수 없으므로 헌법소원의 대상으로 삼을 수 없다고 한다(헌재 1989.7.24, 89헌마141). 이는 법적 안정성을 위하여 불가피한 것으로 위헌소원에 대한 헌법재판소 결정에 대한 재심을 불허함으로써 얻을 수 있는 법적 안정성이 재심을 허용함으로써 얻을 수 있는 구체적 타당성의 이익보다 높으므로 헌법재판소 결정에 대하여 재심에 의한 불복은 허용될 수 없다(헌재 1995.1.20, 90헌바1).

④ 헌재가 헌법소원심판대상으로 인정하지 않은 사례

    ㉠ 청원에 대한 회신

        ⓐ 법원행정처장의 민원인에 대한 질의·회신(헌재 1989.7.28, 89헌마1)

        ⓑ 교원징계재심위원회의 고충처리결정회신(헌재 1996.12.26, 96헌마51)

        ⓒ 국가보훈처장의 민원회신

    ㉡ 국가기관의 내부행위

        ⓐ 현재 수사 중인 사건(헌재 1989.9.11, 89헌마169): 검사의 공소권이 행사되지 않고 있으나 현재 수사 중임을 인정할 수 있으므로, 현재 수사 중인 사건은 특단의 사정이 없는 한 헌법소원의 대상이 될 수 없다.

        ⓑ 수사기관의 진정사건에 대한 내사종결처리(헌재 1990.12.26, 89헌마227; 헌재 1998.2.27, 94헌마77): 진정에 기하여 이루어진 내사사건의 종결처리라는 것은 구속력이 없는 진정사건에 대한 수사기관의 내부적 사건처리방식에 지나지 아니한 것이므로 헌법소원심판의 대상이 되는 공권력의 행사라고 할 수 없다.

        ⓒ 정부투자기관에 대한 예산편성지침 통보행위(헌재 1993.11.25, 92헌마293): 경제기획원장관의 예산편성지침통보행위는 성질상 정부의 그 투자기관에 대한 내부적 감독작용에 해당할 뿐이고, 국민에 대하여 구체적으로 어떤 권리를 설정하거나 의무를 명하는 법률적 규제작용으로서의 공권력작용에 해당한다고 할 수는 없다.

        ⓓ 대통령의 법률안 제출행위(헌재 1994.8.31, 92헌마174): 대통령의 법률안 제출행위는 국가기관간의 내부적 행위에 불과하고 국민에 대하여 직접적인 법률효과를 발생시키는 것이 아니므로 헌법재판소법 제68조의 공권력의 행사에 해당하지 아니한다.

        ⓔ 법원행정처장의 예산집행관련 지시(헌재 1995.7.21, 93헌마257): 법

원행정처장의 각급 법원장에 대한 예산집행관련 지시는 세출예산 내역을 통지한 것에 불과하므로 헌법재판소법 제68조 제1항의 공권력에 해당하지 아니한다.

　ⓒ 국가기관의 사법상(私法上) 행위

　　ⓐ 한국토지공사가 생활대책의 일환으로 행한 상업용 토지 공급공고 (헌재 1996.10.4, 95헌마34)

　　ⓑ 공공용지의 협의취득과 보상금 지급(헌재 1992.11.20, 90헌마160)

　ⓔ 비권력적 행위

　　ⓐ 어린이헌장의 제정·선포행위(헌재 1989.9.2, 89헌마170): 어린이 헌장의 제정·선포행위는 헌법소원심판청구의 대상이 되는 헌법재 판소법 제68조 제1항의 공권력의 행사로 볼 수 없다.

　　ⓑ 대한선주 제3자 인수관련 재무부장관의 외환은행에 대한 통보(헌재 1994.5.6, 89헌마35): 부실기업의 정리에 관하여 주거래은행(외환 은행)의 판단을 존중하면서 적극적이지만 비권력적으로 지원·독 려한 행위는 비권력적 사실행위이므로 공권력의 행사에 해당하지 아니하므로 헌법소원심판청구는 부적합하다.

　ⓜ 작위의무없는 공권력의 불행사

　　ⓐ 국회의 탄핵소추의결의 부작위(헌재 1996.2.29, 93헌마186): 국회의 탄핵소추의결의 부작위는 헌법소원의 대상이 되는 공권력의 불행 사에 해당한다고 할 수 없다.

　　ⓑ 외국의 대사관저에 대한 강제집행불능에 대한 손실보상입법부작위(헌재 1998.5.25, 96헌마44): 외국의 대사관저에 대한 법원판결의 강제집 행은 비엔나협약에 의해 면제되는데 이에 대한 청구인의 손실을 보 상하는 법률을 제정할 입법자의 행위의무 내지 보호의무는 없다.

　ⓗ 법원과 헌법재판소의 재판

　　ⓐ 법원재판장의 변론제한(헌재 1992.6.26, 89헌마271): 재판장의 변 론지휘권의 부당한 행사를 대상으로 하는 헌법소원심판청구는 헌 법소원청구의 대상에서 제외된 법원의 재판을 직접 대상으로 하여 헌법소원심판을 청구한 경우에 해당하므로 부적법하다.

　　ⓑ 헌재결정(헌재 1995.1.26, 93헌마1): 헌재의 결정은 기판력이 있으 므로 헌재결정에 대한 헌법소원심판청구는 부적법하다.

　ⓢ 헌법조문(헌재 1996.6.13, 94헌마1): 헌법조문은 헌법재판소법 제68조 제1항 소정의 공권력 행사로 볼 수 없다.

◎ 기 타

ⓐ 조직법(헌재 1994.6.30, 91헌마162): 경찰법은 경찰의 기본조직 및 직무범위 등을 규정한 전형적인 조직법으로서 원칙적으로 그 조직의 구성원이나 구성원이 되려는 자 외에 일반국민을 수범자로 하지 아니하므로 헌법소원의 대상이 되는 공권력의 행사 또는 불행사에 해당한다고 할 수 없다.

ⓑ 피의자에 대한 죄가 안됨의 불기소처분(1996.11.28, 93헌마229): 죄가 안 됨의 결정이나 혐의없음 결정은 모두 피의자에 대하여 소추장애사유가 있어 기소할 수 없다는 내용의 동일한 처분으로 기소유예결정과 다르고 죄가 안됨 결정이 청구인들에게 범죄혐의가 있음을 확정하는 것도 결코 아닌 바, 피청구인이 청구인들의 범죄혐의유무에 불구하고 혐의없음 결정을 하지 않고 죄가 안됨 결정을 한 것이 청구인들의 기본권을 침해하는 공권력의 행사라고 할 수 없다.

ⓒ 국회의장이 국회의원을 국회상임위원회 위원으로 선임한 행위: 국회법 제48조에 근거한 행위로서 국회 내부의 조직을 구성하는 행위에 불과할 뿐 청구인들의 기본권을 직접 침해한 공권력의 행사를 대상으로 한 것이 아니어서 기본권 관련성이 결여되어 부적법하다.

4. 헌법소원의 제소

① 청구권자: "헌법상 보장된 기본권을 침해받은 자"(헌법재판소법 제68조 제1항)로서 청구인능력, 청구인적격(자기관련성, 직접성, 현재성)을 갖추어야 한다. 이 때 기본권을 침해받은 자는 기본권의 주체에서와 마찬가지로 모든 국민을 의미한다. 이 국민의 범주에는 자연인뿐만 아니라 법인도 포함된다. 또한 정당과 같은 일반적인 단체도 포함된다. 다만, 단체는 단체 자체가 아닌 단체소속의 분과위원회는 청구권자가 될 수 없다.

㉠ 청구인능력 — 헌법소원의 당사자가 될 수 있는 자격: 헌법 제111조 제1항 제5호 및 헌법재판소법 제68조 제1항에 의한 헌법소원을 청구할 수 있는 자는 원칙적으로 기본권의 주체로서의 국민에 한정되며, 국민의 기본권을 보호 내지 실현할 책임과 의무를 지는 국가기관이나 그 일부는 헌법소원을 제기할 수 없다.

㉡ 청구인적격(기본권 침해인정의 요건): 기본권은 원칙적으로 심판청구인

자신의 것(자기관련성)으로서 직접 그리고 현재 침해당한 경우라야 한다(헌재 1992.10.1, 91헌마31).

ⓐ 자기관련성
- 개 념: 청구인 스스로 당해 사건에 직접 관련되어 있어야 헌법소원을 제기할 수 있다는 원칙을 말한다(간접 관련된 경우는 제외됨).
- 고발인은 원칙적으로 재판절차진술권이 없으므로 검사의 불기소처분에 대하여 헌법소원을 청구할 수 없으나, 고소인은 헌법소원을 청구할 수 있다. 예외적으로 고발인도 피해자일 경우 검사의 불기소처분 또는 기소유예처분에 대하여 헌법소원을 청구할 수 있다(헌재 1993.7.29, 92헌마262).
- 단체(영화인협회)는 원칙적으로 단체 자신의 기본권을 직접 침해당한 경우에만 그의 이름으로 헌법소원심판을 청구할 수 있을 뿐이고, 그 구성원을 위하여 또는 구성원을 대신하여 헌법소원심판을 청구할 수 없다.

ⓑ 현재성
- 개 념: 공권력 작용에 의하여 심판청구인의 기본권이 장래 어느 때인가 침해될 가능성이 있다는 것만으로는 부족하고 현실적으로 침해된 상태에 이르러야 한다.
- 장래의 잠재적 권리침해에 대한 우려와 현재성 여부: 원칙은 현재성을 인정하지 않으나 장래의 침해가 확실히 예상되는 경우는 현재성의 예외를 인정한다(상황성숙이론).

② 권리보호이익
- 권리보호이익의 확대: 헌법소원의 본질은 주관적 권리구제뿐만 아니라 객관적 헌법질서의 보장도 겸하고 있기 때문에 침해행위가 종료하여서 이를 취소할 여지가 없기 때문에 헌법소원이 주관적인 권리구제에 별 도움이 안 되는 경우라도 그러한 침해행위가 반복될 위험이 있거나, 당해 분쟁의 해결이 헌법상 중요한 의미를 지니는 경우에는 헌법소원의 이익을 인정할 수 있다(헌재 1991.7.8, 89헌마191, 변호인접견거부사건).

③ 직접성: 청구인은 공권력작용으로 인하여 직접적으로 기본권이 침해되어야 한다. 이 직접성의 요건은 법령에 대한 헌법소원에서는 특히 중요한 의미를 가진다. 법령에 대한 헌법소원에 있어서 '기본권침해의 직접성'을 요구하는 이유는, 법령은 일반적으로 구체적인 집행행위를 매개로 하여 비로소 기본권을 침해하게 되므로 기본권의 침해를 받은 개인은 먼저 일반 쟁

송의 방법으로 집행행위를 대상으로 하여 기본권침해에 대한 구제절차를 밟는 것이 헌법소원의 성격상 요청되기 때문이다(헌재 1998.4.30, 97헌마 141).

5. 보충성의 원칙

① 보충성의 의미

　㉠ 의　의: 헌법소원을 제기하기 위해서는 청구인은 다른 법률에 권리구제 절차가 있는 경우 그 절차를 모두 거친 후에 심판청구를 하여야 한다는 것을 의미한다(헌법재판소법 제68조 제1항 단서).

　㉡ '다른 법률에 구제절차가 있는 경우'란?

　　ⓐ 의　의: 공권력의 행사 또는 불행사를 직접 대상으로 하여 그 효력을 다툴 수 있는 권리구제절차를 의미하는 것으로서, 최종목적을 달성하기 위하여 취할 수 있는 모든 우회적 권리구제절차 내지 사후적·보충적 구제수단(손해배상청구나 손실보상청구)은 여기에서의 구제절차에 해당하지 아니한다.

　　ⓑ 검사의 불기소처분에 대한 헌법소원: 검사의 불기소처분에 대한 위헌소원의 경우에는 먼저 검찰청법에 정한 항고, 재항고의 절차를 거쳐야 한다. 다만, 일정한 경우 예외가 인정되며, 항고나 재항고 결정 자체에 대한 심판청구는 할 수 없다.

　　ⓒ 가처분신청절차: 가처분신청절차는 헌법재판소법상의 구제절차에 해당하지 아니한다. 본안의 구제절차를 거치지 아니한 가처분신청 절차는 잠정적인 구제절차에 불과하기 때문이다.

② 보충성을 결한 헌법소원: 다른 법률이 정한 절차에 의한 구제수단이 존재하는데 이러한 절차를 거치지 않고 제기된 헌법소원은 그 예외가 인정되는 경우를 제외하고는 원칙적으로 부적법 각하된다.

③ 보충성 요건흠결의 치유: 헌법재판의 계속중 보충성 요건을 갖춘 경우, 즉 헌법소원심판의 계속중에 그 권리의 구제절차를 거친 경우에는 보충성의 요건을 결한 하자는 치유되었다고 본다(헌재 1991.4.1, 90헌마194).

④ 보충성의 예외 — 헌재의 견해(예외사유)

　㉠ 문제된 공권력의 행사나 불행사를 직접 대상으로 하여 그 효력을 다툴 수 있는 다른 구제절차가 없는 경우, 법령 자체에 의한 직접적인 기본 권침해가 문제될 때에는 그 법령의 효력을 직접 다투는 것을 소송물로

하여 일반법원에 소송을 제기하는 길이 없어 구제절차가 존재하지 않으므로 다른 구제절차를 거칠 필요없이 곧바로 헌법소원심판을 청구할 수 있다(법무사시행규칙, 헌재 1990.10.15, 89헌마178).

ⓛ 헌법소원심판 청구인이 그의 불이익으로 돌릴 수 없는 정당한 이유 있는 착오로 전심절차를 밟지 않은 경우

ⓒ 전심절차로 권리가 구제될 가능성이 거의 없거나(대법원이 종래의 일관된 판례를 바꾸지 않는 경우 등) 권리구제절차가 허용되는지 여부가 객관적으로 불확실하여 전심절차 이행의 기대가능성이 없는 경우 등을 들고 있다.

6. 헌법소원의 절차와 방법

① 변호사강제주의: 헌법소원심판과 탄핵심판의 경우에 적용된다.

▶ 헌법소원을 청구한 자가 변호사를 선임할 능력이 없는 경우에는 국선변호인이 아니라 국선대리인의 선임을 청구할 수 있다.

② 청구기간(헌법재판소법 제69조 제1항)
  ㉠ 청 구
    ⓐ 그 사유가 있음을 안 날로부터 90일 이내
    ⓑ 그 사유가 있는 날로부터 1년 이내
  ㉡ 다른 법률에 의한 구제절차를 거친 경우(헌법재판소법 제68조 제1항 단서): 그 최종결정을 통지받은 날로부터 30일 이내

③ 위헌심사형 헌법소원인 경우(헌법재판소법 제68조 제2항): 위헌여부심판의 제청신청을 기각하는 결정을 통지받은 날로부터 30일 이내

④ 기타(판례중심으로)
  ㉠ 청구기간이 도과하였더라도 사회통념상 정당한 이유가 있었을 때는 각하하지 않는다(국제그룹해체사건).
  ㉡ 상황성숙성이론은 장래 실현이 확실한 기본권침해의 경우에 현재성 요건을 완화시켜 주는 이론이며, 청구기간에는 관련·적용되지 않는다. 청구기간을 기본권침해가 예상되는 시점부터 기산하는 것이 아니라 실제 기본권침해가 있은 때로부터 기산한다.
  ㉢ 진정입법부작위(공권력행사): 청구기간의 제한이 없다. 그러나 부진정입법부작위는 청구기간을 준수해야 한다.

7. 헌법소원의 인용결정

① 정족수: 7인 이상의 출석, 6인 이상의 찬성으로 결정한다.
② 인용결정의 효과
  ㉠ 취소 또는 무효확인(헌법재판소법 제75조 제3항): 원인된 공권력의 행사를 취소하고, 그 불행사가 위헌임을 확인한다.
  ㉡ 법률의 위헌선고: 침해원인이 된 공권력의 행사(불행사)가 위헌인 법률 또는 법률조항에 기인한 것으로 인정될 때 인용결정에서 법률의 위헌선고를 함께 내린다.
  ㉢ 위헌심사형 헌법소원의 경우: 위헌법률심판의 결정과 동일하다.
③ 인용결정의 기속력
  ㉠ 모든 국가기관과 지방자치단체를 기속한다.
  ㉡ 피청구인은 결정의 취지에 따라 새로운 처분을 하여야 한다.

제7절 헌법재판소 결정의 효력

헌법재판소의 결정에는 여러 형태의 효력이 인정되고 있는데, 그 중 내용적인 측면의 효력으로는 확정력·기속력·법규적 효력 등이 있고, 이러한 효력의 소급 여부에 따라 소급효·장래효 등으로 나눈다.

(1) 확정력

헌법재판소 결정의 효력 가운데 확정력에 관한 명문의 규정은 없으나 헌법재판소법 제39조에서 "헌법재판소는 이미 심판을 거친 동일한 사건에 대하여는 다시 심판할 수 없다"는 일사부재리에 관한 규정을 두고 있고, 헌법재판소법 제40조 제1항에서는 헌법재판소의 심판절차에 대하여 민사소송에 관한 법령을 준용하도록 규정하고 있기 때문에 헌법재판소의 결정에 확정력을 인정하는 데는 별다른 이론이 없다. 이 확정력에는 소송법상으로 불가변력, 불가쟁력(형식적 확정력) 및 기판력(실질적 확정력)이 있다.

(2) 기속력

① 의의 및 법적 근거: 헌법재판소법 제47조 제1항은 위헌법률심판의 기속력에 대하여 "법률의 위헌결정은 법원과 그 밖에 국가기관 및 지방자치단체

를 기속한다"라고 규정하고 있고, 제68조 제2항의 규범통제형(위헌심사형) 헌법소원에 대하여 헌법재판소법 제75조 제6항 역시 "제68조 제2항에 따른 헌법소원을 인용하는 경우에는 제45조 및 제47조를 준용"하도록 규정하고 있으며, 또한 헌법재판소법 제75조 제1항은 헌법소원과 관련하여 "헌법소원의 인용결정은 모든 국가기관과 지방자치단체를 기속한다"라고 규정함으로써 기속력에 대한 법적 근거를 명시하고 있다.

② 기속력의 내용: 기속력에 따라 모든 국가기관이 헌법재판소의 구체적인 결정에 따라야 하며, 그들이 장래에 어떤 처분을 행할 때 헌법재판소의 결정을 존중하여야 한다(결정준수의무). 뿐만 아니라, 기속력은 모든 국가기관이 헌법재판소의 결정에서 문제된 심판대상뿐만 아니라 동일한 사정하에서 동일한 이유에 근거한 동일내용의 공권력행사(또는 불행사)를 금지한다(반복금지의무).

③ 기속력의 범위

　㉠ 객관적 범위: 결정주문은 심판대상에 관한 결정으로서 여기에 기속력이 미친다는 데에는 이론이 없다. 또한 결정이유 중에서도 심판대상과 직접적인 관계가 없는 부수적 의견(obiter dictum)이나 간접사실의 판단에 대하여는 기속력이 미치지 않는다. 다만, 중요한 결정이유에서 드러난 헌법해석에 대한 기본원칙에도 기속력이 미치는가에 관하여는 견해가 긍정설과 부정설로 나뉘어 있다.

　㉡ 주관적 범위: 헌법재판소법 제47조 제1항, 제67조 제1항 및 제75조 제1항에 의하면 헌법재판소 결정의 기속력이 미치는 수범자의 범위는 "법원과 그 밖의 국가기관 및 지방자치단체"이다.

(3) 법규적 효력: 일반적 구속력

① 의의 및 법적 근거: 법규적 효력이란 법규범에 대한 헌법재판소의 위헌결정이 일반구속력을 가지고 일반사인에게도 그 효력이 미치는 것(대세적 효력)을 의미한다.

　우리나라의 경우 헌법재판소 결정의 법규적 효력을 명문에서 직접 언급한 헌법규정이나 헌법재판소법의 규정은 없다. 그러나 헌법재판소법 제47조 제2항은 "위헌으로 결정된 법률 또는 법률의 조항은 그 결정이 있는 날부터 효력을 상실한다"고 규정하고, 제3항은 "형벌에 관한 법률 또는 법률의 조항은 소급하여 그 효력을 상실한다"고 규정하고 있으며, 헌법재판소법 제75조 제6항은 동조 제5항의 경우(헌법재판소법 제68조 제1항에 의한 통상의 일반적인 헌법소원을 인용하면서 부수적으로 공권력의 행사 또는 불행사의 근거 법률 또는 법률의 조항을 위헌선언하는 경우) 및 헌법재판소법 제68조 제2항의 헌법소원심판절차에서 법률 또는 법률의 조항이 위헌이라는 인용결정을 하는 경우에는 위 제47조 제2항을 준용하도록 규정하고 있으므로(헌법재판소법 제68조 제1항에 의한 법률소원을 인용하는 경우도 마찬가지로 준용될 것이다) 이들 조항을 법규적 효력의 근거로 볼 수 있다고 할 것이다(헌재 1992.12.24, 92헌가8).

② **일반적 구속성:** 법규적 효력은 법규범에 대한 헌법재판소의 위헌결정에 대하여 소송당사자를 수범인으로 하는 기판력의 주관적 범위뿐만 아니라, 국가기관을 수범인으로 하는 기속력의 주관적 범위를 능가하여 일반사인에게도 그 효력이 미치는 일반적 구속성을 가진다(대세적 효력). 따라서 국가기관과 마찬가지로 일반국민은 헌법재판소가 위헌으로 선언한 법규범에 더 이상 구속을 받지 않는다.

저자 약력

권순현

법학박사
고려대학교 법학과 및 동대학원
현, 신라대학교 공공인재학부 교수

주요저서

헌법강의
새로쓴 객관식 헌법
헌법판례선
한국헌법 조문판례집
With(위드) 헌법
법학개론(공저)

With(위드) 헌법

초판발행	2017년 8월 30일
지은이	권순현
펴낸이	안종만
편 집	이승현
기획/마케팅	안상준
표지디자인	조아라
제 작	우인도·고철민
펴낸곳	(주) **박영사**
	서울특별시 종로구 새문안로3길 36, 1601
	등록 1959. 3. 11. 제300-1959-1호(倫)
전 화	02)733-6771
f a x	02)736-4818
e-mail	pys@pybook.co.kr
homepage	www.pybook.co.kr
ISBN	979-11-303-3083-9 93360